國家社科基金重大委托項目“《子海》整理與研究”成果

山東省社科規劃重大委托項目成果

子海精華編

主编 王承略 副主編 聶濟冬

孔子家語疏證

（清）陳士珂 輯 崔濤 點校

鳳凰出版社

圖書在版編目（CIP）數據

孔子家語疏證 / （清）陳士珂輯 ； 崔濤點校. -- 南京 ： 鳳凰出版社，2017.10
（子海精華編 / 王承略主編）
ISBN 978-7-5506-2668-3

Ⅰ. ①孔… Ⅱ. ①陳… ②崔… Ⅲ. ①孔丘（前551-前479）—生平事跡②《孔子家語》—研究 Ⅳ. ①B222.25

中國版本圖書館CIP數據核字(2017)第245839號

書　　名	孔子家語疏證
著　　者	(清)陳士珂 輯　崔濤 點校
責任編輯	汪允普
出版發行	鳳凰出版社(原江蘇古籍出版社)
	發行部電話 025-83223462
出版社地址	南京市中央路165號，郵編:210009
出版社網址	http://www.fhcbs.com
照　　排	江蘇鳳凰製版有限公司
印　　刷	南通印刷總廠有限公司
	南通市通州經濟開發區朝霞路180號，郵編:226300
開　　本	890×1240毫米　1/32
印　　張	11
字　　數	238千字
版　　次	2017年10月第1版　2017年10月第1次印刷
標準書號	ISBN 978-7-5506-2668-3
定　　價	72.00圓
	(本書凡印裝錯誤可向承印廠調換，電話:0513-80237871)

國家社科基金重大委托項目“《子海》整理與研究”成果之一

《子海精華編》

執行編纂(按姓氏筆畫排列):

王成厚　王　娜　尹思琦　曲娟娟　李　兵　宋恩來

苗　露　柏　雲　柳湘瑜　張雨霏　賈　兵　蘇運蕾

編　　務:張　櫻　劉　端　孫紅苑　沈　虎

本書審稿專家:鄭慶篤

《子海精華編》出版説明

“子海”，即“子書淵海”的簡稱。“《子海》整理與研究”課題係國家社科基金重大委托項目、山東省社科規劃重大委托項目。該課題分《珍本編》、《精華編》、《研究編》、《翻譯編》四個版塊，力圖把子部珍稀文獻、精華文獻進行深層次的整理、研究和譯介，挖掘子部文獻的價值，促進子學研究的發展。

山東大學向來以文史見長。古籍整理與子學研究，是其中的傳統研究方向。“《子海》整理與研究”，是在山東大學前輩學者高亨先生積30年之力陸續做成的《先秦諸子研究文獻目録》的基础上，由已故著名古籍整理與研究專家董治安先生參與策劃、設計的大型綜合研究課題。課題立項後，得到了中宣部、教育部、財政部、山東省政府和山東大學的大力支持，學界同仁踴躍參與。《精華編》的整理研究團隊近200人，來自海内外48所高校和研究機構。在組織管理上，《精華編》努力探索傳統文化研究協同創新的新體制、新機制，現已呈現出活力和實效。

華夏文明是由多元文化構築而成的。中國古代子部典籍，以歷代士人個性化作品的形式，系統性地展示了華夏民族的世界觀和方法論，立體性地反映了中華民族對世界文明發展的貢獻。其中，無論是宏篇大論，還是叢殘小語，都激蕩著歷史的聲音,閃爍著智慧的光芒,構成中國古代思想、藝術、科技和生活方式的主體内容。《精華編》通過對子部最优秀的典籍的整理,一方面擷英取粹,爲華夏文明的傳播提供可靠的資源和文本;另一方面以古鑒今,爲當下社會的發展提供智力支持和精神支撑。并希望進而梳理中華傳統文化的多元結構,繼承中華優秀傳統文化的一貫文脈。

根據漢代以後子學發展和子部典籍的實際情況,參照官私目録的分類與著録,《精華編》選取先秦諸子、儒學、兵家、法家、農家、醫家、曆算、術數、藝術、雜家、小説家、譜録、釋道、類書等十四個類目的要籍幾百種,編爲目録,作爲整理的依據,而在成果展現上則不出現具體的類目。爲統一體例,便於工作,《精華編》編有詳細的《整理細則》,并有簡明的《整理要則》,供整理者遵循使用。

《精華編》整理原則是,對每種子書的整理,突出學術性、資料性和創新性,力求吸納已有的整理成果,推出更具參考價值、更方便閱讀的整理文本。所採用的整理方式,大體有三種:一、部頭較大且前人未曾整理者,採用標點、校勘的方式整理;二、前人曾經標點、校勘者,或採用抽换更好或别具學術特色底本的方式整理,或採用集校、集注的方式整理,或採用校箋、疏證的方式整理,或綜合使用以上方式;三、前人已有較好的注本者,則採用集注、彙評、補正等方式整理。

《精華編》採用五次校審、遞進推動的管理程式,即:一、初校全稿。子海編纂中心組織碩、博研究生,修改文稿錯别字,規範異體字,調整格式,發現并標明校點中的不妥之處。二、初審文稿。子海編纂中心的編纂人員根據情況,解決初校時發現的問題,并判斷書稿的整體質量。三、匿名評審。

聘請資深教授通審全稿,全面進行學術把關,消滅硬傷,寫出審稿意見。四、修改文稿。子海編纂中心及時把專家審稿意見反饋给整理者。整理者根據審稿意見修改,做出新文稿。五、終審文稿。待新文稿返回子海編纂中心後,總編纂作最後的學術質量把關。五步程序完成後,將文稿交付出版社。

五次校審的目的是爲了保證學術質量,提高整理水平,減少錯訛硬傷。但校書如掃塵埃落葉,隨掃隨有,《精華編》雖經多道程序嚴加把關,仍難免有錯,懇請方家不吝指教。子海編纂中心將及時總結經驗,吸取教訓,把工作做得更好,以實現課題設計的初衷。

目　録

整理説明

陳士珂，湖北蘄水（今湖北浠水縣）人，號琢軒，生卒年月無考，主要生活於清乾隆年間。陳氏出生於書香門第，據《光緒蘄水縣志》卷七記載，他以“治《易》”應秋闈科考，得第七名，是乾隆四十二年（1777）举人。但陳氏不曾仕進爲官，終生教授於鄉里私塾。其孫陳沆是清嘉慶、道光年間著名詩人、學者，陳沆在《三十生日都門自述》詩中稱贊其祖父：“恭承節母意，思以善自貽。孝友風薄俗，文章發天機。”由此看，陳士珂不僅是一個孝悌守節的傳統儒生，也頗有學問風采。陳士珂今傳著述二種——《韓詩外傳疏證》、《孔子家語疏證》，二書於《黄州府志・藝文志》皆有著録。

《孔子家語》是一部記録孔子及其門弟子言行的書，最早見録於《漢書・藝文志》，屬“六藝略”《論語》類，二十七卷。後世著録篇卷有所不同，《隋書・經籍志》著録“《孔子家語》二十一卷，王肅解”，《舊唐書・經籍志》、《新唐書・藝文志》並録“《孔子家語》十卷”，亦王肅注。今傳本《家語》十卷四十四篇，魏王肅注。《家語》自魏王肅爲之作注，始得以廣泛流傳，然其真僞歷來也因王肅作注而爭論不休。

關於王肅注本《家語》的真僞，歷史上主要有三種意見：其一，王肅僞造説。此論發端於宋代王柏、陳振孫等，他們認爲《家語》全係王肅僞造，目的在於攻擊鄭玄之學。其二，王肅"增加"説。此論始於三國馬昭，以清代沈欽韓、錢馥等爲代表，他們認爲王肅在注《家語》時的確做了手脚，但不能説今本《家語》就是僞書，漢代劉校本《家語》仍存於王注本《家語》中。其三，非王肅僞造。此論以宋朱熹、葉適、元馬端臨、清陳士珂等爲代表。二、三兩種意見都不認同王肅僞造《家語》一説，但從歷史上看，"僞書説"的影響要大得多，元、明以後這種論調逐漸成爲壓倒性的主流意見，清代學者如《四庫》館臣、姚際恒、范家相、孫志祖、梁玉繩、崔述、皮錫瑞等大都持此論，近代學者如顧頡剛等也多贊同這種説法，而"非僞書説"雖歷來不乏其論，聲音卻一直很微弱，并不受重視。其實，宋代以前，王肅注《家語》雖受質疑，但尚未被斥爲僞書。三國馬昭是鄭玄後學，他所謂"《家語》，王肅所增加"（《禮記·樂記》正義引），不過批評王肅對漢代劉校本有所"增加"；唐顔師古認爲《漢書·藝文志》所載"非今所有《孔子家語》"（《漢書·藝文志》顔師古注），或有版本依據，但也未將王注本《家語》定論爲僞書。宋代以前，學者對王注本《家語》的學術價值也是認同的，《史記》三家注、唐《五經正義》等都曾大量引用王注本《家語》，就足以説明這一點。實際上，就是宋代以後，有些學者也很重視《家語》的文獻價值，元代馬端臨《文獻通考》就大量引用王肅《家語序》、孔衍上書，即便持"僞書説"的清代《四庫》館臣也認爲《家語》"特其流傳已久，且遺文軼事往往多見於其中，故自唐以來知其僞而不能廢也"（《四庫全書總目》卷九十一）。

今天看來，宋王柏以來的王肅僞造《家語》説之所以成爲主流，與唐、宋以來歷史上的"疑古"思潮的興起、泛濫是密切相關的，在過度"疑古"的思想左右下，很多有價值的歷史文獻都曾被打入"僞書"的行列，《孔子家語》不過是其中之一。但隨着出土文獻的發掘、整理，學術研究思路的進步，學者們對歷史上一向被定論爲"僞書"的一些歷史文獻的態度也在改變。就《孔子家語》而言，1973 年河北定州八角廊出土的漢簡中的《儒家者言》、1977 年安徽阜陽漢墓出土的章題木牘，内容都以記録孔子及其門弟子言行爲主，與《家語》性質類似，而近年來陸續公布的上海博物館藏戰國楚竹書中也有可與《家語》相參照者，如《民之父母》篇（參馬承源主編《上海博物館藏戰國楚竹書（二）》，上海古籍出版社 2002 年版）之於《孔子家語》的《論禮》、《問玉》篇等。這些情況都引起了當代學者對《孔子家語》的廣泛討論和重新審視，如今學界業已傾向於否定歷史上武斷的《家語》王肅僞造説，而肯定《孔子家語》本身的歷史文獻價值了。

這樣一來，歷史上曾經堅持肯定《家語》價值的微弱聲音就大大值得關注了。《孔子家語疏證》就是清人陳士珂力證《家語》非王肅僞造的一部學術著作，在清代一片聲討王肅注《家語》的學術環境中，陳氏此作顯得有些個性獨標，這在今天來看，倒正顯示出它特殊的學術價值。清人重考證，持《家語》"僞書説"者，如范家相《家語證僞》、孫志祖《家語疏證》，都是條分縷析之作，能與之相敵的唯有陳氏此作。陳士珂以"疏證"的方式維護王肅注本《家語》，他的"疏證"是有些特别的，因爲他在"疏證"的時候絶不羼雜哪怕半句個人意見，只是在《家語》原文段落下依次清楚地羅列出其他文獻中與之相同、相類及相關的文句。清人張映漢對陳氏這種"疏證"方式有一個恰當的總結，即"以本書爲綱，而取諸書之互見者備録于左方，其原有注者，間亦摘附其下，卷次一如其舊，而簡牘增數倍焉"(張映漢《韓詩外傳疏證序》)。陳士珂之所以采取這種做法，正是爲了反駁那些主張王肅僞造了《家語》的人，因爲在他看來，"事必兩證而後是非明"，《家語》中有與《左傳》、《國語》、《荀》、《孟》、二戴《記》等文獻相同的文句，并不能説明《家語》就是僞書，他説："周末漢初諸子，其稱述孔子之言，類多彼此互見，損益成文。甚至有問答之詞，主名各别，如《南華》重言之比，而溢美溢惡，時時有之。然其書並行，至于今不廢。何獨于是編而疑之也?"(陳詩《孔子家語疏證序》)他的這種質問無疑是有道理的。這樣一來，《家語》文句與他書互見，反倒也可以作爲《家語》非王肅僞造的有力證據了，陳氏之所以采取那種特别的"疏證"方式也就不難理解了。

《孔子家語疏證》今存版本，僅見兩種：一是清光緒十七年(1891)三餘草堂刻《湖北叢書》本《孔子家語疏證》十卷(簡稱"光緒本")，牌記鐫"光緒辛卯三餘草堂藏板"，卷首題"《湖北叢書》用蘄水陳氏家藏本"，每卷末署校者姓名，半頁十一行，行二十字，小字雙行同，黑口，四周單欄，雙魚尾。此本比較常見，民國二十八年(1939)《叢書集成初編》本《孔子家語疏證》即據此本排印。一是國家圖書館藏清嘉慶間(1796—1820)刻本《孔子家語疏證》十卷，缺二卷(簡稱"嘉慶本")，半頁十行，行二十一字，小字雙行同，白口，左右雙欄，單魚尾。嘉慶本與光緒本一樣不收王肅《家語序》，卷首爲陳詩《孔子家語疏證序》。嘉慶本"目録"後有"徵引諸書目録"，爲光緒本所無，"目録"前署有"蘄水琢軒陳士珂輯，男光詔金門、孫治際安、澤蘭階、沆秋舫、澐大雲同校"字樣。陳詩《孔子家語疏證序》説:“今歲之春,金門于長沙官署一日檢舊簏,得二書稿本,亟命二子携以來鄂,取其書示余,而屬爲之序,以次版行焉。”其中,“金門”即陳士珂之子陳光詔,“二子”即其孫陳沆、陳澐,“二書”即陳士珂所作《孔子家語疏證》與《韓詩外傳疏證》。據陳氏二書《序》文,二書皆初刻於嘉慶二十三年(1818),今存嘉慶二十三年(1818)刻本陳氏《韓詩外傳疏證》(國家圖書館藏)與嘉慶本《家語疏證》版式相同,亦半頁十行,行二十一字,小字雙行同,白口,左右雙欄,單魚尾,且“目録”前所署“同校”者人名及款式也相同,陳詩《孔子家語疏證序》與張映漢《韓詩外傳疏證序》同作於嘉慶二十三年(1818)稍早。據此判斷,此嘉慶本《家語疏證》很可能就是初刻本。不過,很可惜這個本子缺六、七兩卷,已非完本,而光緒本是直接用陳氏家藏本校刻,從整體上看,並不輸於嘉慶本,所以此次整理選擇以光緒本作底本,以嘉慶本作主要校本。因缺少其他校本可參,此次整理又以日本寬保二年(1742)風月堂覆刻寬永十五年(1638)風月宗智刊本《孔子家語》十卷(簡稱“覆寬永本《家語》”)、民國十一年(1922)上海商務印書館《四部叢刊初編》影印明覆宋本《孔子家語》十卷(簡稱“明覆宋本《家語》”)、敦煌寫本《孔子家語》(見黄永武主編《敦煌宝藏》,台湾新文豐出版公司 1985 年版,簡稱“寫本《家語》”)作爲整理《孔子家語疏證》中《孔子家語》本文部分的輔助校本。至於陳氏《疏證》部分的整理點校,則直接選擇相應文獻版本作爲輔助校本,因涉及文獻較多(共三十二種),每種文獻只選一種版本,具體情況如下:

(1) 王先謙《荀子集解》二十卷:光緒十七年(1891)刻本(簡稱“光緒本《荀子集解》”)。

(2)《新序》十卷:民國六年(1917)潮陽鄭氏《龍溪精舍叢書》用鐵華館宋本校刊本(簡稱"鄭刻本《新序》")。

(3)《史記》七十卷:民國二十六年(1937)上海商務印書館影印南宋黄善夫刻本(簡稱"黄刻本《史記》")。

(4)《三禮義宗》:清嘉慶三年(1798)刻金谿王氏《漢魏遺書鈔》本(簡稱"王刻本《三禮義宗》")。

(5)《孔叢子》二卷:民國八年(1919)年掃葉山房石印《百子全書》本(簡稱"《百子全書》本《孔叢子》")。

(6)《韓詩外傳》十卷:民國十一年(1922)上海商務印書館《四部叢刊初編》影印上海涵芬樓藏明沈氏野竹齋刊本(簡稱"沈刻本《韓詩外傳》")。

(7)《大戴禮記》十三卷:民國十一年(1922)上海商務印書館《四部叢刊初編》影印無錫孫氏小緑天藏明袁氏嘉趣堂刊本(簡稱"袁刻本《大戴禮記》")。

(8)《説苑》二十卷:北京圖書館出版社 2005 年影印上海圖書館藏元大德七年(1303)云謙刻本(簡稱"大德本《説苑》")。

(9)《韓非子》二十卷:民國十一年(1922)上海商務印書館《四部叢刊初編》影印上海涵芬樓藏黄蕘圃校宋本(簡稱"宋本《韓非子》")。

(10)《國語》:民國十一年(1922)上海商務印書館《四部叢刊初編》影印杭州葉氏藏明金李刊本(簡稱"明本《國語》")。

(11)《尚書大傳》五卷:民國十一年(1922)上海商務印書館《四部叢刊初編》影印上海涵芬樓藏《左海文集》本(簡稱"《左海文集》本《尚書大傳》")。

(12)《春秋穀梁傳》十二卷：民國十一年(1922)上海商務印書館《四部叢刊初編》影印常熟瞿氏鐵琴銅劍樓藏宋刊本(簡稱"宋本《春秋穀梁傳》")。

(13)《春秋公羊傳解詁》十二卷：民國十一年(1922)上海商務印書館《四部叢刊初編》影印常熟瞿氏鐵琴銅劍樓藏宋刊本(簡稱"宋本《春秋公羊傳解詁》")。

(14)《春秋經傳集解》三十卷：民國十一年(1922)上海商務印書館《四部叢刊初編》影印玉田蔣氏藏宋刊巾箱本(簡稱"蔣刻本《春秋經傳集解》")。

(15)《淮南子》二十一卷：民國十一年(1922)上海商務印書館《四部叢刊初編》影印劉泖生影寫北宋本《淮南子》(簡稱"影寫宋本《淮南子》")。

(16)《吕氏春秋》二十六卷：民國十一年(1922)上海商務印書館《四部叢刊初編》影印上海涵芬樓藏明宋邦乂等刊本(簡稱"明本《吕氏春秋》")。

(17)《纂圖互注禮記》二十卷：民國十一年(1922)上海商務印書館《四部叢刊初編》影印宋本(簡稱"宋本《纂圖互注禮記》")。

(18)《毛詩》二十卷：民國十一年(1922)上海商務印書館《四部叢刊初編》影印常熟瞿氏鐵琴銅劍樓藏宋刊巾箱本(簡稱"宋本《毛詩》")。

(19)《戰國策校注》三十三卷：民國十一年(1922)上海商務印書館《四部叢刊初編》影印江南圖書館藏元至正十五年(1355)刊本(簡稱"元本《戰國策》")。

(20)《列子》八卷：清光緒二年(1876)浙江書局據明世德堂本校刻本(簡稱"浙局本《列子》")。

(21)《文子纘義》十二卷:光緒三年(1877)浙江書局據武英殿聚珍版重刻本(簡稱“浙局本《文子纘義》”)。

(22)《尸子》二卷《存疑》一卷:光緒三年(1877)浙江書局據湖海樓本校刻本(簡稱“浙局本《尸子》”)。

(23)《經典釋文》三十卷:民國十一年(1922)上海商務印書館《四部叢刊初編》影印通志堂本(簡稱“通志堂本《經典釋文》”)。

(24)《緯略》:1986 年台灣商務印書館影印文淵閣《四庫全書》本(簡稱“四庫本《緯略》”)。

(25)《新書》十卷:民國十一年(1922)上海商務印書館《四部叢刊初編》影印江南圖書館藏明正德長沙刊本(簡稱“正德本《新書》”)。

(26)《南華真經》十卷:民國十一年(1922)上海商務印書館《四部叢刊初編》影印上海涵芬樓藏明世德堂刊本《南華真經》(簡稱“世德堂本《南華真經》”)。

(27)《詩經世本古義》:1986 年台灣商務印書館影印文淵閣《四庫全書》本(簡稱“四庫本《詩經世本古義》”)。

(28)《禮記義疏》:1986 年台灣商務印書館影印文淵閣《四庫全書》本(簡稱“四庫本《禮記義疏》”)。

(29)《禮記正義》六十三卷:1997 年上海古籍出版社影印世界書局縮印阮刻本(簡稱“阮刻本《禮記正義》”)。

(30)《儀禮》十七卷:民國十一年(1922)上海商務印書館《四部叢刊初編》影印長沙葉氏觀古堂藏明徐氏仿宋刊本(簡稱“徐刻本《儀禮》”)。

(31)《文選》六十卷:1977 年中華書局縮印嘉慶十四年胡克家刻本(簡稱“胡刻本《文選》”)。

(32)《晏子春秋》八卷：民國十一年(1922)上海商務印書館《四部叢刊初編》影印江南圖書館藏明活字本(簡稱"活字本《晏子春秋》")。

需要説明的是，此次校勘所定簡稱，只有"光緒本"、"嘉慶本"爲所整理文獻《孔子家語疏證》的版本簡稱。因用於參校的其他文獻較多，爲了免於混淆，在簡稱的確定上，其他文獻的簡稱一律采取版本特徵加文獻名稱的形式，如《孔子家語》的版本，簡稱爲"覆寬永本《家語》"、"明覆宋本《家語》"等。當"光緒本"、"嘉慶本"與其他文獻並列出校語時，則加"《疏證》"以示區别，如："'止立'，原作'正交'，據嘉慶本《疏證》、光緒本《荀子集解》改"。

此次點校陳氏《孔子家語疏證》，在底本、校本選擇及具體的校勘、標點等方面，皆以《子海精華編整理細則》的具體要求爲準，個别疑難處曾蒙山東大學王承略先生指點。希望這個點校本能給讀者提供閱讀的方便，惟限於水平，難免有錯誤疏漏之處，敬請讀者多加批評指正。

崔　濤

二〇一六年十月於山西大學

序

乾隆癸丑冬，家琢軒先生以事過蘄州，因訪余于久長山館。適案頭有《孔子家語》一編，因舉以問先生曰："是書也，子朱子于《四書章句集注》嘗屢引之，而顔監注《漢書·藝文志》，則以爲非今所有《家語》。或者以爲王肅增加，近之宗漢學者遂置不道，其果然乎？"先生曰："子之意殆與予同。夫事必兩證而後是非明，小顔既未見安國舊本，即安知今本之非是乎？且子觀周末漢初諸子，其稱述孔子之言，類多彼此互見，損益成文。甚至有問答之詞，主名各别，如《南華》重言之比，而溢美溢惡，時時有之。然其書並行，至于今不廢。何獨于是編而疑之也？予嘗據本書爲綱，而互見于他書者，仍用大字書之，以附其後，與所輯《韓詩外傳》體例相同，名之曰《疏證》，將使學者參考而諦觀之。他日吾子覽焉，當有實獲我心之嘆。"余聞之欣然累日，而終以未見是書爲憾也。已而先生歸道山，哲嗣金門就官南楚，相晤于鄂城，以兄事余，命其二子沆、澐師余爲老馬。未幾，二子聯翩官京師，會以假歸。而今歲之春，金門于長沙官署一日檢舊簏，得二書稿本，亟命二子携以來鄂，取其書示余，而屬爲之序，以次版行焉。予既讀是書，追憶山館中先生之所以告我者，其體要已詳哉言之矣，爰備述前語而著于篇。嘉慶二十有三年戊寅春三月族人詩撰。①

① “人”，嘉慶本作“後進”。“撰”上，嘉慶本有“拜”字。

徵引諸書目録[1]

經部：

《尚書大傳》、《韓詩外傳》、《毛詩傳》、《春秋傳》、《春秋公羊傳》、《春秋穀梁傳》、《儀禮》、《禮記》、《大戴禮記》、《三禮義宗》。

史部：

《國語》、《世本》、《戰國策》、《史記》。

子部：

《晏子春秋》、《列子》、《莊子》、《荀子》、《文子》、《尸子》、《韓非子》、《吕氏春秋》、賈誼《新書》、《淮南子》、《説苑》、《新序》、《孔叢子》、《白虎通》。

---

① “徵引諸書目録”，光緒本原無，據嘉慶本補。

卷 一

相魯第一

孔子初仕，爲中都宰，制爲養生送死之節。長幼異食，強弱異任，男女别塗，路無拾遺，器不雕僞。爲四寸之棺，五寸之椁，因丘陵爲墳，不封不樹。行之一年，而西方之諸侯則焉。定公謂孔子曰："學子此法，以治魯國何如?"孔子對曰："雖天下可乎！何但魯國而已哉?"于是二年，定公以爲司空。乃别五土之性，而物各得其所生之宜，咸得厥所。先時，季氏葬昭公于墓道之南，孔子溝而合諸墓焉，謂季桓子曰："貶君以彰己罪，非禮也。今合之，所以揜夫子之不臣。"由司空爲魯大司寇，設法而不用，無奸民。

夫子制于中都，四寸之棺，五寸之椁。《禮記·檀弓上》

定公以孔子爲中都宰，一年，四方皆則之。由中都宰爲司空，由司空爲大司寇。《史記·孔子世家》

諸侯三卿，司徒兼冢宰，司馬兼宗伯，司空兼司寇。《春秋傳》：季孫爲司徒，叔孫爲司馬，孟孫爲司空。三卿之下，則五小卿，爲五大夫。司徒之下立二人：小宰、小司徒。司馬之下，以其事省，立一人爲小司馬，兼宗伯之事。司空

之下立二人：小司寇、小司空。今夫子爲司空，乃小司空，從小司空爲小司寇也。《三禮義宗》

定公元年，秋七月，葬昭公于墓道南。孔子之爲司寇也，溝而合諸墓。《春秋傳》

定公與齊侯會于夾谷，孔子攝相事，曰："臣聞有文事者必有武備，有武事者必有文備。古者諸侯並出疆，必具官以從，請具左右司馬。"定公從之。至會所，爲壇位，土階三等。以遇禮相見，揖讓而登。獻酢既畢，齊使萊人以兵鼓譟劫定公。孔子歷階而進，以公退，曰："士以兵之。吾兩君爲好，裔夷之俘，敢以兵亂之，非齊君所以命諸侯也。裔不謀夏，夷不亂華，俘不干盟，兵不逼好。于神爲不祥，于德爲愆義，[①]于人爲失禮，君必不然。"齊侯心怍，麾而避之。有頃，齊奏宫中之樂，俳優、侏儒戲於前。孔子趨進，歷階而上，不盡一等，曰："匹夫熒侮諸侯者，罪應誅，請右司馬速加刑焉。"[②]于是斬侏儒，手足異處。齊侯懼，有慚色。將盟，齊人加載書曰："齊師出境，而不以兵車三百乘從我者，有如此盟。"孔子使兹無還對曰："而不返我汶陽之田，吾以供命者，亦如之。"齊侯將設享禮，孔子謂梁丘據曰[③]："齊魯之故，吾子何不聞焉？事既成矣，而又享之，是勤執事。且犧象不出門，嘉樂不野合。享而既具，是棄禮。若其不具，是用秕稗。用秕稗，君辱。棄禮，名惡。子盍圖之？夫享，所以昭德也。不昭，不如

① "愆"，原作"僭"，據覆寬永本、明覆宋本《家語》改。整理者按，"儆"，"愆"俗字，與"偕"、"僭"形近而誤。《左傳・定公十年》："於德爲愆義，於人爲失禮。"

② "加"，明覆宋本《家語》無此字。

③ "丘"，原作"丠"，避孔子諱。下同。

其已。”乃不果享。齊侯歸，責其群臣曰：“魯以君子道輔其君，而子獨以夷狄道教寡人，使得罪。”于是乃歸所侵魯之四邑及汶陽之田。

十年春，及齊平。夏，公會齊侯于祝其，實夾谷。孔丘相。杜注：相會儀也。犁彌言于齊侯曰：“孔丘知禮而無勇，若使萊人以兵劫魯侯，必得志焉。”齊人從之。① 孔丘以公退，曰：“士兵之。兩君合好，而裔夷之俘以兵亂之，非齊君所以命諸侯也。裔不謀夏，夷不亂華，俘不干盟，兵不逼好。于神爲不祥，于德爲愆義，于人爲失禮，君必不然。”齊侯聞之，遽辟之。將盟，齊人加于載書曰：“齊師出境，而不以甲車三百乘從我者，有如此盟。”孔丘使茲無還揖對曰②：“而不返我汶陽之田，吾以供命者，亦如之。”齊侯將享公，孔丘謂梁丘據曰：“齊魯之故，吾子何不聞焉？事既成矣，而又享之，是勤執事也。且犧象不出門，嘉樂不野合。饗而既具，是棄禮也。若其不具，用秕稗也。用秕稗，君辱。棄禮，名惡。子盍圖之？夫享，所以昭德也。不昭，不如其已也。”乃不果享。齊人來歸鄆、讙、龜陰之田。《春秋傳》

頰谷之會，孔子相焉。兩君就壇，兩相相揖。齊人鼓噪而起，欲以執魯君。孔子歷階而上，不盡一等，而視歸乎齊侯，曰：“兩君合好，夷狄之民何爲來爲？”命司馬止之。齊侯逡巡而謝曰：“寡人之過也。”退而屬其二三大夫曰：“夫人率其君與之行古人之道，二三子獨率我而

---

① “人”，蔣刻本《春秋經傳集解》作“侯”。

② “丘”，原作“某”，避孔子諱。下同。

入夷狄之俗，何爲?”罷會，齊人使優施舞于魯君之幕下。孔子曰：“笑君者，罪當死。”使司馬行法焉，首足異門而出。齊人來歸鄆、讙、龜陰之田者，蓋爲此也。因是以見，雖有文事，必有武備。孔子于頰谷之會見之矣。《春秋穀梁傳》

齊大夫黎鉏言于景公曰：“魯用孔丘，其勢危齊。”乃使使告魯爲好會，會于夾谷。魯定公且以乘車好往，孔子攝相事，曰：“臣聞有文事者必有武備，有武事者必有文備。古者諸侯出疆，必具官以從，請具左右司馬。”定公曰：“諾。”具左右司馬。會齊侯夾谷，爲壇位，土階三等，以會遇之禮相見，揖讓而登。獻酬之禮畢，齊有司趨而進曰：“請奏四方之樂。”景公曰：“諾。”于是旍旄、羽袚、矛戟、劍撥鼓噪而至。孔子趨而進，歷階而登，不盡一等，舉袂而言曰：“吾兩君爲好會，①夷狄之樂何爲于此？請命有司。”有司卻之，不去，則左右視晏子與景公。景公心怍，麾而去之。有頃，齊有司趨而進曰：“請奏宫中之樂。”景公曰：“諾。”優倡、侏儒爲戲而前。孔子趨而進，歷階而登，不盡一等，曰：“匹夫而熒惑諸侯者，罪當誅。請命有司。”有司加法焉，手足異處。景公懼而動，知義不若，歸而大恐，告其群臣曰：“魯以君子之道輔其君，而子獨以夷狄之道教寡人，使得罪於魯君，爲之奈何?”有司進對曰：“君子有過，則謝以質。小人有過，則謝以文。君若悼之，則謝以實。”于是齊侯乃歸所侵魯之鄆、汶陽、龜陰之田《索隱》：《左傳》：“鄆、讙及龜陰之田。”則三

---

① “爲”，原脱，據黄刻本《史記》補。

田皆在汶陽。以謝過。《史記·孔子世家》

孔子言于定公曰："家不藏甲，邑無百雉之城，古之制也。今三家過制，請皆損之。"乃使季氏宰仲由隳三都。叔孫不得意于季氏，①因費宰公山弗擾率費人以襲魯。孔子以公與季孫、叔孫、孟孫入于費氏之宫，②登武子之臺。費人攻之，及臺側。孔子命申句須、樂頎勒士衆下伐之，費人北，遂隳三都之城。強公室，弱私家，尊君卑臣，政化大行。

仲由爲季氏宰，將墮三都。杜注：三都，費、郈、成也。于是叔孫氏墮郈。季氏將墮費，公山不狃、叔孫輒帥費人以襲魯。公與三子入于季氏之宫，登武子之臺。費人攻之，弗克。入及公側。仲尼命申句須、樂頎下伐之，費人北。國人追之，敗諸姑蔑。二子奔齊，遂墮費。將墮成，公斂處父謂孟孫："墮成，齊人必至于北門。且成，孟氏之保障也。無成，是無孟氏也。子僞不知，我將不墮。"冬十二月，公圍成，弗克。《春秋傳》

孔子行乎季孫，三月不違，曰："家不藏甲，邑無百雉之城。"于是帥師墮郈，帥師墮費。雉者何？五板而堵，五堵而雉，百雉而城。《春秋公羊傳》

初，魯之販羊有沈猶氏者，常朝飲其羊以詐市人；有公慎氏者，妻淫不制；有慎潰氏，奢侈逾法；魯之鬻六畜者，飾之以儲價。及孔子之爲政也，則沈猶氏不敢朝飲其羊，公慎氏出

---

① "叔孫"下，疑脱"輒"字，叔孫輒乃叔孫氏之庶子。

② "費氏"，疑當作"季氏"，《左傳》作"季氏"。

其妻，慎潰氏越境而徙。三月，則鬻牛馬者不儲價，賈羊豚者不加飾。男女行者别其塗，道不拾遺。男尚忠信，女尚貞順。四方客至于邑，不求有司，皆如歸焉。

仲尼將爲司寇，沈猶氏不敢朝飲其羊，公慎氏出其妻，慎潰氏逾境而徙，魯之粥牛馬者不豫賈，必蚤正以待之也。居於闕黨，闕黨之子弟罔不必分，[1]有親者取多，孝弟以化之也。《荀子·儒效》篇

孔子在州里，篤行孝道，居於闕黨，闕黨之子弟畋漁，分有親者得多，孝以化之也。[2] 魯有沈猶氏者，旦飲羊飽之，以欺市人；公慎氏有妻而淫；慎潰氏奢侈驕佚；魯民之鬻牛馬者善豫賈。孔子將爲魯司寇，沈猶氏不敢朝飲其羊，公慎氏出其妻，慎潰氏逾境而徙，魯之鬻馬牛不豫賈，布正以待之也。既爲司寇，季、孟墮郈、費之城，齊人歸所侵魯之地，[3]由積正之所致也。《新序·雜事一》

仲尼爲魯司寇，沈猶氏不敢朝飲其羊，公慎氏出其妻，慎潰氏逾境而走，魯之鬻牛馬不豫賈，布正以待之也。居於闕黨，闕黨之子弟罔罟分，有親者取多，孝悌以化之也。《新序·雜事五》

孔子始用于魯，魯人鷖誦之曰："麛裘而韠，投之無戾。韠而麛裘，投之無郵。"用三年，男子行乎塗右，女子行乎塗左；財物之遺者，民莫之舉。大智之用，固難逾也。《吕氏春秋·先識覽·樂成》

初相魯，魯人謗誦曰："麛裘而芾，投之無戾。芾之

---

① "必"，光緒本《荀子集解》無此字。
② "也"下，鄭刻本《新序》有"是以七十二子從遠方至，服從其德"十四字。
③ "魯"，原脱，據鄭刻本《新序》補。

麛裘，投之無郵。”及三年，政成化行，[1]民又作誦曰：“衮衣章甫，實獲我所。章甫衮衣，惠我無私。”《孔叢子·陳士義》篇

始誅第二

孔子爲魯司寇，攝行相事，有喜色。仲由問曰：“由聞君子禍至不懼，福至不喜。今夫子得位而喜，何也？”孔子曰：“然，有是言也。不曰‘樂以貴下人’乎？”於是朝政，七日而誅亂政大夫少正卯。戮之於兩觀之下，尸于朝三日。子貢進曰：“夫少正卯，魯之聞人也。今夫子爲政，而始誅之，或者爲失乎？”孔子曰：“居，吾語汝以其故。天下有大惡者五，而竊盗不與焉。一曰心逆而險，[2]二曰行僻而堅，三曰言僞而辯，四曰記醜而博，五曰順非而澤。此五者有一於人，則不免君子之誅，而少正卯皆兼有之。其居處足以撮徒成黨，[3]其談説足以飾褒榮衆，其強禦足以反是獨立，此乃人之奸雄者也，不可以不除。夫殷湯誅尹諧，文王誅潘正，周公誅管、蔡，太公誅華士，管仲誅付乙，子産誅史何，是此七子，[4]皆異世而同誅者。以七子異世而同惡，[5]故不可赦也。《詩》云：‘憂心悄悄，愠于群小。’小人成群，斯足憂矣。”

孔子爲魯攝相，朝七日而誅少正卯。門人進問曰：

---

① “行”上，《百子全書》本《孔叢子》有“既”字，則此處當標點作“及三年，政成。化既行，民又作誦曰”。

② “逆”，覆寬永本《家語》作“逆”。

③ “撮”，覆寬永本《家語》作“掫”。

④ “是”，覆寬永本《家語》作“凡”。

⑤ “子”下，覆寬永本《家語》有“皆”字。

"夫少正卯,魯之聞人也。夫子爲政而始誅之,得無失乎?"孔子曰:"居,吾語女其故。人有惡者五,而盜竊不與焉。一曰心達而險,二曰行辟而堅,三曰言僞而辯,四曰記醜而博,五曰順非而澤。此五者有一于人,則不得免于君子之誅,而少正卯兼有之。故居處足以聚徒成群,言談足以飾邪榮衆,①强足以反是獨立,此小人之桀雄也,不可不誅也。是以湯誅尹諧,文王誅潘止,周公誅管叔,太公誅華士,管仲誅付里乙,子産誅鄧析、史付,此七子者,皆異世同心,不可不誅也。《詩》曰:'憂心悄悄,愠于群小。'小人成群,斯足憂矣。"《荀子·宥坐》篇

孔子爲魯司寇,七日而誅少正卯於東觀之下。門人聞之,趨而進,至者不言,其意皆一也。子貢後至,趨而進,曰:"夫少正卯者,魯國之聞人矣。夫子始爲政,何以先誅之?"孔子曰:"賜也,非爾所及也。夫王者之誅有五,而盜竊不與焉。一曰心辨而險,二曰言僞而辨,三曰行辟而堅,四曰志愚而博,五曰順非而澤。此五者皆有辨知聰達之名,而非其真也。苟行以僞,則其知足以移衆,强足以獨立。此奸人之雄也,不可不誅。夫有五者之一,則不免於誅。今少正卯兼之,是以先誅之也。昔者湯誅蠋沐,太公誅潘阯,管仲誅史附里,子産誅鄧析,此五子未有不誅也。所謂誅之者,非爲其晝則攻盜,暮則穿窬也,皆傾覆之徒也。此固君子之所疑,愚者之所惑也。《詩》云:'憂心悄悄,愠于群小。'此之謂矣。"《説苑·指武》篇

① "榮",光緒本《荀子集解》作"營"。

孔子爲魯大司寇，有父子訟者，夫子同狴執之，三月不别，其父請止，夫子赦之焉。季孫聞之，不悦，曰："司寇欺余。曩告余曰：'國家必先以孝。'余今戮一不孝以教民孝，不亦可乎？而又赦，何哉？"冉有以告孔子，孔子喟然嘆曰："嗚呼！上失其道，而殺其下，非理也。不教以孝而聽其獄，是殺不辜。三軍大敗，不可斬也。獄犴不治，不可刑也。何者？上教之不行，罪不在民故也。夫慢令謹誅，賊也。徵斂無時，暴也。不試責成，虐也。政無此三者，然後刑可即也。《書》云：'義刑義殺，勿庸以即汝心，惟曰未有慎事。'言必教而後刑也。既陳道德以先服之，而猶不可，尚賢以勸之。① 又不可，即廢之。又不可，而後以威憚之。若是三年，而百姓正矣。其有邪民不從化者，然後待之以刑，則民咸知罪矣。《詩》云：'天子是毗，俾民不迷。'是以威厲而不試，刑錯而不用。今世則不然，亂其教，繁其刑，使民迷惑而陷焉，又從而制之，故刑彌繁，而盜不勝也。夫三尺之限，空車不能登者，何哉？峻故也。百仞之山，重載陟焉，何哉？陵遲故也。今世俗之陵遲久矣，雖有刑法，民能勿逾乎？"

孔子爲魯司寇，有父子訟者，孔子拘之，三月不别。其父請止，孔子舍之。季孫聞之，不説，曰："是老也欺予。語予曰：'爲國家必以孝。'今殺一人以戮不孝，又舍之。"冉子以告。孔子慨然嘆曰："嗚呼！上失之，下殺之，其可乎？不教其民而聽其獄，殺不辜也。三軍大敗，不可斬也。獄犴不治，不可刑也。罪不在民故也。嫚令謹誅，賊也。今生也有時，斂也無時，暴也。不教而責成

① "勸"，覆寬永本《家語》作"勤"。

功，虐也。已此三者，然後刑可即也。《書》曰：‘義刑義殺，勿庸以即，予維曰未有順事。’言先教也。故先王既陳之以道，上先服之。若不可，尚賢以綦之。若不可，廢。不能，以單之。綦三年而百姓往矣。邪民不從，然後俟之以刑，則民知罪矣。《詩》曰：‘尹氏大師，維周之氐。秉國之均，四方是維。天子是庳，卑民不迷。’是以威厲而不試，刑錯而不用，此之謂也。今之世則不然，亂其教，繁其刑，其民迷惑而墮焉，則從而制之，是以刑彌繁，而邪不勝。三尺之岸而虛車不能登也，百仞之山任負車登焉，何則？陵遲故也。數仞之牆而民不逾也，百仞之山而豎子馮而游焉，陵遲故也。今夫世之陵遲亦久矣，而能使民勿逾乎？《詩》曰：‘周道如砥，其直如矢。君子所履，小人所視。眷焉顧之，潸焉出涕。’豈不哀哉！”《荀子·宥坐》篇

《傳》曰：魯有父子訟者，康子欲殺之。孔子曰：“未可殺之。夫民父子訟之爲不義久矣，是則上失其道。上有道，是人亡矣。”訟者聞之，請無訟。康子曰：“治民以孝，殺一不義以僇不孝，不亦可乎？”孔子曰：“否。不教而聽其獄，殺不辜也。三軍大敗，不可誅也。獄讞不治，不可刑也。上陳之教而先服之，則百姓從風矣。邪行不從，然後俟之以刑，則民知罪矣。夫一仞之牆，民不能逾，百仞之山，童子登游焉，凌遲故也。今其仁義之凌遲久矣，能謂民無逾乎？《詩》曰：‘俾民不迷。’昔之君子，道其百姓不使迷，是以威厲而刑措不用也。故形其仁義，謹其教道，使民目晰焉而見之，使民耳晰焉而聞之，使民心晰焉而知之，則道不迷而民志不惑矣。《詩》曰：

'示我顯德行。'故道義不易,民不由也,禮樂不明,民不見也。《詩》曰:'周道如砥,其直如矢。'言其易也。'君子所履,小人所視',言其明也。'眷言顧之,潸焉出涕',哀其不聞禮教而就刑誅也。"《韓詩外傳三》

魯有父子訟者,康子曰:"殺之。"孔子曰:"未可殺也。夫民不知子父訟之不善者久矣,是則上過也。上有道,是人亡矣。"康子曰:"夫治民以孝爲本,今殺一人以戮不孝,不亦可乎?"孔子曰:"不孝而誅之,是虐殺不辜也。三軍大敗,不可誅也。獄訟不治,不可刑也。上陳之教而先服之,則百姓從風矣。躬行不從而後俟之以刑,則民知罪矣。夫一仞之牆,民不能逾,百仞之山,童子升而游焉,陵遲故也。今是仁義之陵遲久矣,能謂民弗逾乎?《詩》曰:'俾民不迷。'昔者君子導其百姓不使迷,是以威厲而不至,刑錯而不用也。"於是訟者聞之,乃請無訟。《説苑·政理》篇

王言解第三

孔子閒居,曾參侍。① 孔子曰:"參乎!今之君子,唯士與大夫之言可聞也。至於君子之言者,希也。於乎!吾以王言之,其不出户牖而化天下。"曾子起,下席而對曰:"敢問何謂王之言?"孔子不應。曾子曰:"侍夫子之閒也難對,②是以敢問。"孔子又不應。曾子肅然而懼,摳衣而退,負席而立。

---

① "侍",原作"待",據覆寬永本、明覆宋本《家語》改。
② "對",疑爲衍文。

有頃，孔子嘆息，顧謂曾子曰："參，汝可語明王之道與？"曾子曰："非敢以爲足也，請因所聞而學焉。"子曰："居，吾語汝。夫道者，所以明德也；德者，所以尊道也。是以非德道不尊，非道德不明。雖有國之良馬，不以其道服乘之，不可以道里。① 雖有博地衆民，不以其道治之，不可以致霸王。是故昔者明王内修七教，外行三至。七教修，然後可以守。三至行，然後可以征。明王之道，其守也則必折沖千里之外，其征也則必還師衽席之上。故曰内修七教而上不勞，外行三至而財不費，此之謂明王之道也。"

曾子曰："不勞不費之謂明王，可得聞乎？"孔子曰："昔者帝舜左禹而右皋陶，不下席而天下治。夫如此，何上之勞乎？政之不平，②君之患也。令之不行，臣之罪也。若乃十一而税，用民之力，歲不過三日，入山澤以其時而無征，關譏市鄽，皆不收賦，此則生財之路，而明王節之，何財之費乎？"曾子曰："敢問何謂七教？"孔子曰："上敬老則下益孝，上尊齒則下益悌，上樂施則下益寬，上親賢則下擇友，上好德則下不隱，上惡貪則下恥爭，③上廉讓則下恥節，此之謂七教。七教者，治民之本也。政教定，則本正也。凡上者，民之表也。表正則何物不正？是故人君先立仁於己，然後大夫忠而士信，民敦俗璞，④男愨而女貞。六者，教之至也，布諸天下四方而不窕，⑤納諸尋常之室而不塞。等之以禮，立之以義，行之以

① "道"上，覆寬永本《家語》有"取"字。
② "平"，覆寬永本《家語》作"中"。
③ "貪"，原作"貧"，據覆寬永本《家語》改。
④ "俗"上，覆寬永本《家語》有"而"字。
⑤ "窕"，覆寬永本、明覆宋本《家語》作"恕"。

順,則民之棄惡,如湯之灌雪焉。”

曾子曰:“道則至矣,弟子不足以明之。”孔子曰:“參,以爲姑止乎?又有焉。昔者明王之治民也,法必裂地以封之,分屬以理之,然後賢民無所隱,暴民無所伏。使有司日省而時考之,進用賢良,退貶不肖,然則賢者悦而不肖者懼。哀鰥寡,養孤獨,恤貧窮,誘孝悌,選才能,此七者修,則四海之内無刑民矣。上之親下也,如手足之於腹心。下之親上也,如幼子之於慈母矣。上下相親如此,故令則從,施則行,民懷其德,近者悦服,遠者來附,政之致也。夫布指知寸,布手知尺,舒肘知尋,斯不遠之則也。周制,三百步爲里,千步爲井,三井而埒,埒三而矩,五十里而都封,百里而有國,乃爲稸積資聚焉,[1]恤行者有亡。是以蠻夷諸夏,雖衣冠不同,言語不合,莫不來賓。故曰無市而民不乏,無刑而民不亂。田獵罩弋,非以盈宫室也。徵斂百姓,非以盈府庫也。慘怛以補不足,禮節以損有餘,多信而寡貌。其禮可守,其言可覆,其迹可履。如饑而食,如渴而飲。民之信之,如寒暑之必驗。[2]故視遠若邇,非道邇也,見明德也。是故兵革不動而威,利用不施而親,萬民懷其惠。此之謂明王之守,折沖千里之外者也。”

曾子曰:“敢問何謂三至?”孔子曰:“至禮不讓而天下治,至賞不費而天下士悦,至樂無聲而天下民和。明王篤行三至,故天下之君可得而知,天下之士可得而臣,天下之民可得而用。”曾子曰:“敢問此義何謂?”孔子曰:“古者明王必盡知

---

① “稸”、“聚”,明覆宋本《家語》分别作“福”、“求”。
② “必”,原作“不”,據覆寬永本、明覆宋本《家語》改。

天下良士之名。既知其名，又知其實，又知其數及其所在焉。然後因天下之爵以尊之，此之謂至禮不讓而天下治；因天下之禄以富天下之士，此之謂至賞不費而天下之士悦；如此，則天下之名譽興焉，此之謂至樂無聲而天下之民和。故曰：所謂天下之至仁者，能合天下之至親也。所謂天下之至明者，能舉天下之至賢者也。此三者咸通，然後可以征。是故仁者莫大乎愛人，智者莫大乎知賢，賢政者莫大乎官能。① 有土之君修此三者，則四海之内供命而已矣。夫明王之所征，必道之所廢者也。是故誅其君而改其政，弔其民而不奪其財。故明王之政，猶時雨之降，降至則民悦矣。是故行施彌博，得親彌衆，此之謂還師衽席之上。"

孔子閒居，曾子侍。孔子曰："參，今之君子，惟士與大夫之言之聞也。其至於君子之言者，甚希矣。於乎！吾王言其不出而死乎？② 哀哉！"曾子起曰："敢問何謂王言？"孔子不應。曾子懼，肅然摳衣下席，③曰："弟子知其不孫也。得夫子之閒也難，是以敢問也。"孔子不應。曾子懼，退，負序而立。孔子曰："參，女可語明王之道與？"曾子曰④："不敢以爲足也，得夫子之閒也難，是以敢問。"孔子曰⑤："居，吾語女。道者，所以明德也。德者，所以尊道也。是故非德不尊，非道不明。雖有國馬，不教不服，不可以取千里。雖有博地衆民，不以其道

① "賢"，疑爲衍文。

② "王"，袁刻本《大戴禮記》作"主"。整理者按，"王言"袁刻本《大戴禮記》作"主言"，他如"霸王"、"明王"之"王"，亦悉作"主"，下不出注。

③ "然摳"，原脱，據袁刻本《大戴禮記》補。

④ "曾子曰"，原脱，據袁刻本《大戴禮記》補。

⑤ "曾子曰"至"孔子曰"，共二十三字，嘉慶本無。

治之，不可以霸王。是故昔者明王内修七教，外行三至。七教修焉，可以守。三至行焉，可以征。七教不修，雖守不固。三至不行，雖征不服。是故明王之守也，必折沖乎千里之外。其征也，衽席之上還師。是故内修七教而上不勞，外行三至而財不費，此之謂明王之道也。"

曾子曰："敢問不費不勞，可以爲明乎？"孔子愀然揚麋，曰："參，女以明王爲勞乎？昔者舜左禹而右皋陶，不下席而天下治。夫政之不中，君之過也。政之既中，令之不行，職事者之罪也。明王奚爲其勞也？昔者明王關譏而不征，市鄽而不税，税十取一，使民之力，歲不過三日，入山澤以時，有禁而無征，此六者取財之路也。明王舍其四者而節其二者，明王焉取其費也？"曾子曰："敢問何謂七教？"孔子曰："上敬老則下益孝，上順齒則下益悌，上樂施則下益諒，上親賢則下擇友，上好德則下不隱，上惡貪則下恥爭，上強果則下廉恥，民皆有别，①則政亦不勞矣，此謂七教。七教者，治民之本也，教定則正矣。上者，民之表也。表正，則何物不正？是故君先立於仁，則大夫忠而士信，民敦，工璞，商慤，女憧，婦空空，七者教之至也。七者布諸天下而不窕，内諸尋常之室而不塞。是故聖人等之以禮，立之以義，行之以順，而民棄惡也如灌。"

曾子曰："弟子則不足，道則至矣。"孔子曰："參，姑止，又有焉。昔者明王之治民有法，必别地以州之，分屬而治之，然後賢民無所隱，暴民無所伏。使有司日省而

① "别"下，袁刻本《大戴禮記》有"則貞"二字。

時考之,歲誘賢焉,則賢者親,不肖者懼。使之哀鰥寡,養孤獨,恤貧窮,誘孝悌,選賢舉能。此七者修,則四海之内無刑民矣。上之親下也如腹心,則下之親上也如赤子之見慈母也。① 上下之相親如此,然後令則從,施則行。因民既邇者説服,遠者來懷。然後布指知寸,布手知尺,舒肘知尋,十尋而索,百步而堵,三百步而里,千步而井,三井而句烈,三句烈而距,五十里而封,百里而有都邑。乃爲蓄積衣裘焉,使處者恤行者有與亡。是以蠻夷、諸夏雖衣冠不同,言語不合,莫不來至,朝覲於王。故曰:無市而民不乏,無刑而民不違。畢弋田獵之得,不以盈宫室也。徵斂於百姓,非以充府庫也。慢怛以補不足,禮節以損有餘。故曰:多信而寡貌。其禮可守,其信可復,其迹可履。其於信也,如四時春秋冬夏。其博有萬民也,如飢而食,如渴而飲。下土之人信之。若夫暑熱凍寒遠若邇,非道邇也,及其明德也。是以兵革不動而威,用利不施而親,此之謂明王之守也。折沖乎千里之外,此之謂也。"

曾子曰:"敢問何謂三至?"孔子曰:"至禮不讓而天下治,至賞不費而天下之士説,至樂無聲而天下之民和。明王篤行三至,故天下之君可得而知也,天下之士可得而臣也,天下之民可得而用也。"曾子曰:"敢問何謂也?"孔子曰:"昔者明王必盡知天下良士之名,既知其名,又知其數,既知其數,又知其所在。明王因天下之爵,以尊天下之士,此之謂至禮不讓而天下治;因天下之禄,以富

① "赤",袁刻本《大戴禮記》作"保"。

天下之士,此之謂至賞不費而天下之士説;天下之士説,則天下之名譽興,此之謂至樂無聲而天下之民和。故曰:所謂天下之至仁者,能合天下之至親者也。所謂天下之至知者,能用天下之至和者也。所謂天下之至明者,能選天下之至良者也。此三者咸通,然後可以征。是故仁者莫大於愛人,知者莫大於知賢,政者莫大於官賢。有土之君修此三者,則四海之内拱而俟,然後可以征。明王之所征,必道之所廢者也。彼廢道而不行,然後誅其君,致其征,弔其民,而不奪其財也。故曰:明王之征也,猶時雨也,至則民説矣。是故行施彌博,得親彌衆,此之謂'衽席之上乎還師'。"《大戴禮·王言》

大昏解第四

孔子侍坐於哀公,公曰[①]:"敢問人道孰爲大?"孔子愀然作色而對曰:"君及此言也,百姓之惠也,固臣敢無辭而對?人道,政爲大。夫政者,正也。君爲政,[②]則百姓從而正矣。君之所爲,百姓之所從。君不爲正,百姓何所從乎?"公曰:"敢問爲政如之何?"孔子對曰:"夫婦别,男女親,君臣信。[③]三者正,則庶物從之。"公曰:"寡人雖無能也,願知所以行三者之道。可得聞乎?"孔子對曰:"古之政,[④]愛人爲大。所以

---

① "曰"上,覆寬永本、明覆宋本《家語》有"問"字。

② "政",覆寬永本、明覆宋本《家語》作"正"。

③ "男女親,君臣信",宋本《纂圖互注禮記》、阮刻本《禮記正義》並作"父子親,君臣嚴"。

④ "政"上,覆寬永本《家語》有"爲"字。

治愛人,禮爲大。所以治禮,敬爲大。敬之至矣,大婚爲大。大婚至矣,冕而親迎。親迎者,敬之也。是故君子興敬爲親,捨敬,則是遺親也。弗親弗敬,弗尊也。愛與敬,其政之本與!"

公曰:"寡人願有言也。然冕而親迎,不已重乎?"孔子愀然作色而對曰:"合二姓之好,以繼先聖之後,以爲天下、宗廟、社稷之主,君何謂已重焉?"公曰:"寡人實固,不固安得聞此言乎?寡人欲問,不能爲辭,請少進。"孔子曰:"天地不合,萬物不生。大婚,萬世之嗣也,君何謂已重焉?"孔子遂言曰:"内以治宗廟之禮,足以配天地之神。出以治直言之禮,以立上下之敬。① 物恥則足以振之,國恥則足以興之,故爲政先乎禮。禮,其政之本與!"孔子遂言曰:"昔三代明王,必敬妻子也,蓋有道焉。妻也者,親之主也。子也者,親之後也。敢不敬與?是故君子無不敬。敬也者,敬身爲大。身也者,親之支也。敢不敬與?不敬其身,是傷其親。傷其親,是傷本也。傷其本,則支從之而亡。三者,百姓之象也。身以及身,子以及子,妃以及妃。君以修此三者,②則大化愾乎天下矣,昔太王之道也。如此國家順矣。"

公曰:"敢問何謂敬身?"孔子對曰:"君子過言則民作辭,過行則民作則。言不過辭,動不過則,百姓恭敬以從命。若是則可謂能敬其身,則能成其親矣。"③公曰:"何謂成其親?"孔子對曰:"君子者也,④人之成名也。百姓與名,謂之君子,

---

① "以"上,覆寬永本《家語》有"足"字。
② "以",覆寬永本《家語》作"能"。
③ "則能"上,覆寬永本《家語》有"敬其身"三字。
④ "也",覆寬永本《家語》無此字。"者也",當系"也者"之誤倒。

則是成其親，爲君而爲其子也。"孔子遂言曰："爲政而不能愛人，[1]則不能成其身。不能成其身，則不能安其土。不能安其土，則不能樂天。"公曰："敢問何謂能成身？"孔子對曰："夫其行已不過乎物，謂之成身。不過乎物，合天道也。"公曰："君子何貴乎天道也？"孔子曰："貴其不已也，如日月東西相從而不已也，是天道也。不閉而能久，是天道也。無爲而物成，是天道也。已成而明之，是天道也。"公曰："寡人且愚冥，幸煩子之於心。"[2]孔子蹴然避席而對曰："仁人不過乎物，孝子不過乎親。是故仁人之事親也如事天，事天如事親，此謂孝子成身。"公曰："寡人既聞如此言，無如後罪何？"孔子對曰："君之及此言，是臣之福也。"

孔子侍坐於哀公。哀公曰："敢問人道誰爲大？"孔子愀然作色而對曰："君之及此言也，百姓之德也，固臣敢無辭而對？人道政爲大。"公曰："敢問何謂爲政？"孔子對曰："政者，正也。君爲正，則百姓從政矣。君之所爲，百姓之所從也。君所不爲，百姓何從？"公曰："敢問爲政如之何？"孔子對曰："夫婦别，父子親，君臣嚴。三者正，則庶物從之矣。"公曰："寡人雖無似也，願聞所以行三言之道。可得聞乎？"孔子對曰："古之爲政，愛人爲大。所以治愛人，禮爲大。所以治禮，敬爲大。敬之至矣，大昏爲大。大昏至矣！大昏既至，冕而親迎，親之也。親之也者，親之也。是故君子興敬以爲親，舍敬是遺親也。弗愛不親，弗敬不正。愛與敬，其政之本與！"

---

① "爲"，原作"愛"，據覆寬永本《家語》改。
② "於"上，覆寬永本《家語》有"志"字。

公曰："寡人願有言。然冕而親迎，不已重乎？"孔子愀然作色而對曰："合二姓之好，以繼先聖之後，以爲天地、宗廟、社稷之主，君何謂已重乎？"公曰："寡人固。不固，焉得聞此言也？寡人欲問，不得其辭，請少進。"孔子曰："天地不合，萬物不生。大昏，萬世之嗣也，君何謂已重焉？"孔子遂言曰："内以治宗廟之禮，足以配天地之神明。出以治直言之禮，足以立上下之敬。物恥足以振之，國恥足以興之。爲政先禮，禮，其政之本與！"孔子遂言曰："昔三代明王之政，必敬其妻子也有道。妻也者，親之主也，敢不敬與？子也者，親之後也，敢不敬與？君子無不敬也，敬身爲大。身也者，親之枝也，敢不敬與？不能敬其身，是傷其親。傷其親，是傷其本。傷其本，枝從而亡。三者，百姓之象也。身以及身，子以及子，妃以及妃。君行此三者，則愾乎天下矣，大王之道也。如此則國家順矣。"

公曰："敢問何謂敬身？"孔子對曰："君子過言則民作辭，過動則民作則。君子言不過辭，動不過則，百姓不命而敬恭，如是則能敬其身。能敬其身，則能成其親矣。"公曰："敢問何謂成親？"孔子對曰："君子也者，人之成名也。百姓歸之名，謂之君子之子，是使其親爲君子也。是爲成其親之名也已。"孔子遂言曰："古之爲政，愛人爲大。不能愛人，不能有其身。不能有其身，不能安土。不能安土，不能樂天。不能樂天，不能成其身。"公曰："敢問何謂成身？"孔子對曰："不過乎物。"公曰："敢問君子何貴乎天道也？"孔子對曰："貴其不已，如日月東西相從而不已也，是天道也。不閉其久，是天道也。無爲而物成，是天道也。已成而明，是天道也。”公曰：“寡人蠢愚冥煩，子志之心也。”孔子蹴然避席而對曰：“仁人不過乎物，孝子不過乎物。是故仁人之事親也如事天，事天如事親，是故孝子成身。”公曰：“寡人既聞此言也，無如後罪何？”孔子對曰：“君之及此言也，是臣之福也。”《禮記·哀公問》

孔子侍坐於哀公。哀公曰：“敢問人道誰爲大？”孔子愀然作色而對曰：“君及此言也，百姓之德也，固臣敢無辭而對？人道政爲大。”公曰：“敢問何謂爲政？”孔子對曰：“政者，正也。君爲正，則百姓從政矣。君之所爲，百姓之所從也。君所不爲，百姓何從？”公曰：“敢問爲政如之何？”孔子對曰：“夫婦别，父子親，君臣義。① 三者正，則庶民從之矣。”公曰：“寡人雖無似也，願聞所以行三言之道。可得而聞乎？”孔子對曰：“古之爲政，愛人爲大。所以治愛人，禮爲大。所以治禮，敬爲大。敬之至也，大昏爲大。大昏至矣。大昏既至，冕而親迎，親之也。親之也者，親之也。是故君子興敬爲親，舍敬是遺親也。弗愛不親，弗敬不正。愛與敬，其政之本與！”

公曰：“寡人願有言。然冕而親迎，不已重乎？”孔子愀然作色而對曰：“合二姓之好，以繼先聖之後，以爲天地、社稷、宗廟之主，君何謂已重乎？”公曰：“寡人固。不固，焉得聞此言也？寡人欲問，不得其辭，請少進。”孔子曰：“天地不合，萬物不生。大昏，萬世之嗣也，君何以謂已重焉？”孔子遂有言曰：“内以治宗廟之禮，足以配天地

---

①“義”，袁刻本《大戴禮記》作“嚴”。

之神明。出以治直言之禮,足以立上下之敬。物恥足以振之,國恥足以興之。爲政先禮,禮者,政之本與!"孔子遂言曰:"昔三代明王之政,必敬其妻子也有道。妻也者,親之主也,敢不敬與?子也者,親之後也,敢不敬與?君子無不敬也,敬身爲大。身也者,親之枝也,敢不敬與?不能敬其身,是傷其親。傷其親,是傷其本。傷其本,枝從而亡。三者,百姓之象也。身以及身,子以及子,配以及配。君子行此三者,則愾乎天下矣,大王之道也。如此國家順矣。"

公曰:"敢問何謂敬身?"孔子對曰:"君子過言則民作辭,過動則民作則。君子言不過辭,動不過則,百姓不命而敬恭,如是則能敬其身。能敬其身,則能成其親矣。"公曰:"敢問何謂成親?"孔子對曰:"君子也者,人之成名也。百姓歸之名,謂之君子之子,是使其親爲君子也。是爲成其親名也已。"孔子遂言曰:"古人爲政,愛人爲大。不能愛人,不有其身。不能有其身,不能安土。不能安土,不能樂天。不能樂天,不能成身。"公曰:"敢問何謂成身?"孔子對曰:"不過乎物。"公曰:"敢問君何貴乎天道也?"孔子對曰:"貴其不已,如日月西東相從而不已也,是天道也。不閉其久也,是天道也。無爲物成,是天道也。已成而明,是天道也。"公曰:"寡人蠢愚冥煩,子識之心也。"孔子蹴然避席而對曰:"仁人不過乎物,孝子不過乎物。是仁人之事親也如事天,事天如事親,是故孝子成身。"公曰:"寡人既聞是言也,無如後罪何!"孔子對曰:"君之及此言也,是臣之福也。"《大戴禮·哀公問於孔子》

儒行解第五

孔子在衛，冉求言于季孫曰："國有聖人而不能用，欲以求治，是猶卻步而欲求及前人，不可得已。今孔子在衛，衛將用之。己有才而以資鄰國，難以言智也。請以重幣迎之。"季孫以告哀公，公從之。

孔子既至，舍哀公館焉。公自阼階，孔子賓階，升堂立侍。公曰："夫子之服，其儒服與？"孔子對曰："丘少居魯，衣逢掖之衣。長居宋，冠章甫之冠。丘聞之，君子之學也博，其服以鄉。丘未知其爲儒服也。"公曰："敢問儒行？"孔子曰："略言之則不能終其物，悉數之則留。僕未可以對。"①

哀公命席，孔子侍坐，曰："儒有席上之珍以待聘，夙夜強學以待問，懷忠信以待舉，力行以待取，其自立有如此者。儒有衣冠中，動作慎，②其大讓如慢，③小讓如僞，大則如威，小則如愧，難進而易退，粥粥若無能也，其容貌有如此者。儒有居處齊難，其起坐恭敬，言必誠信，行必忠正，道途不爭險易之利，冬夏不爭陰陽之和，愛其死以有待也，養其身以有爲也，其備預有如此者。儒有不寶金玉，而忠信以爲寶；不祈土地，而仁義以爲土地；不求多積，多文以爲富；難得而易祿也，易祿而難畜也。非時不見，不亦難得乎？非義不合，不亦難畜乎？先勞而後祿，不亦易祿乎？其近人情，有如此者。儒有委之以財貨而不貪，淹之以樂好而不淫，劫之以衆而不懼，阻之以兵而不懾，見利不虧其義，見死不更其守，鷙蟲攫搏不

① "僕"上，覆寬永本《家語》有"更"字。
② "慎"，明覆宋本《家語》作"顺"。
③ "其"，原脱，據覆寬永本《家語》補。

程其勇，引重鼎不程其力，①往者不悔，來者不豫，過言不再，流言不極，不斷其威，不習其謀，其特立有如此者。儒有可親而不可劫，可近而不可迫，可殺而不可辱，其居處不過，其飲食不溽，其過失可微辯而不可面數也，其剛毅有如此者。儒有忠信以爲甲胄，禮義以爲干櫓，②戴仁而行，③抱德而處，雖有暴政，不更其所，其自立有如此者。儒有一畝之宫，環堵之室，蓽門圭窬，蓬户甕牖，易衣而出，并日而食，上答之，不敢以疑，上不答之，不敢以諂，其爲士有如此者。儒有今人以居，古人以稽；今世行之，後世以爲楷；若不逢世，上所不援，④下所不推。詭諂之民，有比黨而危之者，身可危也，其志不可奪也；雖危，起居猶竟信其志，乃不忘百姓之病也。其憂思有如此者。儒有博學而不窮，篤行而不倦，幽居而不淫，上通而不困，禮必以和，優游以法，慕賢而容衆，毁方而瓦合，其寬裕有如此者。儒有内稱不避親，外舉不避怨，程功積事，不求厚禄，推賢達能，不望其報，君得其志，民賴其德，苟利國家，不求富貴，其舉賢援能有如此者。儒有澡身浴德，陳言而伏，静言而正之，而上下不知也，默而翹之，又不急爲也，不臨深而爲高，不加少而爲多，世治不輕，世亂不沮，同己不與，異己不非，其特行獨立有如此者。⑤ 儒有上不臣天子，下不事諸侯，慎静尚寬，底厲廉隅，強毅以與人，博學以知服，⑥雖以分國，視之如錙銖，弗肯臣仕，其規爲有如此者。儒有合志同

① "鷙蟲"至"其力"十五字，明覆宋本《家語》無。
② "爲"，原脱，據覆寬永本、明覆宋本《家語》補。
③ "戴"，覆寬永本《家語》作"載"。
④ "援"，覆寬永本、明覆宋本《家語》作"受"。
⑤ "特行獨立"，覆寬永本、明覆宋本《家語》作"特立獨行"。
⑥ "服"下，覆寬永本《家語》有"近文章"三字。

方，營道同術，並立則樂，相下不厭，久别則聞流言不信，義同而進，不同而退，其交有如此者。夫温良者，仁之本也；慎敬者，仁之地也；[①]寬裕者，仁之作也；遜接者，仁之能也；禮節者，仁之貌也；言談者，仁之文也；歌樂者，仁之和也；分散者，仁之施也。儒皆兼此而有之，猶且不敢言仁也，其尊讓有如此者。儒有不隕穫於貧賤，不充詘于富貴，不溷君王，不累長上，不閔有司，故曰儒。今人之名儒也妄常，以儒相詬疾。"

哀公既得聞此言也，言加信，行加敬，曰："終没吾世，弗敢復以儒爲戲矣。"

魯哀公問於孔子曰："夫子之服，其儒服與？"孔子對曰："丘少居魯，衣逢掖之衣。長居宋，冠章甫之冠。丘聞之也，君子之學也博，其服也鄉。丘不知儒服。"哀公曰："敢問儒行？"孔子對曰："遽數之不能終其物，悉數之乃留。更僕，未可終也。"

哀公命席。孔子侍曰："儒有席上之珍以待聘，夙夜強學以待問，懷忠信以待舉，力行以待取，其自立有如此者。儒有衣冠中，動作慎，其大讓如慢，小讓如僞，大則如威，小則如愧，其難進而易退也，粥粥若無能也，其容貌有如此者。儒有居處齊難，其坐起恭敬，言必先信，行必中正，道途不爭險易之利，冬夏不爭陰陽之和，愛其死以有待也，養其身以有爲也，其備豫有如此者。儒有不寶金玉，而忠信以爲寶；不祈土地，立義以爲土地；不祈多積，多文以爲富；難得而易禄也，易禄而難畜也。非時不見，不亦難得乎？非義不合，不亦難畜乎？先勞而後

① "仁"，原作"人"，據覆寬永本、明覆宋本《家語》改。

禄，不亦易禄乎？其近人有如此者。儒有委之以貨財，淹之以樂好，見利不虧其義；劫之以衆，沮之以兵，見死不更其守；鷙蟲攫搏，不程勇者；引重鼎，不程其力；往者不悔，來者不豫；過言不再，流言不極；不斷其威，不習其謀。其特立有如此者。儒有可親而不可劫也，可近而不可迫也，可殺而不可辱也，其居處不淫，其飲食不溽，其過失可微辨而不可面數也，其剛毅有如此者。儒有忠信以爲甲胄，禮義以爲干櫓，戴仁而行，抱義而處，雖有暴政，不更其所，其自立有如此者。儒有一畝之宫，環堵之室，篳門圭窬，蓬户瓮牖，易衣而出，并日而食，上答之，不敢以疑，上不答，不敢以諂，其仕有如此者。儒有今人與居，古人與稽；今世行之，後世以爲楷；適弗逢世，上弗援，下弗推。讒諂之民，有比黨而危之者，身可危也，而志不可奪也。雖危，起居竟信其志，猶將不忘百姓之病也。其憂思有如此者。儒有博學而不窮，篤行而不倦，幽居而不淫，上通而不困，禮之以和爲貴，忠信之美，優游之法，慕賢而容衆，①毁方而瓦合，其寬裕有如此者。儒有内稱不辟親，外舉不辟怨，程功積事，推賢而進達之，不望其報，君得其志，苟利國家，不求富貴，其舉賢援能有如此者。儒有聞善以相告也，見善以相示也，爵位相先也，患難相死也，久相待也，遠相致也，其任舉有如此者。儒有澡身而浴德，陳言而伏，静而正之，上弗知也，粗而翹之，又不急爲也，不臨深而爲高，不加少而爲多，世治不輕，世亂不沮，同弗與，異弗非也，其特立獨行

① “慕”，宋本《纂圖互注禮記》作“舉”。

有如此者。儒有上不臣天子,下不事諸侯,愼静而尚寬,强毅以與人,博學以知服,近文章,砥厲廉隅,雖分國,如錙銖,不臣不仕,其規爲有如此者。儒有合志同方,營道同術,並立則樂,相下不厭,久不相見,聞流言不信,其行本方,立義同而進,不同而退,其交友有如此者。温良者,仁之本也;敬愼者,仁之地也;寬裕者,仁之作也;遜接者,仁之能也;禮節者,仁之貌也;言談者,仁之文也;歌樂者,仁之和也;分散者,仁之施也。儒者兼此而有之,猶且不敢言仁也,其尊讓有如此者。儒有不隕穫於貧賤,不充詘於富貴,不慁君王,不累長上,不閔有司,故曰儒。今衆人之命儒也妄常,以儒相詬病。"

孔子至舍,哀公館之,聞此言也,言加信,行加義,"終没吾世,不敢以儒爲戲。"《禮記·儒行》

問禮第六

哀公問於孔子曰:"大禮何如?子之言禮,何其尊也?"孔子對曰:"丘也鄙人,不足以知大禮也。"公曰:"吾子言焉。"孔子曰:"丘聞之,民之所以生者,禮爲大。非禮則無以節事天地之神焉,非禮則無以辨君臣、上下、長幼之位焉,非禮則無以别男女、父子、兄弟、婚姻、親族、疏數之交焉。是故君子此之爲尊敬。然後以其所能教順百姓,不廢其會節。既有成事,而後治其文章、黼黻,①以别尊卑、上下之等。其順之也,而後言其喪祭之紀,宗廟之序,品其犧牲,設其豕腊,修其歲

① "文"上,覆寬永本《家語》有"雕鏤"二字。

時，以敬其祭祀，别其親疏，序其昭穆。而後宗族會宴，即安其居，以綴恩義。卑其宫室，節其服御，車不雕璣，器不雕鏤，食不二味，心不淫志，以與萬民同利。古之明王行禮也如此。”公曰：“今之君子，胡莫之行也？”孔子對曰：“今之君子，好利無厭，淫行不倦，荒怠慢游，固民是盡。以遂其心，以怨其政，以忤其衆，以伐有道。求得當欲，不以其所，虐殺刑誅，不以其治。夫昔之用民者由前，今之用民者由後，是即今之君子莫能爲禮也。”

哀公問於孔子曰：“大禮何如？君子之言禮，何其尊也？”孔子曰：“丘也小人，不足以知禮。”君曰：“否，吾子言之也。”孔子曰：“丘聞之，民之所由生，禮爲大。非禮無以節事天地之神也，非禮無以辨君臣、上下、長幼之位也，非禮無以别男女、父子、兄弟之親，婚姻、疏數之交也。君子以此之爲尊敬然。然後以其所能教百姓，不廢其會節。有成事，然後治其雕鏤、文章、黼黻以嗣。其順之，然後言其喪算，備其鼎俎，設其豕腊，修其宗廟，歲時以敬祭祀，以序宗族，即安其居，節醜其衣服，卑其宫室，車不雕幾，器不刻鏤，食不貳味，以與民同利。昔之君子之行禮者如此。”公曰：“今之君子，胡莫之行也？”孔子曰：“今之君子，好實無厭，淫德不倦，荒怠敖慢，固民是盡，午其衆以伐有道，求得當欲，不以其所。昔之用民者由前，今之用民者由後。今之君子，莫爲禮也。”《禮記·哀公問》

哀公問於孔子曰：“大禮何如？君子之言禮，何其尊也？”孔子曰：“丘也小人，何足以知禮？”君曰：“否，吾子言之也。”孔子曰：“丘聞之也，民之所由生，禮爲大。非禮無以節事天地之神明也，非禮無以辨君臣、上下、長幼之位也，非禮無以别男女、父子、兄弟之親，婚姻、疏數之交也。君子以此之爲尊敬。夫然後以其所能教百姓，不廢其會節。有成事，然後治其雕鏤、文章、黼黻以嗣。其順之，然後言其喪葬，備其鼎俎，設其豕腊，修其宗廟，歲時以敬祭祀，以序宗族，則安其居處，醜其衣服，卑其宫室，車不雕幾，器不刻鏤，食不貳味，以與民同利。昔之君子之行禮者如此。"公曰："今之君子，胡莫之行也？"孔子曰："今之君子，好色無厭，淫德不倦，荒怠敖慢，固民是盡，忤其衆以伐有道，求得當欲，不以其所。古之用民者由前，今之用民者由後。今之君子，莫爲禮也。"《大戴禮·哀公問於孔子》

言偃問曰："夫子之極言禮也，可得而聞乎？"孔子言："我欲觀夏道，是故之杞，而不足徵也，吾得夏時焉。我欲觀殷道，是故之宋，而不足徵也，吾得坤乾焉。坤乾之義，夏時之等，吾以此觀之。夫禮，初也始於飲食。太古之時，燔黍擘豚，污樽抔飲，蕢桴土鼓，猶可以致敬鬼神。及其死也，升屋而號，告曰：'高！某復。'然後飲腥苴熟，形體則降，魂氣則上，是謂天望而地藏也。故生者南向，死者北首，皆從其初也。昔之王者，未有宫室，冬則居營窟，夏則居橧巢；未有火化，食草木之實、鳥獸之肉，飲其血，茹其毛；未有絲麻，衣其羽皮。後聖有作，然後修火之利，範金合土，以爲宫室、户牖；以炮以燔，以烹以炙，以爲醴酪；治其絲麻，以爲布帛。以養生送死，以事鬼神。故玄酒在室，[1]醴醆在户，粢醍在堂，澄

---

① "玄"，原作"元"，避清康熙帝諱。下同。

酒在下，陳其犧牲，備其鼎俎，列其琴瑟、管磬、鐘鼓，以降上神，[1]與其先祖，以正君臣，以篤父子，以睦兄弟，以齊上下，夫婦有所，是謂承天之祜。[2] 作其祝號，玄酒以祭，薦其血毛，腥其俎，熟其殽，越席以坐，疏布以冪，衣其浣帛，醴醆以獻，薦其燔炙，君與夫人交獻，以嘉魂魄。[3] 然後退而合亨，體其犬豕牛羊，實其簠簋籩豆鉶羹，祝以孝告，嘏以慈告，是謂大祥。此禮之大成也。”

言偃復問曰：“夫子之極言禮也，可得而聞與？”孔子曰：“我欲觀夏道，是故之杞，而不足徵也，吾得夏時焉。我欲觀殷道，是故之宋，而不足徵也，吾得坤乾焉。坤乾之義，夏時之等，吾以是觀之。夫禮之初，始諸飲食。其燔黍捭豚，污尊而抔飲，蕢桴而土鼓，猶若可以致其敬於鬼神。及其死也，升屋而號，告曰：‘皋！某復。’然後飯腥而苴熟。故天望而地藏也，體魄則降，知氣在上。故死者北首，生者南鄉，皆從其初。昔者先王，未有宫室，冬則居營窟，夏則居橧巢；未有火化，食草木之實、鳥獸之肉，飲其血，茹其毛；未有麻絲，衣其羽皮。後聖有作，然後修火之利，范金合土，以爲臺榭、宫室、牖户；以炮以燔，以亨以炙，以爲醴酪；治其麻絲，以爲布帛。以養生送死，以事鬼神上帝，皆從其朔。故玄酒在室，醴醆在户，粢醍在堂，澄酒在下，陳其犧牲，備其鼎俎，列其琴瑟、管磬、鐘鼓，備其祝嘏，[4]以降上神，與其先祖，以正

① “以”上，覆寬永本《家語》有“以其祝嘏”四字。
② “祜”，覆寬永本、明覆宋本《家語》作“祐”。
③ “魄”下，覆寬永本《家語》有“是謂合莫”四字。
④ “備”，宋本《纂圖互注禮記》作“脩”。

君臣,以篤父子,以睦兄弟,以齊上下,夫婦有所,是謂承天之祜。作其祝號,玄酒以祭,薦其血毛,腥其俎,熟其殽,與其越席,疏布以冪,衣其浣帛,醴醆以獻,薦其燔炙,君與夫人交獻,以嘉魂魄,是謂合莫。然後退而合亨,體其犬豕牛羊,實其簠簋、籩豆、鉶羹,祝以孝告,嘏以慈告,是謂大祥。此禮之大成也。《禮記·禮運》

五儀解第七

哀公問於孔子曰:"寡人欲論魯國之士,與之爲治,敢問如何取之?"孔子對曰:"生今之世,志古之道,居今之俗,服古之服,舍此而爲非者,不亦鮮乎?"曰:"然則章甫、絇屨、紳帶、縉笏者,皆賢人也。"孔子曰:"不必然也。丘之所言,非此之謂也。夫端衣、玄裳、冕而乘軒者,則志不在於食葷;斬衰、管菲、杖而歠粥者,則志不在於酒肉。生今之世,志古之道,居今之俗,服古之服,謂此類也。"公曰:"善哉!盡此而已乎?"孔子曰:"人有五儀,有庸人,有士人,有君子,有賢人,有聖人。審此五者,則治道畢矣。"公曰:"敢問何如斯可謂之庸人?"孔子曰:"所謂庸人者,心不存慎終之規,口不吐訓格之言,不擇賢以托其身,不力行以自定。見小闇大,而不知所務;從物如流,不知其所執。此則庸人也。"公曰:"何謂士人?"孔子曰:"所謂士人者,心有所定,計有所守。雖不能盡道術之本,必有率也。雖不能備百善之美,必有處也。是故知不務多,必審其所知;言不務多,必審其所謂;行不務多,必審其所由。智既知之,言既道之,行既由之,則若性命之形骸之不可易也。富貴不足以益,貧賤不足以損。此則士人也。"

公曰："何謂君子？"孔子曰："所謂君子者，言必忠信而心不怨，仁義在身而色無伐，思慮通明而辭不專。篤行信道，自強不息，油然若將可越，而終不可及者，此則君子也。"公曰："何謂賢人？"孔子曰："所謂賢人者，德不逾閑，行中規繩。言足以法於天下而不傷於身，道足以化於百姓而不傷於本。富則天下無宛財，[1]施則天下不病貧。此則賢者也。"公曰："何謂聖人？"孔子曰："所謂聖者，德合於天地，變通無方。窮萬事之終始，協庶品之自然，敷其大道而遂成情性。明並日月，化行若神，下民不知其德，睹者不識其鄰。此謂聖人也。"公曰："善哉！非子之賢，則寡人不得聞此言也。雖然，寡人生於深宫之内，長於婦人之手，未嘗知哀，未嘗知憂，未嘗知勞，未嘗知懼，未嘗知危，恐不足以行五儀之教。若何？"孔子對曰："如君之言，已知之矣，則丘亦無所聞焉。"公曰："非吾子，寡人無以啓其心。吾子言也。"孔子曰："君子入廟，如右，登自阼階，仰視榱桷，俯察几筵，其器皆存，而不睹其人。君以此思哀，則哀可知矣。昧爽夙興，正其衣冠，平旦視朝，慮其危難，一物失理，亂亡之端。君以此思憂，則憂可知矣。日出聽政，至於中冥，諸侯子孫，往來爲賓，行禮揖讓，慎其威儀。君以此思勞，則勞亦可知矣。緬然長思，出於四門，周章遠望，睹亡國之墟，必將有數焉。君以此思懼，則懼可知矣。夫君者，舟也；庶人者，水也。水所以載舟，亦所以覆舟。君以此思危，則危可知矣。君既明此五者，又少留意於五儀之事，則於政治，何有失矣？"

魯哀公問於孔子曰："吾欲論吾國之士，與之治國，

① "宛"，覆寬永本、明覆宋本《家語》作"宛"。

敢問何如取之邪？”孔子對曰：“生今之世，志古之道，居今之俗，服古之服，舍此而爲非者，不亦鮮乎？”哀公曰：“然則夫章甫、絇屨、紳而搢笏者，此賢乎？”孔子對曰：“不必然。夫端衣、玄裳、冕而乘路者，志不在於食葷；斬衰、菅屨、杖而啜粥者，志不在於酒肉。生今之世，志古之道，居今之俗，服古之服，舍此而爲非者，雖有，不亦鮮乎？”哀公曰：“善。”《荀子·哀公》篇

孔子曰：“人有五儀，有庸人，有士，有君子，有賢人，有大聖。”哀公曰：“敢問何如斯可謂庸人矣？”孔子對曰：“所謂庸人者，口不能道善言，心不知色色，不知選賢人善士托其身焉，以爲己憂。勤行不知所務，止立不知所定。① 日選擇於物，不知所貴；從物如流，不知所歸。五鑿爲正，心從而壞。如此則可謂庸人矣。”哀公曰：“善。敢問何如斯可謂士矣？”孔子對曰：“所謂士者，雖不能盡道術，必有率也。雖不能遍美善，必有處也。是故知不務多，務審其所知；言不務多，務審其所謂；行不務多，務審其所由。故知既已知之矣，言既已謂之矣，行既已由之矣，則若性命肌膚之不可易也。故富貴不足以益也，卑賤不足以損也。如此則可謂士矣。”哀公曰：“善。敢問何如斯可謂之君子矣？”孔子對曰：“所謂君子者，言忠信而心不德，仁義在身而色不伐，思慮明通而辭不爭。故猶然如將可及者，君子也。”哀公曰：“善。敢問何如斯

---

① “止立”，原作“正交”，據嘉慶本《疏證》、光緒本《荀子集解》改。“正”，嘉慶本《疏證》、光緒本《荀子集解》作“止”。王先謙《集解》引盧文弨曰：“‘止交’，《大戴禮》、《韓詩外傳四》皆作‘止立’。”引郝懿行曰：“《大戴記》‘勤’作‘動’，‘交’作‘立’，《韓詩外傳四》同。‘動行’與‘止立’對，疑此皆形誤。”

可謂賢人矣?"孔子對曰:"所謂賢人者,行中規繩而不傷於本,言足法於天下而不傷于身。富有天下而無怨財,布施天下而不病貧。如此則可謂賢人矣。"哀公曰:"善。敢問何如斯可謂大聖矣?"孔子對曰:"所謂大聖者,知通乎大道,應變而不窮,辨乎萬物之情性者也。大道者,所以變化遂成萬物也。情性者,所以理然不取舍也。是故其事大辨乎天地,明察乎日月,總要萬物于風雨,繆繆肫肫,其事不可循,若天之嗣,其事不可識,百姓淺然不識其鄰,若此則可謂大聖矣。"哀公曰:"善。"同上

魯哀公問於孔子曰:"寡人生於深宫之中,長於婦人之手。寡人未嘗知哀也,未嘗知憂也,未嘗知勞也,未嘗知懼也,未嘗知危也。"孔子曰:"君之所問,聖君之問也。丘,小人也。何足以知之?"曰:"非吾子無所聞之也。"孔子曰:"君入廟門而右,登自阼階,仰視榱棟,俯見几筵,其器存,其人亡。君以此思哀,則哀將焉而不至矣?君昧爽而櫛冠,平明而聽朝,一物不應,亂之端也。君以此思憂,則憂將焉而不至矣?君平明而聽朝,日昃而退,諸侯之子孫,必有在君之末庭者。君以此思勞,則勞將焉而不至矣?君出魯之四門,以望魯四郊,亡國之虚則必有數蓋焉。君以此思懼,則懼將焉而不至矣?且丘聞之,君者,舟也;庶人者,水也。水則載舟,水則覆舟。君以此思危,則危將焉而不至矣?"同上

魯哀公問於孔子曰:"吾欲論吾國之士,與之爲政,何如者取之?"孔子對曰:"生乎今之世,志古之道,居今之俗,服古之服,舍此而爲非者,不亦鮮乎?"哀公曰:"然則今夫章甫、句屨、紳帶而搢笏者,此皆賢乎?"孔子曰:

“否，不必然。今夫端衣、玄裳、冕而乘路者，志不在於食葷；斬衰、菅屨、杖而歠粥者，志不在於飲食。故生乎今之世，志古之道，居今之俗，服古之服，舍此而爲非者，雖有，不亦鮮乎？”哀公曰：“善。何如則可謂庸人矣？”孔子對曰：“所謂庸人者，口不能道善言，而志不邑邑，不能選賢人善士而托其身焉，以爲己憂。動行不知所務，止立不知所定。日選於物，不知所貴；從物而流，不知所歸。五鑿爲政，心從而壞。若此則可謂庸人矣。”哀公曰：“善。何如則可謂士矣？”孔子對曰：“所謂士者，雖不能盡道術，必有所由焉；雖不能盡善盡美，必有所處焉。是故知不務多，而務審其所知；行不務多，而務審其所由；言不務多，而務審其所謂。知既知之，行既由之，言既順之，若夫性命肌膚之不可易也。富貴不足以益，貧賤不足以損。若此則可謂士矣。”哀公曰：“善。何如則可謂君子矣？”孔子對曰：“所謂君子者，躬行忠信，其心不置，[①]仁義在己而不害不知，聞志廣博而色不伐，思慮明達而辭不爭。君子，猶然如將可及也，而不可及也。如此可謂君子矣。”哀公曰：“善。敢問何如可謂賢人矣？”孔子對曰：“所謂賢人者，好惡與民同情，取舍與民同統。行中矩繩而不傷於本，言足法於天下而不害於其身。躬爲匹夫而不願富貴，爲諸侯而無財。如此則可謂賢人矣。”哀公曰：“善。敢問何如可謂聖人矣？”孔子對曰：“所謂聖人者，知通乎大道，應變而不窮，能測萬物之情性者也。大道者，所以變化而凝成萬物者也。情性也

① “置”，袁刻本《大戴禮記》作“買”。

者，所以理然不然取舍者也。故其事大，配乎天地，參乎日月，總要萬物，①穆穆純純，其莫之能循，若天之司，莫之能職，百姓淡然不知其善。若此則可謂聖人矣。”哀公曰：“善。”孔子出，哀公送之。《大戴禮·哀公問五義》

哀公問孔子曰：“寡人生乎深宫之中，長乎婦人之手，寡人未嘗知哀也，未嘗知憂也，未嘗知勞也，未嘗知懼也，未嘗知危也。”孔子辟席，曰：“吾君之問，乃聖君之問也。丘，小人也。何足以言之？”哀公曰：“否，吾子就席。微吾子，無所聞之矣。”孔子就席，曰：“然。君入廟門，升自阼階，仰見榱棟，俯見几筵，其器存，其人亡。君以此思哀，則哀將安不至矣？君昧爽而櫛冠，平旦而聽朝，一物不應，亂之端也。君以此思憂，則憂將安不至矣？君平旦而聽朝，日昃而退，諸侯之子孫，必有在君之門廷者。君以此思勞，則勞將安不至矣？君出魯之四門，以望魯之四郊，亡國之墟，列必有數矣。君以此思懼，則懼將安不至矣？丘聞之，君者，舟也；庶人者，水也。水則載舟，水則覆舟。君以此思危，則危將安不至矣。夫執國之柄，履民之上，懍乎如以腐索御奔馬。《易》曰：‘履虎尾。’《詩》曰：‘如履薄冰。’不亦危乎？”哀公再拜，曰：“寡人雖不敏，請事斯語矣。”《新序·雜事四》

哀公問於孔子曰：“請問取人之法。”孔子對曰：“事任於官，無取捷捷，無取鉗鉗，無取啍啍。捷捷，貪也。鉗鉗，亂也。啍啍，誕也。故弓調而後求勁焉，馬服而後求良焉，士必

① “總”上，袁刻本《大戴禮記》有“雜於雲蜺”四字。

慤而後求智能者焉。不慤而多能，譬之豺狼，不可邇。”

魯哀公問於孔子曰：“請問取人。”孔子對曰：“無取健，無取詌，無取口啍。健，貪也。詌，亂也。口啍，誕也。故弓調而後求勁焉，馬服而後求良焉，士信慤而後求知能焉。士不信慤而有多能，楊注：有，讀爲又。譬之其豺狼也，不可以身爾也。《荀子·哀公》篇

哀公問取人。孔子曰：“無取健，無取佞，無取口讒。健，驕也。佞，諂也。口讒，誕也。故弓調然後求勁焉，馬服然後求良焉，士信慤而後求知焉。士不信焉，又多知，譬之豺狼，其難以身近也。《周書》曰：‘爲虎傅翼也。’不亦殆乎？《詩》曰：‘匪其止共，惟王之邛。’言其不恭其職事，而病其主也。”《韓詩外傳四》

哀公問於孔子曰：“人何若而可取也？”孔子對曰：“毋取拑者，無取健者，毋取口鋭者。”哀公曰：“何謂也？”孔子曰：“拑者大給利，不可盡用。健者必欲兼人，不可以爲法也。口鋭者多誕而寡信，後恐不驗也。夫弓矢和調，而後求其中焉。馬慤願順，然後求其良材焉。人必忠信重厚，然後求其知能焉。今人有不忠信重厚而多知能，如此人者，譬猶豺狼與？不可以身近也。是故先其仁信之誠者，然後親之。於是有知能者，然後任之。故曰：親仁而使能。夫取人之術也，觀其言而察其行。夫言者，所以抒其胸而發其情者也。能行之士必能言之，是以先觀其言而揆其行。夫以言揆其行，雖有奸軌之人，無以逃其情矣。”哀公曰：“善。”《説苑·尊賢》篇

哀公問於孔子曰：“寡人欲吾國小而能守，大則能攻，其

道如何?”孔子對曰:“使君朝廷有禮,上下相親,天下百姓皆君之民,將誰攻之? 苟違此道,民畔如歸,皆君之仇也,將與誰守?”公曰:“善哉!”於是廢山澤之禁,弛關市之税,以惠百姓。

> 魯哀公問於仲尼曰:“吾欲小則守,大則攻,其道若何?”仲尼曰:“若朝廷有禮,上下有親,民之衆皆君之畜也,君將誰攻? 若朝廷無禮,上下無親,民衆皆君之仇也,君將誰與守?”於是廢澤梁之禁,弛關市之征,以爲民惠也。《説苑·指武》篇

哀公問於孔子曰:“吾聞君子不博,有之乎?”孔子曰:“有之。”公曰:“何爲?”對曰:“爲其二乘。”公曰:“有二乘,則何爲不博?”子曰:“爲其兼行惡道也。”哀公懼焉。有間,復問曰:“若是乎? 君子之惡惡道至甚也。”孔子曰:“君子之惡惡道不甚,則好善道亦不甚。好善道不甚,則百姓之親上亦不甚。《詩》云:‘未見君子,憂心惙惙。亦既見止,亦既覯止,我心則悦。’《詩》之好善道甚也如此。”公曰:“美哉! 夫君子成人之善,不成人之惡。微吾子言焉,吾弗之聞也。”

> 魯哀公問於孔子曰:“吾聞君子不博,有之乎?”孔子對曰:“有之。”哀公曰:“何爲其不博也?”孔子對曰:“爲其有二乘。”哀公曰:“有二乘則何爲不博也?”孔子對曰:“爲行惡道也。”哀公懼焉。哀公曰[1]:“若是乎君子之惡惡道之甚也。”孔子對曰:“惡惡道不能甚,則其好善道亦不能甚。好善道不能甚,則百姓之親之也亦不能甚。

① “哀公”,嘉慶本《疏證》、大德本《説苑》作“有間”。

《詩》云:‘未見君子,憂心惙惙。亦既見止,亦既覯止,我心則説。’《詩》之好善道之甚也如此。”哀公曰:“善哉!吾聞君子成人之美,不成人之惡。微孔子,吾焉聞斯言也哉?”《説苑·君道》篇

哀公問於孔子曰:“夫國家之存亡禍福,信有天命,非唯人也?”孔子對曰:“存亡禍福,皆己而已。天災地妖,不能加也。”公曰:“善。吾子之言,豈有其事乎?”孔子曰:“昔者殷王帝辛之世,有雀生大鳥於城隅焉。占之曰:‘凡以小生大,則國家必王,而名必昌。’[①]於是帝辛介雀之德,不修國政,亢暴無極,朝臣莫救,外寇乃至,殷國以亡。此即以己逆天時,詭福反爲禍者也。又其先世殷王太戊之時,道缺法圮,以致夭孽,[②]桑穀於朝,七日大拱。占之者曰:‘桑穀,野木。而不合生朝,意者國亡乎?’太戊恐駭,側身修行,思先王之政,明養民之道,三年之後,遠方慕義重譯至者十有六國。此即以己逆天時,得禍爲福者也。故天災地妖,所以儆人主者也。寤夢徵怪,所以儆人臣者也。災妖不勝善政,寤夢不勝善行。能知此者,至治之極也,唯明王達此。”公曰:“寡人不鄙固,此亦不得聞君子之教也。”

孔子曰:“存亡禍福,皆在己而已。天災地妖,亦不能殺也。”昔者殷王帝辛之時,爵生鳥於城之隅。工人占之曰:“凡小以生巨,國家必祉,王名必倍。”帝辛喜爵之德,不治國家,亢暴無極,外寇乃至,遂亡殷國。此逆天

① “必昌”,覆寬永本《家語》作“益昌”。

② “夭”,原作“天”,據覆寬永本、明覆宋本《家語》改。“孽”,原作“蘖”,形近而誤。

之時，詭福反爲禍至。殷王武丁之時，先王道缺，刑法弛，桑穀俱生於朝，七日而大拱。工人占之曰："桑穀者，野物也。野物生於朝，意朝亡乎？"武丁恐駭，側身修行，思昔先王之政，興滅國，繼絶世，舉逸民，明養老之道，三年之後，遠方之君重譯而朝者六國。此迎天時得禍反爲福也。故妖孽者，天所以警天子、諸侯也。惡夢者，所以警士、大夫也。故妖孽不勝善政，惡夢不勝善行也。至治之極，禍反爲福。故太甲曰："天作孽，猶可違。自作孽，不可逭。"《説苑·敬慎》篇

哀公問於孔子曰："智者壽乎？仁者壽乎？"孔子對曰："然。人有三死而非其命也，行己自取也。夫寢處不時，飲食不節，勞逸過度者，疾共殺之。居下位而上干其君，嗜欲無厭而求不止者，刑共殺之。以少犯衆，以弱侮強，忿怒不類，動不量力者，兵共殺之。此三者，死非命也，人自取之。若夫智士仁人，將身有節，動静以義，喜怒以時，無害其性，雖得壽焉，不亦可乎？"

哀公問孔子曰："有智壽乎？"孔子曰："然。人有三死而非命也者，自取之也。居處不理，飲食不節，逸勞過度者，疾共殺之。居下而好干上，嗜欲無厭，求索不止者，刑共殺之。少以敵衆，弱以侮強，忿不量力者，兵共殺之。故有三死而非命者，自取之也。"《詩》曰："人而無儀，不死何爲？"《韓詩外傳一》

魯哀公問於孔子曰："有智者壽乎？"孔子曰："然。人有三死而非命也者，人自取之。夫寢處不時，飲食不節，佚勞過度者，疾共殺之。居下位而上忤其君，嗜欲無

厭，而求不止者，刑共殺之。少以犯衆，弱以侮強，忿怒不量力者，兵共殺之。此三死者，非命也，人自取之。《詩》云：'人而無儀，不死何爲？'此之謂也。"《説苑·雜言》篇

老子曰："人有三死，非命亡焉。飲食不節，簡賤其身，病共殺之。樂得無已，好求不止，刑共殺之。以寡犯衆，以弱陵強，兵共殺之。"《文子·符言》篇

孔子家語疏證卷一終

丁兆松校字[①]

① 卷末"孔子家語疏證卷×終"、"××校字"、"××覆校"等皆系底本原有。下同。

卷　二

致思第八

孔子北游于農山，子路、子貢、顔淵侍側。孔子四望，喟然而嘆曰："於斯致思，無所不至矣。二三子各言爾志，吾將擇焉。"子路進曰："由願得白羽若月，赤羽若日，鐘鼓之音上震於天，旌旗繽紛，下蟠於地，由當一隊而敵之，必也攘地千里，搴旗執聝，唯由能之。使二子者從我焉。"夫子曰："勇哉！"子貢復進曰："賜願使齊、楚合戰於漭瀁之野，兩壘相望，塵埃相接，挺刃交兵，賜著縞衣白冠，陳説其間，推論利害，釋國之患，[1]唯賜能之。使夫二子者從我焉。"夫子曰："辯哉！"顔回退而不對。孔子曰："回，來，汝奚獨無願乎？"顔回對曰："文武之事，則二子者既言之矣，回何云焉？"孔子曰："雖然，各言爾志也。小子言之。"對曰："回聞熏、蕕不同器而藏，堯、桀不共國而治，以其類異也。回願得明王聖主輔相之，敷其五教，導之以禮樂，使民城郭不修，溝池不越，鑄劍戟以爲農器，放牛馬于原藪，室家無離曠之思，千歲無戰鬥之患，則由無所施其勇，而賜無所用其辯矣。"夫子凜然曰："美哉！德

---

① "國"上，覆寬永本《家語》有"二"字。

也。”子路抗手而對曰：“夫子何選焉？”孔子曰：“不傷財，不害民，不繁詞，則顔氏之子有矣。”

孔子與子路、子貢、顔淵游于戎山之上，孔子喟然嘆曰：“二三子各言爾志，予將覽焉。由，爾何如？”對曰：“得白羽如月，赤羽如日，①擊鐘鼓者，上聞于天，下槷于地，使將而攻之，惟由爲能。”孔子曰：“勇士哉！賜，爾何如？”對曰：“得素衣縞冠，使于兩國之間，不持尺寸之兵，升斗之糧，使兩國相親如弟兄。”孔子曰：“辯士哉！回，爾何如？”對曰：“鮑魚不與蘭茝同笥而藏，桀紂不與堯舜同時而治。二子已言，回何言哉？”孔子曰：“回有鄙之心？”顔淵曰：“願得明王聖主爲之相，使城郭不治，溝池不鑿，陰陽和調，家給人足，鑄庫兵以爲農器。”孔子曰：“大士哉！由，來，區區汝何攻？賜，來，便便汝何使？願得之冠，爲子宰焉。”《韓詩外傳九》

孔子北游，東上農山，子路、子貢、顔淵從焉。孔子喟然嘆曰：“登高望下，使人心悲。二三子者，各言爾志，丘將聽之。”子路曰：“願得白羽若月，赤羽若日，鐘鼓之音上聞于天，旌旗翩翻，下蟠于地，由且舉兵而擊之，必也攘地千里，獨由能耳。使夫二子爲我從焉。”孔子曰：“勇哉士乎！憤憤者乎！”子貢曰：“賜也，願齊、楚合戰于莽洋之野，兩壘相當，旌旗相望，塵埃相接，接戰構兵，賜願著縞衣白冠，陳説白刃之間，解兩國之患，獨賜能耳。使夫二子者爲我從焉。”孔子曰：“辯哉士乎！仙仙者乎！”顔淵獨不言。孔子曰：“回，來，若獨何不願乎？”顔

① “日”，沈刻本《韓詩外傳》作“朱”。

淵曰："文武之事,二子已言之,回何敢焉與?"①孔子曰："若鄙心不與焉,弟言之。"顔淵曰："回聞鮑魚、蘭芷不同篋而藏,堯舜、桀紂不同國而治,二子之言與回言異。回願得明王聖主而相之,使城郭不修,溝池不越,鍛劍戟以爲農器,使天下千歲無戰鬥之患。如此則由何憤憤而擊,賜又何仙仙而使乎?"孔子曰："美哉德乎! 姚姚者乎!"子路舉手問曰："願聞夫子之意。"孔子曰："吾所願者,顔氏之計,吾願負衣冠而從顔氏子也。"《説苑·指武》篇

魯有儉嗇者,瓦鬲煮食,食之,自謂其美,盛之土型之器,以進孔子。孔子受之,歡然而悦,②如受大牢之饋。子路曰："瓦甂,陋器也。煮食,薄膳也。夫子何喜之如此乎?"子曰："夫好諫者思其君,食美者念其親。吾非以饌具之爲厚,以其食厚而我思焉。"

魯有儉者,瓦鬲煮食,食之而美,盛之土鉶之器,③以進孔子。孔子受之,歡然而悦,如受太牢之饋。弟子曰："瓦甂,陋器也。煮食,薄膳也。而先生何喜如此乎?"孔子曰："吾聞好諫者思其君,食美者念其親。吾非以饌爲厚也,以其食美而思我親也。"《説苑·反質》篇

孔子之楚,而有漁者,而獻魚焉,孔子不受。漁者曰："天

① "焉與",當系"與焉"之誤倒。

② "而"上,覆寬永本《家語》無"歡然"二字,則此處當標點作"孔子受之而悦"。

③ "鉶",大德本《説苑》作"甌"。

暑市遠，無所鬻也。思慮棄之糞壤，不如獻之君子，故敢以進焉。"於是夫子再拜受之，使弟子掃地，將以享祭。門人曰："彼將棄之，而夫子以祭之，何也？"孔子曰："吾聞之，惜其腐餘，而欲以務施者，仁人之偶也。惡有受仁人之饋，而無祭者乎？"

孔子之楚，有漁者獻魚甚強，孔子不受。獻魚者曰："天暑遠市，賣之不售，思欲棄之，不如獻之君子。"孔子再拜受之，使弟子掃除，將祭之。弟子曰："夫人將棄之，今吾子將祭之，何也？"孔子曰："吾聞之，務施而不腐餘財者，聖人也。今受聖人之賜，可無祭乎？"《說苑·貴德》篇

季羔爲衛之士師，刖人之足。俄而衛有蒯聵之亂，季羔逃之，走郭門，刖者守門焉，謂季羔曰："彼有缺。"①季羔曰："君子不逾。"又曰："彼有竇。"季羔曰："君子不隧。"又曰："于此有室。"季羔乃入焉。既而追者罷，季羔將去，謂刖者曰："吾不能虧主之法，而親刖子之足矣。今吾在難，此正子之報怨之時，而逃我者三，何故哉？"刖者曰："斷足固我之罪，無可奈何。曩者君治臣以法令，先人後臣，欲臣之免也，臣知之；獄決罪定，臨當論刑，君愀然不樂，見君顏色，臣又知之。君豈私臣哉？天生君子，其道固然。此臣之所以悅君也。"孔子聞之曰："善哉爲吏！其用法一也。思仁恕則樹德，加嚴暴則樹怨。公以行之，其子羔乎？"

① "缺"，原作"歖"，與"鈌"形近而訛。覆寬永本《家語》作"鈌"，明覆宋本《家語》作"鈌"。"鈌"、"鈌"，同"缺"。

子羔爲衛政，刖人之足。衛之君臣亂，子羔走郭門，郭門閉。刖者守門，曰："于彼有缺。"子羔曰："君子不逾。"曰："于彼有竇。"子羔曰："君子不隧。"曰："于此有室。"子羔入。追者罷，子羔將去，謂刖者曰："吾不能虧損主之法令而親刖子之足。吾在難中，此乃子之報怨時也，何故逃我？"刖者曰："斷足，固我罪也，無可奈何。君之治臣也，傾側法令，先後臣以法，欲臣之免于法也，臣知之；獄決罪定，臨當論刑，君愀然不樂，見于顔色，臣又知之。君豈私臣哉？天生仁人之心，其固然也。此臣之所以脱君也。"孔子聞之，曰："善爲吏者樹德，不善爲吏者樹怨。公行之也，其子羔之謂與？"《説苑·至公》篇

孔子相衛，弟子子皋爲獄吏，刖人足，所刖者守門。人有惡孔子于衛君者，曰："尼欲作亂。"衛君欲執孔子。孔子走，弟子皆逃。子皋從，出門，跀危引之，而逃之門下室中，吏追不得。夜半，子皋問刖危曰："吾不能虧主之法令而親刖子之足，是子報仇之時也，而子何故乃肯逃我？我何以得此于子？"刖危曰："吾斷足也，固吾罪當之，不可奈何。然方公之欲治臣也，公傾側法令，先後臣以言，欲臣之免也甚，而臣知之；及獄決罪定，公慨然不悦，形於顔色，臣見又知之。非私臣而然也，夫天性仁心固然也。此臣之所以悦而德公也。"《韓非子·外儲説左》

孔子曰："季孫之賜我粟千鐘也，而交益親。自南宫敬叔之乘我車也，而道加行。故道雖貴，必有時而後重，有勢而後行。微夫子之貺財，則丘之道殆將廢矣。"

孔子曰："自季孫之賜我千鐘，而友益親。自南宫敬

叔之乘我車也,[1]而道加行。故道有時而後重,有勢而後行。微夫二子之賜,丘之道幾于廢也。”《説苑·雜言》篇

孔子曰:“王者有似乎春秋。文王以王季爲父,以太任爲母,以太姒爲妃,以武王、周公爲子,以太顛、閎夭爲臣,其本美矣。武王正其身以正其國,正其國以正天下,伐無道,刑有罪,一動而天下正,其事成矣。春秋致其時而萬物皆及,王者致其道而萬民皆治,周公載己行化而天下順之,其誠至矣。”

孔子曰:“文王似‘元年’,武王似‘春王’,周公似‘正月’。文王以王季爲父,以太任爲母,以大姒爲妃,以武王、周公爲子,以太顛、閎夭爲臣,其本美矣。武王正其身以正其國,正其國以正天下,伐無道,刑有罪,一動而天下正,其事正矣。春致其時,萬物皆及生,君致其道,萬人皆及治,周公戴己而天下順之,其誠至矣。”《説苑·君道》篇

曾子曰:“入是國也,言信于群臣,则留可也;行忠于卿大夫,則仕可也;澤施于百姓,則富可也。”孔子曰:“參之言此,可謂善安身矣。”

曾子曰:“入是國也,言信乎群臣,則留可也;忠行乎群臣,則仕可也;澤施乎百姓,則安可也。”《説苑·談叢》篇[2]

---

① “敬”,大德本《説苑》作“項”。
② “談叢”,原作“説叢”,據大德本《説苑》改,下同。

子路爲蒲宰,爲水備,與其民修溝瀆,[1]以民之勞煩苦也,人與之一簞食、一壺漿。孔子聞之,使子貢止之。子路忿不悦,[2]往見孔子,曰:"由也以暴雨將至,恐有水災,故與民修溝洫以備之,[3]而民多匱餓者,是以簞食、壺漿而與之。夫子使賜止之,是夫子止由之行仁也。夫子以仁教而禁其行,由不受也。"孔子曰:"汝以民爲餓也,何不白于君,發倉廩以賑之,而私以爾食饋之?是汝明君之無惠,而見己之德美矣。汝速已則可,不則汝之見罪必矣。"

子路爲蒲令,備水災,與民春修溝瀆,爲人煩苦,故予人一簞食、一壺漿。孔子聞之,使子貢止之。子路忿然不悦,往見夫子曰:"由也以暴雨將至,恐有水災,故與人修溝瀆以備之,而民多匱于食,故與人一簞食、一壺漿。而夫子使賜止之,何也?夫子止由之行仁也。夫子以仁教而禁其行仁也,由也不受。"子曰:"爾以民爲餓,何不告于君,發倉廩以給食之,而以爾私饋之?是汝不明君之惠,見汝之德義也。速已則可矣,否則爾之受罪不久矣。"子路心服而退也。《説苑·臣術》篇

子路問于孔子曰:"管仲之爲人何如?"子曰:"仁也。"子路曰:"昔管仲説襄公,公不受,是不辯也;欲立公子糾而不能,是不智也;家殘于齊而無憂色,是不慈也;桎梏而居檻車無慚心,是無愧也;事所射之君,是不貞也;召忽死之,管仲不死,是不忠也。仁人之道,固若是乎?"孔子曰:"管仲説襄公,

---

① "瀆",覆寬永本《家語》作"洫"。
② "忿"下,覆寬永本《家語》有"然"字。
③ "洫",原作"恤",據覆寬永本《家語》改。

公不受，公之闇也；欲立子糾而不能，不遇時也；家殘于齊而無憂色，是知權命也；桎梏而無慚心，自裁審也；事所射之君，通於變也；不死子糾，量輕重也。夫子糾未成君，管仲未成臣，管仲才度義，管仲不死束縛而立功名，未可非也。召忽雖死，過與取仁，未足多也。"

子路問於孔子曰："管仲何如人也？"子曰："大人也。"子路曰："昔者管子説襄公，襄公不説，是不辯也；欲立公子糾而不能，是無能也；家殘于齊而無憂色，是不慈也；桎梏而居檻車中無慚色，是無愧也；事所射之君，是不貞也；召忽死之，管仲不死，是無仁也。夫子何以大之？"子曰："管仲説襄公，襄公不説，管子非不辯也，襄公不知説也；欲立公子糾而不能，非無能也，不遇時也；家殘于齊而無憂色，非不慈也，知命也；桎梏居檻車而無慚色，非無愧也，自裁也；事所射之君，非不貞也，知權也；召忽死之，管仲不死，非無仁也。召忽者，人臣之材也，不死則三軍之虜也，死之則名聞天下，夫何爲不死哉？管子者，天子之佐，諸侯之相也，死之則不免爲溝中之瘠，不死則功復用于天下，夫何爲死之哉？由，汝不知也。"《説苑·善説》篇

孔子適齊，中路聞哭者之聲，其音甚哀。孔子謂其僕曰："此哭哀則哀矣，然非喪者之哀矣。"驅而前，少進，見有異人焉，擁鐮帶索，①哭音不哀。② 孔子下車，追而問曰："子何人

① "索"，明覆宋本《家語》作"素"。
② 此句疑有訛誤。

也?”對曰:“吾丘吾子也。”[1]曰:“子今非喪之所,奚哭之悲也?”丘吾子曰:“吾有三失,晚而自覺,悔之何及。”曰:“三失可得聞乎?願子告吾,無隱也。”丘吾子曰:“吾少時好學,周遍天下,後還,喪吾親,是一失也。長事齊君,君驕奢失士,臣節不遂,是二失也。吾平生厚友,[2]而今皆離絶,是三失也。夫樹欲静而風不停,子欲養而親不待。往而不來者,年也。不可再見者,親也。請從此辭。”遂投水而死。孔子曰:“小子識之,斯足爲戒矣。”自是弟子辭歸養親者十有三。

孔子行,聞哭聲甚悲。孔子曰:“驅!驅!前有賢者。”至則皋魚也,被褐擁鐮,哭於道傍。孔子避車與之言曰:“子非有喪,何哭之悲也?”皋魚曰:“吾失之三矣。少而好游諸侯,[3]以後吾親,失之一也。高尚吾志,閒吾事君,失之二也。與友厚而小絶之,失之三也。樹欲静而風不止,子欲養而親不待也。往而不可得見者,親也。吾請從此辭矣。”立槁而死。孔子曰:“弟子誡之,足以識矣。”于是門人辭歸而養親者十有三人。《韓詩外傳九》

孔子行游,中路聞哭者聲,其音甚悲。孔子曰:“驅之!驅之!前有異人音。”少進,見之,丘吾子也,擁鐮帶索而哭。孔子辟車而下,問曰:“夫子非有喪也,何哭之悲也?”丘吾子對曰:“吾有三失。”孔子曰:“願聞三失。”丘吾子曰:“吾少好學問,周遍天下,還後吾親亡,一失也。事君驕奢,諫不遂,是二失也。厚交友而後絶,三失

① “丘”,原作“邱”,避孔子諱。下同。
② “友”,覆寬永本、明覆宋本《家語》作“交”。
③ “好”,沈刻本《韓詩外傳》作“學”。

也。樹欲静乎風不定，子欲養乎親不待。[1] 往而不來者，年也。不可得再見者，親也。請從此辭。”則自刎而死。孔子曰：“弟子記之，此足以爲戒也。”于是弟子歸養親者十三人。《説苑・敬慎》篇

孔子謂伯魚曰：“鯉乎！吾聞可以與人終日不倦者，其唯學焉。其容體不足觀也，其勇力不足憚也，其先祖不足稱也，其族姓不足道也。終而有大名，以顯聞四方，流聲後裔者，豈非學之效也？故君子不可以不學。其容不可以不飾，不飾無類，無類失親，失親不忠，不忠失禮，失禮不立。夫遠而有光者，飾也；近而愈明者，學也。譬之汚池，水潦注焉，雚葦生焉，雖或以觀之，孰知其源乎？”

孔子曰：“可與言終日而不倦者，其惟學乎？其身體不足觀也，勇力不足憚也，族姓不足稱也，宗廟不足道也，[2]而可以聞于四方而昭于諸侯者，其惟學乎？《詩》曰：‘不愆不忘，率由舊章。’夫學之謂也。”《韓詩外傳六》

孔子曰：“可以與人終日而不倦者，其惟學乎？其身體不足觀也，其勇力不足憚也，其先祖不足稱也，其族姓不足道也，然而可以聞四方而昭于諸侯者，其惟學乎？《詩》曰：‘不愆不忘，率由舊章。’夫學之謂也。”《説苑・建本》篇

子曰：“君子不可以不學，見人不可以不飭。不飭無貌，無貌不敬，不敬無禮，無禮不立。夫遠而光者，飭也；

---

① “乎”，原作“吾”，據大德本《説苑》改。
② “廟”，沈刻本《韓詩外傳》作“祖”。

近而逾明者，學也。譬之如圩邪？水潦集焉，菅蒲生焉，從上觀之，誰知其非源水也。”《尚書大傳》

孔子曰：“鯉，君子不可以不學，見人不可以不飾。不飾則無根，無根則失理，失理則不忠，不忠則失禮，失禮則不立。夫遠而有光者，飭也；近而逾明者，學也。譬之如污池，水潦注焉，菅蒲生之，從上觀之，知其非源也。”《説苑·建本》篇

子路見于孔子曰：“負重涉遠，不擇地而休；家貧親老，不擇禄而仕。昔者由也事二親之時，常食藜藿之實，爲親負米百里之外。親没之後，南游于楚，從車百乘，積粟萬鐘，累茵而坐，列鼎而食，願欲食藜藿爲親負米，不可復得也。枯魚銜索，幾何不蠹？二親之壽，忽若過隙。”孔子曰：“由也事親，可謂生事盡力，死事盡思者也。”

子路曰：“負重道遠者，不擇地而休；家貧親老者，不擇禄而仕。昔者由事二親之時，常食藜藿之實，而爲親負米百里之外。親没之後，南游于楚，從車百乘，積粟萬鐘，累茵而坐，列鼎而食，願食藜藿爲親負米之時，不可復得也。枯魚銜索，幾何不蠹？二親之壽，忽如過隙。草木欲長，霜露不使；賢者欲養，二親不待。故曰：家貧親老，不擇禄而仕也。”《説苑·建本》篇

孔子之郯，遭程子于塗，傾蓋而語終日，甚相親。顧謂子路曰：“取束帛以贈先生。”子路屑然對曰：“由聞之，士不中間見，女嫁無媒，君子不以交，禮也。”有間，又顧謂子路，子路又對如初。孔子曰：“由，《詩》不云乎？‘有美一人，清揚宛兮。

邂逅相遇，適我願兮。'今程子天下賢士也，于斯不贈，則終身弗能見也。小子行之。"

《傳》曰："孔子遭齊程本子于郯之間，傾蓋而語終日。有間，顧子路曰："由，束帛十匹以贈先生。"子路不對。有間，又顧曰："束帛十匹以贈先生。"子路率爾而對曰："昔者，由也聞之于夫子，士不中道相見，女無媒而嫁者，君子不行也。"孔子曰："夫《詩》不云乎？'野有蔓草，零露溥兮。有美一人，清揚婉兮。邂逅相遇，適我願兮。'①且夫齊程本子，天下之賢士也，吾于是而不贈，終身不之見也。大德不逾閑，小德出入可也。"《韓詩外傳二》

孔子之郯，遭程子于塗，傾蓋而語終日。有間，顧子路曰："取束帛一，以贈先生。"子路不對。有間，又顧曰："取束帛一以贈先生。"子路屑然對曰："由聞之也，士不中而見，女無媒而嫁，君子不行也。"孔子曰："由，《詩》不云乎？'野有蔓草，零露溥兮。有美一人，清揚婉兮。邂逅相遇，適我願兮。'今程子天下之賢士也，于是不贈，終身不見。大德毋逾閑，小德出入可也。"《說苑·尊賢》篇

孔子自衛反魯，息駕于河梁而觀焉。有懸水三十仞，圜流九十里，魚鱉不能導，黿鼉不能居，有一丈夫方將厲之。孔子使人並涯止之，曰："此懸水三十仞，圜流九十里，魚鱉黿鼉不能居也，意者難可濟也。"丈夫不以措意，遂度而出。孔子問之曰："子巧乎？有道術乎？所以能入而出者，何也？"丈夫對曰："始吾之入也，先以忠信。及吾之出也，又從以忠信。

① "邂逅相遇，適我願兮"，原脱，據沈刻本《韓詩外傳》補。

忠信措吾軀于波流，而吾不敢以用私，所以能入而復出也。”孔子謂弟子曰：“二三子識之，水且猶可以忠信成身親之，而況于人乎？”

孔子自衛反魯，息駕乎河梁而觀焉。有懸水三十仞，圜流九十里，魚鱉弗能游，黿鼉弗能居，有一丈夫方將厲之。孔子使人並涯止之，曰：“此懸水三十仞，圜流九十里，魚鱉弗能游，黿鼉弗能居也，意者難可以濟乎？”丈夫不以錯意，遂度而出。孔子問之曰：“巧乎？有道術乎？所以能入而出者，何也？”丈夫對曰：“始吾之入也，先以忠信。及吾之出也，又從以忠信。忠信錯吾軀于波流，而吾不敢用私，所以能入而復出者以此也。”孔子謂弟子曰：“二三子識之，水且猶可以忠信誠身親之，①而況人乎？”《列子·説符》篇

孔子觀于吕梁，懸水四十仞，環流九十里，魚鱉不能過，黿鼉不敢居，有一丈夫方將涉之。孔子使人竝崖而止之，曰：“此懸水四十仞，圜流九十里，魚鱉不敢過，黿鼉不敢居，意者難可濟也。”丈夫不以錯意，遂渡而出。孔子問：“子巧乎？且有道術乎？所以能入而出者，何也？”丈夫對曰：“始吾入，先以忠信。吾之出也，又從以忠信。忠信錯吾軀于波流，而吾不能用私，②吾所以能入而復出也。”孔子謂弟子曰：“水而尚可以忠信義久而身親之，況于人乎？”《説苑·雜言》篇

---

① “親”，原作“觀”，據浙局本《列子》改。
② “能”，大德本《説苑》作“敢”。

孔子將行，雨而無蓋。門人曰："商也有之。"孔子曰："商之爲人也，甚吝於財。吾聞與人交，推其長者，違其短者，故能久也。"

孔子將行，無蓋。弟子曰："子夏有蓋，可以行。"孔子曰："商之爲人也，甚短於財。吾聞與人交者，推其長者，違其短者，故能久長矣。"《説苑·雜言》篇

楚王渡江，江中有物大如斗，圓而赤，直觸王舟。舟人取之，王大怪之，遍問群臣，莫之能識。王使使聘于魯，問於孔子。子曰："此所謂萍實者也，可剖而食之。吉祥也，唯霸者爲能獲焉。"使者反，王遂食之，大美。久之，使來，以告魯大夫，大夫因子游問曰："夫子何以知其然乎？"曰："吾昔之鄭，過乎陳之野，聞童謡曰：'楚王渡江，得萍實。大如斗，赤如日。剖而食之，甜如蜜。'此是楚王之應也。吾是以知之。"

楚昭王渡江，有物大如斗，直觸王舟，止于舟中。昭王大怪之，使聘問孔子。孔子曰："此名萍實，令剖而食之。惟霸者能獲之，此吉祥也。"弟子請問，孔子曰："異哉！① 小兒謡曰：'楚王渡江，得萍實。大如拳，赤如日。剖而食之，美如蜜。'此楚王之應也。"《説苑·辨物》篇

子貢問于孔子曰："死者有知乎？將無知乎？"子曰："吾欲言死之有知，將恐孝子順孫妨生以送死。吾欲言死之無知，將恐不孝之子棄其親而不葬。賜，欲知死者有知與無知，非今之急，後自知之。"

---

① "哉"，大德本《説苑》作"時"，則此處當標點作"異時，小兒謡曰"。

子貢問孔子："死人有知無知也?"孔子曰："吾欲言死者有知也，恐孝子順孫妨生以送死也。欲言無知，恐不孝子孫棄不葬也。賜，欲知死人有知將無知也？死，徐自知之，猶未晚也。"《説苑·辨物》篇

子貢問治民于孔子，子曰："懍懍焉若持腐索之扞馬。"子貢曰："何其畏也?"孔子曰："夫通達之御皆人也。[①] 以道導之，則吾畜也。不以道導之，則吾仇也。如之何其無畏也?"

子貢問治民于孔子，孔子曰："懍懍焉如以腐索御奔馬。"子貢曰："何其畏也?"孔子曰："夫通達之國皆人也。以道導之，則吾畜也。不以道導之，則吾仇也。若何而無畏?"《説苑·政理》篇

魯國之法，贖人臣妾于諸侯者，皆取金于府。子貢贖之，辭而不取金。孔子聞之曰："賜失之矣。夫聖人之舉事也，可以移風易俗，而教導可以施之于百姓，非獨適身之行也。今魯國富者寡而貧者衆，贖人取金則爲不廉，則何以相贖乎？自今以後，魯人不復贖人于諸侯。"

魯國之法，魯人爲人臣妾于諸侯，有能贖之者，取其金于府。子貢贖魯人于諸侯，來而讓，不取其金。孔子曰："賜失之。自今以往，魯人不贖人矣。取其金則無損於行，不取其金則不復贖人矣。"《吕氏春秋·先識覽·察微》

魯國之法，魯人有贖臣妾于諸侯者，取金於府。子貢贖人于諸侯而還其金。孔子聞之曰："賜失之矣。聖

① "御"，覆寬永本《家語》作"屬"。

人之舉事也，可以移風易俗，而教導可施于百姓，非獨適其身之行也。今魯國富者寡而貧者衆，贖而受金則爲不廉，不受則後莫復贖。自今以來，魯人不復贖矣。"孔子可謂通于化矣。《説苑·政理》篇

子路治蒲，請見于孔子曰："由願受教于夫子。"子曰："蒲其如何？"對曰："邑多壯士，又難治也。"子曰："然吾語爾，恭而敬，可以攝勇；寬而正，可以懷強；憂而恕，[①]可以容困；温而斷，可以抑奸。如此而加之，則正不難矣。"

子路治蒲，見于孔子曰："由願受教。"孔子曰："蒲多壯士，又難治也。然吾語汝，恭以敬，可以攝勇；寬以正，可以容衆；恭以潔，可以親上。"《説苑·政理》篇

三恕第九

孔子曰："君子有三恕。有君不能事，有臣而求其使，非恕也。有親不能孝，有子而求其報，非恕也。有兄不能敬，有弟而求其順，非恕也。士能明于三恕之本，則可謂端身矣。"

君子有三恕。有君不能事，有臣而求其使，非恕也。有親不能孝，[②]有子而求其報，[③]非恕也。有兄不能敬，有弟而求其聽令，非恕也。士明于此三恕，則可以端身矣。《荀子·法行》篇

① "憂"，覆寬永本、明覆宋本《家語》作"愛"。
② "孝"，嘉慶本《疏證》、光緒本《荀子集解》作"報"。
③ "報"，嘉慶本作"孝"。

孔子曰:"君子有三思,不可不察也。少而不學,長無能也。老而不教,死莫之思也。有而不施,窮莫之救也。故君子少思其長則務學,老思其死則務教,有思其窮則務施。"

孔子曰:"君子有三思,而不可不思也。少而不學,長無能也。老而不教,死無思也。楊注:無門人思其德。有而不施,窮無與也。是故君子少思長則學,老思死則教,有思窮則施也。"《荀子·法行》篇

伯常騫問于孔子曰:"騫固周國之賤吏也,不自以不肖,將北面以事君子。敢問正道宜行,不容于世,隱道宜行,然亦不忍,今欲身亦不窮,道亦不隱,爲之有道乎?"孔子曰:"善哉!子之問也。自丘之聞,未有若吾子所問辯且説也。丘嘗聞君子之言道矣,聽者無察,則道不入;奇偉不稽,則道不信。又嘗聞君子之言事矣,制無度量,則事不成;其政曉察,則民不保。又嘗聞君子之言志矣,剛折者不終,徑易者數傷,浩倨者則不親,就利者則無不弊。又嘗聞養世之君子矣,從輕勿爲先,從重勿爲後,見像而勿強,陳道而勿怫。此四者,丘之所聞也。"

柏常騫去周之齊,見晏子,曰:"騫,周室之賤吏也,[1]不量其不肖,願事君子。敢問正道直行則不容于世,隱道危行則不忍,道亦無滅,身亦無廢者何若?"晏子曰[2]:"善![3] 問事君乎!嬰聞之,執二法裾則不取也,輕進苟合則不信也,直易無諱則速傷也,新始好利則無敝

① "吏",活字本《晏子春秋》作"史"。
② "曰"上,活字本《晏子春秋》有"對"字。
③ "善"下,活字本《晏子春秋》有"哉"字。

也。且嬰聞養世之君子，從重不爲進，從輕不爲退，省行而不伐，讓利而不夸，陳物而勿專，見象而勿強。道不滅，身不廢矣。”《晏子春秋·内篇·問下》①

孔子觀于魯桓公之廟，有欹器焉。夫子問于守廟者曰：“此謂何器？”對曰：“此蓋爲宥坐之器也。”子曰②：“吾聞宥坐之器，虛則欹，中則正，滿則覆。明君以爲至誡，故常置之于坐側。”顧謂弟子曰：“試注水焉。”乃注之水，中則正，滿則覆。夫子喟然嘆曰：“嗚呼！夫物惡有滿而不覆哉？”子路進曰：“敢問持滿有道乎？”子曰：“聰明睿智，守之以愚；功被天下，守之以讓；勇力振世，守之以怯；富有四海，守之以謙。此所謂損之又損之之道也。”

孔子觀于魯桓公之廟，有欹器焉。孔子問于守廟者曰：“此爲何器？”守廟者曰：“此蓋爲宥坐之器。”楊注：宥，與右同。孔子曰：“吾聞宥坐之器者，虛則欹，中則正，滿則覆。”孔子顧謂弟子曰：“注水焉。”弟子挹水而注之，中而正，滿而覆，虛而欹。孔子喟然而嘆曰：“吁！惡有滿而不覆者哉？”子路曰：“敢問持滿有道乎？”孔子曰：“聰明聖知，守之以愚；功被天下，守之以讓；勇力撫世，守之以怯；富有四海，守之以謙。此所謂挹而損之之道也。”《荀子·宥坐》篇

孔子觀于周廟，有欹器焉。孔子問于守廟者曰：“此謂何器也？”對曰：“此蓋爲宥坐之器。”孔子曰：“聞宥座

① “問下”，原誤作“問丁”，據嘉慶本《疏證》、活字本《晏子春秋》改。
② “子”上，覆寬永本、明覆宋本《家語》有“孔”字。

器，滿則覆，虛則欹，中則正，有之乎?”對曰：“然。”孔子使子路取水試之，滿則覆，中則正，虛則欹。孔子喟然而嘆曰：“嗚呼！惡有滿而不覆者哉！”子路曰：“敢問持滿有道乎?”孔子曰：“持滿之道，抑而損之。”子路曰：“損之有道乎?”孔子曰：“德行寬裕者守之以恭，土地廣大者守之以儉，禄位尊盛者守之以卑，人衆兵強者守之以畏，聰明睿智者守之以愚，博聞強記者守之以淺。夫是之謂抑而損之。”《詩》曰：“湯降不遲，聖敬日躋。”《韓詩外傳三》

孔子觀于周廟，而有欹器焉。孔子問守廟者曰：“此爲何器?”對曰：“蓋爲宥坐之器。”孔子曰：“吾聞右坐之器，滿則覆，虛則欹，中則正，有之乎?”對曰：“然。”孔子使子路取水而試之，滿則覆，中則正，虛則欹。孔子喟然嘆曰：“嗚呼！惡有滿而不覆者哉?”子路曰：“敢問持滿有道乎?”孔子曰：“持滿之道，挹而損之。”子路曰：“損之有道乎?”孔子曰：“高而能下，滿而能虛，富而能儉，貴而能卑，智而能愚，勇而能怯，辯而能訥，博而能淺，明而能闇，是謂損而不極。能行此道，唯至德者及之。”《說苑·敬慎》篇

孔子觀桓公之廟，有器焉，謂之宥巵。孔子曰：“善哉！予得見此器。”顧曰：“弟子取水。”水至，灌之，其中則正，其盈則覆。孔子造然革容曰：“善哉！持盈者乎！”子貢在側，曰：“請問持盈。”曰：“益而損之。”[1]曰：“何謂益而損之?”曰：“夫樂盛而衰，[2]樂極則悲；日中而移，月

① “益”，影寫宋本《淮南子》作“揖”。下“益”字同。
② “樂”，影寫宋本《淮南子》作“物”。

盈而虧。是故聰明睿知，守之以愚；多聞博辨，守之以陋；[①]武力勇毅，守之以畏；富貴廣大，守之以儉；[②]德施天下，守之以讓。此五者，先王所以守天下而弗失也。反此五者，未嘗不危也。"《淮南子·道應訓》

三皇五帝有戒之器，命曰侑卮。其中即正，[③]其盈則覆。夫物盛則衰，日中則移，月滿則虧，樂終而悲。是故聰明睿智守以愚，多聞博辨守以儉，武力勇毅守以畏，富貴廣大守以狹，德施天下守以讓。此五者，先王所以守天下也。服此道者不欲盈，夫惟不盈，是以弊不新成。"《文子·十守》篇

孔子觀于東流之水，子貢問曰："君子所見大水必觀焉，何也？"孔子對曰："以其不息，且遍與諸生而不爲也。夫水有似乎德，其流也則卑下倨邑，[④]必循其理，[⑤]此似義；浩浩乎無屈盡之期，此似道；流行赴百仞之嵠而不懼，此似勇；至量必平之，此似法；盛而不求概，此似正；綽約微達，此似察；發源必東，此似志；以出以入，萬物就以化潔，此似善化也。水之德有若此，是故君子見必觀焉。"

孔子觀于東流之水，子貢問于孔子曰："君子之所以見大水必觀焉者，是何？"孔子曰："夫水大遍與諸生而無爲也，似德；其流也埤下，楊注：埤，讀爲卑。裾拘必循其

① "陋"，影寫宋本《淮南子》作"儉"。
② "儉"，影寫宋本《淮南子》作"陋"。
③ "中"，浙局本《文子纘義》作"沖"。
④ "邑"，覆寬永本《家語》作"拘"。
⑤ "循"，明覆宋本《家語》作"修"。

理,楊注:裾,與倨同。拘,讀爲鉤。似義;其洸洸乎不淈盡,楊注:洸,讀爲滉。淈,讀爲屈。似道;若有決行之,其應佚若聲響,楊注:佚,與逸同。其赴百仞之谷不懼,似勇;主量必平,楊注:主,讀爲注。似法;盈不求概,似正。淖約微達,楊注:"淖",當爲"綽"。似察;以出以入,以就鮮潔,似善化;其萬折必東也,似志。是故君子見大水必觀焉。"《荀子·宥坐》篇

子貢問曰:"君子見大水必觀焉,何也?"孔子曰:"夫水者,君子比德焉。遍予而無私,似德;所及者生,似仁;其流卑下句倨,皆循其理,似義;淺者流行,深者不測,似智;其赴百仞之谷不疑,似勇;綽弱而微達,似察;受惡不讓,似包蒙;不清以入,[①]鮮潔以出,似善化;至量必平,似正;盈不求概,似度;其萬折必東,似意;是以君子見大水必觀焉爾也。"《説苑·雜言》篇

子貢觀于魯廟之北堂,出而問于孔子曰:"向也賜觀于太廟之堂,未既輟,還瞻北蓋,皆斷焉。彼將有説邪?匠過之也?"孔子曰:"太廟之堂,官致良工之匠,匠致良材,盡其功巧,蓋貴文矣。尚有説也。"

子貢觀于魯廟之北堂,出而問于孔子曰:"鄉者賜觀于太廟之北堂,吾亦未輟,還復瞻被九蓋,楊注:"被",當爲"彼"。"九",當爲"北"。蓋,音盍,户扇也。皆繼,楊注:謂其材木斷絶相接續也。被有説邪?楊注:"被",當爲"彼"。匠過絶邪?"孔子曰:"太廟之堂亦嘗有説,官致良工,因麗節文,

① "不清",元大德本《説苑》作"清冷"。

非無良材也，蓋曰貴文也。"《荀子·宥坐》篇

孔子曰："吾有所恥，有所鄙，有所殆。夫幼而不能強學，老而無以教，吾恥之。去其鄉，事君而達，卒遇故人，曾無舊言，吾鄙之。與小人處，而不能親賢，吾殆之。"

孔子曰："吾有恥也，吾有鄙也，吾有殆也。幼不能強學，老無以教之，吾恥之。去其故鄉，事君而達，卒遇故人，曾無舊言，吾鄙之。與小人處者，吾殆之也。"《荀子·宥坐》篇

子路見于孔子。孔子曰："智者若何？仁者若何？"①子路對曰："智者使人知己，仁者使人愛己。"子曰："可謂士矣。"子路出，子貢入，問亦如之，子貢對曰："智者知人，仁者愛人。"子曰："可謂士矣。"子貢出，顔回入，問亦如之，對曰："智者自知，仁者自愛。"子曰："可謂士君子矣。"

子路入，子曰："由，智者若何？仁者若何？"子路對曰："智者使人知己，仁者使人愛己。"子曰："可謂士矣。"子貢入，子曰："賜，智者若何？仁者若何？"子貢對曰："智者知人，仁者愛人。"子曰②："可謂士君子矣。"顔淵入，子曰："回，智者若何？仁者若何？"顔淵對曰："智者自知，仁者自愛。"子曰："可謂明君子矣。"《荀子·子道》篇

子貢問于孔子曰："子從父命，孝；臣從君命，貞矣。奚疑

---

① "仁者若何"，原脱，據覆寬永本、明覆宋本《家語》補。
② "子"，原作"于"，據嘉慶本改。

焉?”孔子曰:“鄙哉！賜,汝不識也。昔者明王萬乘之國,有爭臣七人,則主無過舉;千乘之國,有爭臣五人,則社稷不危也;百乘之家,有爭臣三人,則祿位不替。父有爭子,不陷無禮;士有爭友,不行不義。故子從父母,奚詎爲孝?臣從君命,奚詎爲貞?夫能審其所從之謂孝,之謂貞矣。”

魯哀公問于孔子曰:“子從父命,孝乎?臣從君命,貞乎?”三問,孔子不對。孔子趨出,以語子貢曰:“鄉者君問丘也,曰:‘子從父命,孝乎?臣從君命,貞乎?’三問而丘不對,賜以爲何如?”子貢曰:“子從父命,孝矣。臣從君命,貞矣。夫子有奚對焉?”孔子曰:“小人哉！賜不識也。昔萬乘之國,有爭臣四人,則封疆不削;千乘之國,有爭臣三人,則社稷不危;百乘之家,有爭臣二人,①則宗廟不毀。父有爭子,不行無禮;士有爭友,不爲不義。故子從父,奚子孝?臣從君,奚臣貞?審其所以從之之謂孝,之謂貞也。”《荀子·子道》篇

子路盛服見于孔子。子曰:“由,是倨倨者何也?夫江始出于岷山,其源可以濫觴,及其至于江津,不舫舟,不避風,則不可以涉。非唯下流水多邪?今爾衣服既盛,顔色充盈,天下且孰肯以非告汝乎?”子路趨而出,改服而入,蓋自若也。子曰:“由,志之,吾告汝。奮于言者華,奮于行者伐。夫色智而有能者,小人也。故君子知之曰智,言之要也;不能曰不能,行之至也。言要則智,行至則仁。既仁且智,惡不足哉?”

子路盛服見孔子。孔子曰:“由,是裾裾何也?昔者

① “二”,原作“三”,據光緒本《荀子集解》改。

江出于岷山，其始出也，其源可以濫觴，及其至江之津也，不放舟，楊注：放，讀爲方。不避風，則不可涉也。非惟下流水多邪？今汝衣服既盛，顔色充盈，天下且孰肯諫汝矣？由！”子路趨而出，改服而入，蓋猶若也。孔子曰：“志之，吾語汝。奮于言者華，奮于行者伐，色知而有能者，小人也。故君子知之曰知之，不知曰不知，言之要也；能之曰能之，不能曰不能，行之至也。言要則智，行至則仁。既智且仁，夫惡有不足矣哉？”《荀子·子道》篇

《傳》曰：“子路盛服以見孔子。孔子曰：‘由，疏疏者何也？昔者江于濆，[①]其始出也，不足以濫觴，及其至乎江之津也，不方舟，不避風，不可渡也。非其衆川之多與？今汝衣服甚盛，顔色充滿，天下有誰加汝哉？’子路趨出，改服而入，蓋攝如也。孔子曰：‘由，志之，吾語汝。夫慎于言者不嘩，慎于行者不伐，色知而有長者，小人也。故君子知之爲知之，不知爲不知，言之要也；能之爲能之，不能爲不能，行之要也。言要則智，行要則仁。既智且仁，又何加焉？’”《詩》曰：“湯降不遲，聖敬日躋。”《韓詩外傳三》

子路盛服而見孔子。孔子曰：“由，是襜襜者何也？昔者江水出于岷山，其始也，大足以濫觴，及至江之津也，不方舟，不避風，不可渡也。非唯下流衆川之多乎？今若衣服甚盛，顔色充盈，天下誰肯加若者哉？”子路趨而出，改服而入，蓋自如也。孔子曰：“由，記之，吾語若。賁于言者，華也；奮于行者，伐也。夫色智而有能者，小

① “濆”，沈刻本《韓詩外傳》作“汶”。

人也。故君子知之爲知之,不知爲不知,言之要也;能之爲能之,不能爲不能,行之至也。言要則智,行要則仁。既智且仁,夫有何加矣哉?由,《詩》云:'湯降不遲,聖敬日躋。'此之謂也。"《説苑·雜言》篇

子路問于孔子曰:"有人於此,披褐而懷玉,何也?"子曰:"國無道,隱之可也;國有道,則衮冕而懷玉。"

好生第十

魯哀公問于孔子曰:"昔者舜冠何冠乎?"孔子不對。公曰:"寡人有問于子,而子無言,何也?"對曰:"以君之問不先其大者,故方思所以爲對。"公曰:"其大何乎?"孔子曰:"舜之爲君也,其政好生而惡殺,其任授賢而替不肖,德若天地而静虚,化若四時而變物,是以四海承風,暢于異類,鳳翔麟至,鳥獸馴德。無他,好生故也。君舍此道,而冠冕是問,是以緩對。"

魯哀公問舜冠于孔子,孔子不對。三問不對,哀公曰:"寡人問舜冠于子,何以不言也?"孔子對曰:"古之王者,有務而拘領者矣,楊注:務,讀爲冒。拘,與句同。《尚書大傳》曰:"古之人有冒而句領者。"鄭康成注云:"冒,覆項也。句領,繞頸也。"其政好生而惡殺焉,是以鳳在列樹,麟在郊野,烏鵲之巢可俯而窺也。君不此問,而問舜冠,所以不對也。"《荀子·哀公》篇

孔子讀史,至楚復陳,喟然嘆曰:"賢哉楚王!輕千乘之

國，而重一言之信。匪申叔之信，不能達其義；匪莊王之賢，不能受其訓。”

孔子常自筮，其卦得《賁》焉，愀然有不平之狀。子張進曰：“師聞卜者得《賁》卦，吉也。而夫子之色有不平，何也？”孔子對曰：“以其離耶。在《周易》，山下有火謂之《賁》，非正色之卦也。夫質也，黑白宜正焉。今得《賁》，非吾兆也。吾聞丹漆不文，白玉不雕。何也？質有餘，不受飾故也。”

孔子卦得《賁》，喟然仰而嘆息，意不平。子張進，舉手而問曰：“師聞《賁》者吉卦，而嘆之乎？”孔子曰：“《賁》，非正色也，是以嘆之。吾思夫質素，[1]白當正白，黑當正黑。夫質又何也？吾亦聞之，丹漆不文，白玉不雕，寶玉不飾。何也？質有餘者，不受飾也。”《説苑·反質》篇

孔子卜，得《賁》。孔子曰：“不吉。”子貢曰：“夫《賁》亦好矣，何謂不吉乎？”孔子曰：“夫白而白，黑而黑，夫《賁》又何好乎？”《吕氏春秋·慎行論·壹行》

孔子曰：“吾于《甘棠》，見宗廟之敬甚矣。思其人必愛其樹，尊其人必敬其位，道也。”

孔子曰：“吾于《甘棠》，見宗廟之敬也。甚尊其人，必敬其位，順安萬物，古聖之道幾哉！”《説苑·貴德》篇

---

① “夫”，原作“也”，據大德本《説苑》改。

子路戎服見于孔子，拔劍而舞之，曰："古之君子，以劍自衛乎?"[①]孔子曰："古之君子，忠以爲質，仁以爲衛，不出環堵之室，而知千里之外。有不善則以忠化之，侵暴則以仁固之，何持劍乎?"子路曰[②]："由乃今聞此言，請攝齊以受教。"

子路持劍，孔子問曰："由，安用此乎?"子路曰："善，古者固以善之。不善，古者固以自衛。"孔子曰："君子以忠爲質，以仁爲衛，不出環堵之内，而聞千里之外。不善以忠化，寇暴以仁固，何必持劍乎?"子路曰："由也請攝齊以事先生矣。"《説苑·貴德》篇

楚王出游，[③]亡弓，[④]左右請求之，王曰："止。楚王失弓，楚人得之，又何求之?"孔子聞之，曰："惜乎其不大也，不曰'人遺弓，人得之'而已，何必楚也?"

楚共王出獵而遺其弓，左右請求之，共王曰："止。楚人遺弓，楚人得之，又何求焉?"仲尼聞之，曰："惜乎其不大也，亦曰'人遺弓，人得之'而已，何必楚也?"仲尼所謂大公也。《説苑·至公》篇

孔子爲魯司寇，斷獄訟，皆進衆議者而問之，曰："子以爲奚若? 某以爲何若?"皆曰云云，如是然後夫子曰："當從某子幾是。"

---

① "以"上，覆寬永本《家語》有"固"字。
② "曰"，原作"白"，據嘉慶本改。
③ "王"上，覆寬永本《家語》有"恭"字。
④ "弓"上，覆寬永本《家語》有"烏嗥"二字。

孔子爲魯司寇，聽獄必師斷，敦敦然皆立，然後君子進曰："某子以爲何若，某子以爲云云。"又曰："某子以爲何若，某子曰云云。"辯矣，然後君子幾當從某子云云乎，以君子之知，豈必待某子之云云，然後知所以斷獄哉？君子之敬讓也，文辭有可與人共之者，君子不獨有也。《説苑·至公》篇

孔子問漆雕憑曰："子事臧文仲、武仲及孺子容，此三大夫孰賢？"對曰："臧氏家有守龜焉，名曰蔡。文仲三年而爲一兆，武仲三年而爲二兆，孺子容三年而爲三兆。憑從此之見。① 若問三人之賢與不賢，所未敢識也。"孔子曰："君子哉！漆雕氏之子。其言人之美也，隱而顯；言人之過也，微而著。智而不能及，明而不能見，孰克如此？"

孔子問漆雕馬人曰："子事臧文仲、武仲、孺子容三大夫者，孰爲賢？"漆雕馬人對曰："臧氏家有龜焉，名曰蔡。文仲立三年爲一兆焉，武仲立三年爲二兆焉，孺子容立三年爲三兆焉。馬人見之矣。若夫三大夫之賢不賢，馬人不識也。"孔子曰："君子哉！漆雕氏之子。其言人之美也，隱而顯；其言人之過也，微而著。故智不能及，明不能見，得無數卜乎？"《説苑·權謀》篇

魯公索氏將祭而亡其牲。孔子聞之，曰："公索氏不及二年將亡。"後一年而亡。門人問曰："昔公索氏亡其祭牲，而夫子曰：'不及二年必亡。'今過期而亡，夫子何以知其然？"孔子

① "之見"，覆寬永本《家語》作"見之"。

曰："夫祭者，孝子所以自盡于其親。將祭而亡其牲，則其餘所亡者多矣。若此而不亡者，未之有也。"

魯公索氏將祭而亡其牲。孔子聞之，曰："公索氏比及三年必亡矣。"後一年而亡。弟子問曰："昔公索氏亡牲，夫子曰：'比及三年必亡矣。'今期年而亡。夫子何以知其將亡也。"孔子曰："祭之爲言索也。索也者，盡也，乃孝子所以自盡于親也。至祭而亡其牲，則餘所亡者多矣。吾以此知其將亡也。"《說苑·權謀》篇

虞、芮二國爭田而訟，連年不決，乃相謂曰："西伯仁也，盍往質之？"入其境，則耕者讓畔，行者讓路。入其朝，士讓爲大夫，大夫讓于卿。虞、芮之君曰："嘻！吾儕小人也，不可以入君子之朝。"遂自相與而退，咸以所爭之田爲閒田也。孔子曰："以此觀之，文王之道，其不可加焉。不令而從，不教而聽，至矣哉！"

虞、芮之君相與爭田，久而不平，乃相謂曰："西伯仁人也，盍往質焉？"乃相與朝周。入其境，則耕者讓畔，行者讓路。入其邑，男女異路，斑白不提挈。入其朝，士讓爲大夫，大夫讓爲卿。二國之君感而相謂曰："我等小人，不可以履君子之庭。"乃相讓以其所爭田爲閒田而退。天下聞之而歸者四十餘國。《詩·綿·毛傳》

虞人與芮人質其成于文王。入文王之境，則見其人萌讓爲士大夫。入其國，則見士大夫讓爲公卿。二國相謂曰："此其君亦讓以天下而不居也。"讓其所爭以爲閒田。《尚書大傳》

虞人與芮人質其成于文王。入文王之境，則見其人

民之讓爲士大夫。入其國,則見其士大夫讓爲公卿。二國者相謂曰:"其人民讓爲士大夫,其士大夫讓爲公卿,然則此其君亦讓以天下而不居矣。"二國者未見文王之身,而讓其所爭以爲閒田而反。孔子曰:"大哉!文王之道乎!其不可加矣。不動而變,無爲而成,敬慎恭己而虞、芮自平。故《書》曰:'惟文王之敬忌。'此之謂也。"《説苑·君道》篇

曾子曰:"狎甚則相簡,莊甚則不親。是故君子之狎足以交歡,其莊足以成禮。"孔子聞斯言也,曰:"二三子志之,孰謂參也不知禮乎?"

曾子曰:"狎甚則相簡也,莊甚則不親。是故君子之狎足以交歡,莊足以成禮而已。"《説苑·談叢》篇

哀公問曰:"紳、委、章甫,有益于仁乎?"孔子作色而對曰:"君胡然焉?衰麻、苴杖者,志不存乎樂,非耳弗聞,服使然也。黼黻、衮冕者,容不褻慢,[1]非性矜莊,服使然也。介胄、執戈者,無退懦之氣,非體純猛,服使然也。且臣聞之,好肆不守折,而長者不爲市。竊夫有益與無益,王注:"竊",宜爲"察"。君子所以知。"

魯哀公問于孔子曰:"紳、委、章甫,有益于仁乎?"孔子蹴然曰:"君號然也?楊注:號,讀爲胡。資衰、苴杖者楊注:資,與齊同。不聽樂,非耳不能聞也,服使然也。黼衣、黻裳者不茹葷,非口不能味也,服使然也。且丘聞之,好

---

① "褻",明覆宋本《家語》作"襲"。

肆不守折，長者不爲市。竊其有益與其無益，君其知之矣。"《荀子·哀公》篇

孔子謂子路曰："見長者而不盡其辭，雖有風雨，吾不能入其門矣。故君子以其所能敬人，小人反是。"

孔子謂子路曰："君子以心導耳目，立義以爲勇；小人以耳目導心，不愻以爲勇。故曰：退之而不怨，先之斯可從已。"

孔子曰："君子有三患。未之聞，患不得聞；既得聞之，患弗得學；既得學之，患弗能行。有其德而無其言，君子恥之；有其言而無其行，君子恥之；既得之而又失之，君子恥之；地有餘而民不足，君子恥之；衆寡均而人功倍己焉，君子恥之。"

君子有三患。未之聞，患弗得聞也；既聞之，患弗得學也；既學之，患弗能行也。君子有五恥。居其位，無其言，君子恥之；有其言，無其行，君子恥之；既得之而又失之，君子恥之；地有餘而民不足，君子恥之；衆寡均而倍焉，君子恥之。《禮記·雜記下》

君子博學，患其不習。既習之，患其不能行之。既能行之，患其不能以讓也。《説苑·談叢》篇

君子有五恥。朝不坐，燕不議，君子恥之；居其位，無其言，君子恥之；有其言，無其行，君子恥之；既得之又失之，君子恥之；地有餘而民不足，君子恥之。同上

魯人有獨處室者，鄰之嫠婦王注：嫠，寡婦也。亦獨處一室。夜，暴風雨至，嫠婦室壞，趨而托焉，魯人閉户而不納。

嫠婦自牖與之言:“何不仁而不納我乎?”魯人曰:“吾聞男女不六十不同居。[①] 今子幼,吾亦幼,是以不敢納爾也。”[②]婦人曰:“子何不如柳下惠然? 嫗不逮門之女,[③]國人不稱其亂。”魯人曰:“柳下惠則可,吾固不可。吾將以吾之不可,學柳下惠之可。”孔子聞之曰:“善哉! 欲學柳下惠者,未有似于此者。期于至善而不襲其爲,可謂智乎!”

昔者顔叔子獨處于室,鄰之嫠婦又獨處于室。夜,暴風雨至,婦人趨而至,顔叔子納之,而使執燭,放乎旦而蒸盡,縮屋而繼之。“縮”,《釋文》:本又作“摍”。自以爲辟嫌之不審矣。若其審者,宜若魯人然。魯人有男子獨處于室,鄰之嫠婦又獨處于室。夜,暴風雨至而室壞,婦人趨而托之,男子閉户而不納。婦人自牖與之言曰:“子何爲不納我乎?”男子曰:“吾聞之也,男子不六十不閒居。院校:“子”,古本作“女”。今子幼吾亦幼,不可以納子。”婦人曰:“子何不若柳下惠然。嫗不逮門之女,《釋文》:“嫗”,或作“煦”。國人不稱其亂。”男子曰:“柳下惠固可,吾固不可。吾將以吾不可,學柳下惠之可。”孔子曰:“欲學柳下惠者,未有似于是也。”《詩・巷伯・毛傳》

孔子曰:“小辯害義,小言破道。《關雎》興于鳥,而君子美之,取其雄、雌之有别。《鹿鳴》興于獸,而君子大之,取其得食而相呼。若以鳥獸之名嫌之,固不可行也。”

《關雎》興于鳥,而君子美之,爲其雄、雌之不乖居

---

① “同”,覆寬永本《家語》作“閒”。
② “敢”,覆寬永本《家語》無此字。
③ “逮”,明覆宋本《家語》作“建”。

也。《鹿鳴》興于獸,君子大之,取其見食而相呼也。《淮南子・泰族訓》

孔子謂子路曰:"君子而強氣,而不得其死。[①] 小人而強氣,則刑戮薦臻。"《豳》詩曰:"殆天之未陰雨,徹彼桑土,綢繆牖户。今此下民,[②]或敢侮予。"孔子曰:"能治國家如此,雖欲侮之,豈可得乎?周自后稷積行累功,以有爵土,公劉重之以仁,及至太王亶甫,敦以德讓,其樹根置本,備豫遠矣。初,太王都豳,翟人侵之。事之以皮幣,不得免焉。事之以珠玉,不得免焉。于是屬耆老而告曰:'狄人之所欲,吾土地。吾聞之,君子不以所養人者害人,[③]二三子何患乎無君?'遂獨與太姜去之,逾梁山,邑于岐山之下。豳人曰:'仁人之君,不可失也。'從之如歸市焉。天之與周,民之去殷,久矣。若此而不能王天下,未之有也。武庚惡能侮?"《邶》詩曰:"執轡如組,兩驂如舞。"孔子曰:"爲此詩者,其知道乎?[④] 夫爲組者,總紕于此,成文于彼。言其動于近,行于遠也。執此法以御民,豈不化乎?《竿旄》之忠告至矣哉!"

孔子家語疏證卷二終

丁兆松校字

① "而",覆寬永本《家語》作"則"。
② "此",覆寬永本、明覆宋本《家語》作"汝"。
③ "人者",覆寬永本、明覆宋本《家語》作"而"。
④ "道",覆寬永本、明覆宋本《家語》作"政"。

卷　三

觀周第十一

孔子謂南宫敬叔曰："吾聞老聃博古知今，通禮樂之原，明道德之歸，則吾師也。今將往矣。"對曰："謹受命。"遂言于魯君曰："臣受先臣之命云：'孔子，聖人之後也，滅于宋。其祖弗父何始有國，而授厲公。及正考父佐戴、武、宣，三命茲益恭。故其鼎銘曰："一命而僂，再命而傴，三命而俯，循牆而走，亦莫余敢侮。饘于是，粥于是，以糊其口。"其恭儉也若此。臧孫紇有言："聖人之後，若不當世，則必有明君而達者焉。"孔子少而好禮，其將在矣。'屬臣曰：'汝必師之。'今孔子將適周，觀先王之遺制，考禮樂之所極，斯大業也。君盍以乘資之，臣請與往。"公曰："諾。"與孔子車一乘，馬二匹，豎子侍御。① 敬叔與俱。至周，問禮于老聃，訪樂于萇弘，②歷郊社之所，考明堂之則，察廟朝之度。于是喟然曰："吾乃今知周公之聖，與周之所以王也。"及去周，老子送之曰："吾聞富貴者送人以財，仁者送人以言。吾雖不能富貴，而竊仁者之號，

---

① "子"，明覆宋本《家語》作"其"。

② "弘"，原缺末筆，避清乾隆帝諱。下同。

請送子以言乎？凡當今之士，聰明深察而近于死者，好譏議人者也；博辯閎達而危其身者，好發人之惡者也。無以有己爲人子者，無以惡己爲人臣者。”孔子曰：“敬奉教。”自周反魯，道彌尊矣。遠方弟子之進，蓋三千焉。

昭公七年三月，公如楚。鄭伯勞于師之梁，孟僖子爲介，不能相儀。及楚，不能答郊勞。九月，公至自楚。孟僖子病，不能相禮。乃講學之，苟能禮者，從之。及其將死也，杜注：二十四年孟僖子卒。召其大夫曰：“禮，人之幹也。無禮，無以立。吾聞將有達者曰孔丘，杜注：僖子卒時，孔子年三十五。[①] 聖人之後也，而滅于宋。其祖弗父何以有宋而授厲公。及正考父，佐戴、武、宣，三命兹益恭。故其鼎銘云：‘一命而僂，再命而傴，三命而俯，循牆而走，亦莫余敢侮。饘于是，鬻于是，以糊余口。’其共也如是。臧孫紇有言曰：‘聖人有德者，若不當世，其後必有達人。’今其將在孔丘乎？我若獲没，必屬説與何忌于夫子，使事之而學禮焉，以定其位。”故孟懿子與南宫敬叔師事仲尼。仲尼曰：“能補過者，君子也。《詩》曰：‘君子是則是效。’孟僖子可則效已矣。”《春秋傳》

魯南宫敬叔言魯君曰：“請與孔子適周。”魯君與之一乘車，兩馬，一豎子俱，適周問禮，蓋見老子云。辭去，而老子送之曰：“吾聞富貴者送人以財，仁人者送人以言。吾不能富貴，竊仁人之號，送子以言曰：‘聰明深察

---

① “子”，蔣刻本《春秋經傳集解》作“丘”。

而近于死者,好議人者也;博辯廣大危其身者,發人之惡者也。爲人子者毋以有己,爲人臣者毋以有己。'"孔子自周反乎魯,弟子稍益進焉。《史記·孔子世家》

孔子觀乎明堂,睹四門墉有堯、舜之容,桀、紂之像,而各有善惡之狀,興廢之誡焉。又有周公相成王,抱之負斧扆,南面以朝諸侯之圖焉。孔子徘徊而望之,謂從者曰:"此周之所以盛也。夫明鏡所以察形,往古所以知今。人主不務襲迹於其所以安存,而忽怠所以危亡,是猶未有以異于卻走而欲求及前人也,豈不惑哉?"

孔子觀周,遂入太祖后稷之廟。堂右階之前,[1]有金人焉,三緘其口,而銘其背曰:"古之慎言人也。戒之哉!無多言,多言多敗。無多事,多事多患。安樂必戒,無所行悔。勿謂何傷,其禍將長。勿謂何患,其禍將大。勿謂不聞,神將伺人。焰焰不滅,炎炎若何?涓涓不壅,終爲江河。綿綿不絶,或成網羅。毫末不扎,將尋斧柯。誠能慎之,福之根也。曰是何傷?禍之門也。強梁者不得其死,好勝者必遇其敵。盜憎主人,民怨其上。君子知天下之不可上也,故下之;知衆人之不可先也,故後之。温恭慎德,使人慕之。執雌持下,人莫逾之。人皆趨彼,我獨守此。人皆或之,我獨不徙。内藏我智,不示人技。我雖尊高,人弗我害,誰能於此?江海雖左,長於百川,以其卑也。天道無親,而能下人。戒之哉!"孔子

① "堂"上,覆寬永本、明覆宋本《家語》有"廟"字。

既讀斯文也，顧謂弟子曰："小子識之。此言實而中，情而信。《詩》曰：'戰戰兢兢，如臨深淵，如履薄冰。'行身如此，豈以口過患哉？"

孔子之周，觀于太廟。右陛之前，有金人焉，三緘其口，而銘其背曰："古之慎言人也。戒之哉！戒之哉！無多言，多言多敗。無多事，多事多患。安樂必戒，無行所悔。勿謂何傷，其禍將長。勿謂何害，其禍將大。勿謂何殘，其禍將然。勿謂莫聞，天妖伺人。熒熒不滅，炎炎奈何？涓涓不壅，將成江河。綿綿不絶，將成網羅。青青不伐，將尋斧柯。誠不能慎之，禍之根也。曰是何傷？禍之門也。強梁者不得其死，好勝者必遇其敵。盜怨主人，民害其貴。君子知天下之不可蓋也，故後之下之，使人慕之。執雌持下，莫能與之爭者。人皆趨彼，我獨守此。衆人或惑，我獨不從。内藏我知，不與人論技。我雖尊高，人莫害我。夫江河長百谷者，以其卑下也。天道無親，常與善人。戒之哉！戒之哉！"孔子顧謂弟子曰："記之。此言雖鄙，而近事情。《詩》曰：'戰戰兢兢，如臨深淵，如履薄冰。'行身如此，豈以口遇禍哉？"《説苑·敬慎》篇

孔子見老聃而問焉，曰："甚矣！道之于今難行也。吾比執道，而今委質以求當世之君而弗受也。道于今難行也。"老子曰："夫説者流于辯，聽者亂于辭。如此二者，則道不可以忘也。"

仲尼問老聃曰："甚矣！道之於今難行也。吾比執道，委質以求當世之君，而不我受也。道之于今難行

也。”老子曰[1]：“夫説者流于聽，言者亂于辭。如此二者，則道不可委矣。”《説苑·反質》篇

弟子行第十二

衛將軍文子問于子貢曰：“吾聞孔子之施教也，先之以《詩》、《書》，而道之以孝悌，説之以仁義，觀之以禮樂，然後成之以文德。蓋入室升堂者，七十有餘人，其孰爲賢？”子貢對以不知。文子曰：“以吾子常與學，賢者也，不知何謂？”[2]子貢對曰：“賢人無妄，知賢則難，故君子之言曰：‘智莫難于知人。’是以難對也。”文子曰：“若夫知賢莫不難，今吾子親游焉，是以敢問。”子貢曰：“夫子之門人蓋有三千就焉，賜有逮及焉，未逮及焉，故不得遍知以告也。”文子曰：“吾子所及者，請問其行。”子貢對曰：“夫能夙興夜寐，諷誦崇禮，行不貳過，稱言不苟，是顔回之行也。孔子説之以《詩》曰：‘媚兹一人，應侯慎德。永言孝思，孝思惟則。’若逢有德之君，世受顯命，不失厥名，以御于天子，則王者之相也。在貧如客，使其臣如借，不遷怒，不深怨，不録舊罪，是冉雍之行也。孔子論其材曰：‘有土之君子也，有衆使也，有刑用也，然後稱怒焉。’孔子告之以《詩》曰：‘靡不有初，鮮克有終。匹夫不怒，唯以亡其身。’不畏強禦，不侮矜寡，其言循性，其都以富，材任治戎，是仲由之行也。孔子和之以文，説之以《詩》曰：‘受小拱大拱，而爲下國駿龐。荷天子之龍，不戁不悚，敷奏其勇。’強乎武

---

① “子”，原脱，據大德本《説苑》補。
② “不知何謂”，覆寬永本《家語》作“何爲不知”。

哉，文不勝其質。恭老恤幼，不忘賓旅，好學博藝，省物而勤也，是冉求之行也。孔子因而語之曰：'好學則智，恤孤則惠，恭則近禮，勤則有繼。堯舜篤恭，以王天下。'其稱之也曰：'宜爲國老。'齊莊而能肅，志通而好禮，擯相兩君之事，篤雅有節，是公西赤之行也。子曰：'《禮經》三百，可勉能也。威儀三千，則難也。'公西赤問曰：'何謂也？'子曰：'貌以儐禮，禮以儐辭，是謂難焉。'衆人聞之，以爲成也。孔子語人曰：'當賓客之事，則達矣。'謂門人曰：'二三子之欲學賓客之禮者，其于赤也。滿而不盈，實而如虛，過之如不及，先王難之。'博無不學，其貌恭，其德敦，其言于人也，無所不信，其驕大人也，[①]常以浩浩，是曾參之行也。[②] 孔子曰：'孝，德之始也；悌，德之序也；信，德之厚也；忠，德之正也。參中夫四德者也。'以此稱之。美功不伐，貴位不善，不侮不佚，不傲無告，是顓孫師之行也。孔子曰[③]：'其不伐則猶可能也，其不弊百姓則仁也。《詩》云：愷悌君子，民之父母。'夫子以其仁爲大。學之深，送迎必敬，上交下接若截焉，是卜商之行也。孔子說之以《詩》曰：'"式夷式已，無小人殆。"若商也，其可謂不險矣。'貴之不喜，賤之不怒，苟利于民，廉于行己，其事上也，以佑其下，是澹臺滅明之行也。孔子曰：'獨貴獨富，君子恥之。夫也中之矣。'先成其慮，及事而用之，故動則不妄，是言偃之行也。孔子曰：'欲能則學，欲知則問，欲善則詳，欲給則豫。當是而行，偃也得之矣。'獨居思仁，公言仁義，其于《詩》也，則一日三覆'白圭之玷'，是南宫縚之行也。孔子信

① "大"，明覆宋本《家語》作"於"。
② "是"上，覆寬永本、明覆宋本《家語》有"是以眉壽"四字。
③ "曰"上，覆寬永本、明覆宋本《家語》有"言之"二字。

其能仁,以爲異士。自見孔子,出入于户,未嘗越禮,往來過之,足不履影,啓蟄不殺,方長不折,執親之喪,未嘗見齒,是高柴之行也。孔子曰:'柴于親喪,則難能也。啓蟄不殺,則順人道。方長不折,則恕仁也。成湯恭而以恕,是以日隮。'凡此諸子,賜之所親睹者也。吾子有命而訊賜,賜也固不足以知賢。"文子曰:"吾聞之也,國有道則賢人興焉,中人用焉,乃百姓歸之。若吾子之論,既富茂矣,壹諸侯之相也。抑世未有明君,[①]所以不遇也?"

子貢既與衛將軍文子言,適魯見孔子曰:"衛將軍文子問二三子之于賜,不壹而三焉。賜也辭不獲命,以所見者對矣。未知中否,請以告。"孔子曰:"言之乎?"子貢以其辭狀告孔子,子聞而笑曰:"賜,汝次爲知人矣。"子貢對曰:"賜也何敢知人,此以賜之所睹也。"孔子曰:"然,吾亦語汝耳之所未聞,目之所未見者。豈思之所不至,智之所未及哉?"子貢曰:"賜願得聞之。"孔子曰:"不克不忌,不念舊怨,蓋伯夷、叔齊之行也。思天而敬人,服義而行信,孝于父母,恭于兄弟,從善而教不道,[②]蓋趙文子之行也。其事君也,不敢愛其死,然亦不敢忘其身,謀其身不遺其友,君陳則進而用之,不陳則行而退,蓋隨武子之行也。其爲人之淵源也,多聞而難誕,内植足以没其世,國家有道,其言足以治,無道,其默足以容,[③]蓋銅鍉伯華之行也。外寬而内正,自拯于隱括之中,[④]直己而不直人,汲汲于仁,以善自終,蓋蘧伯玉之行也。孝恭慈仁,允

① "世"上,原衍"末"字,據覆寬永本、明覆宋本《家語》删。
② "教不道",明覆宋本《家語》作"不教"。
③ "容",明覆宋本《家語》作"生"。
④ "拯",覆寬永本、明覆宋本《家語》作"極"。

德圖義,約貨去怨,輕財不匱,蓋柳下惠之行也。其言曰:'君雖不量于其身,臣不可以不忠于其君。是故君擇臣而任之,臣亦擇君而事之,有道順命,無道衡命。'蓋晏平仲之行也。蹈忠而行信,終日言不在尤之内,國無道,處賤不悶,貧而能樂,蓋老子之行也。易行以俟天命,居下不援其上,其觀于四方也,不忘其親,不盡其樂,以不能則學,不爲己終身之憂,蓋介子山之行也。"子貢曰:"敢問夫子之所知者,蓋盡于此而已乎?"孔子曰:"何謂其然?亦略舉耳目之所及而已矣。昔晋平公問祁奚曰:'羊舌大夫,晋之良大夫也,其行若何?'祁奚辭以不知。公曰:'吾聞子少長乎其所,今子掩之,何也?'祁奚對曰:'其少也恭而順,心有恥而不使其過宿。其爲大夫,悉善而謙其端。其爲輿尉也,信而好直其功。至于其爲容也,温良而好禮,博聞而時出其志。'公曰:'曩者問子,子奚曰不知也?'祁奚曰:'每位改變,未知所止,是以不敢得知也。'此又羊舌大夫之行也。"子貢跪曰:"請退而記之。"

衛將軍文子問于子貢曰:"吾聞夫子之施教也,先以《詩》,世道者孝悌,補注:者,讀爲諸。説之以義,而觀諸體,成之以文德。蓋入室升堂七十有餘人,[1]聞之孰爲賢也?"子貢對,辭以不知。文子曰:"吾子學焉,何謂不知也?"子貢對曰:"賢人無妄,知賢則難,故君子曰:'智莫難于知人。'此以難也。"文子曰:"若夫知賢,人莫不難。吾子親游焉,是敢問也。"子貢對曰:"夫子之門人,蓋三就焉。賜有逮及焉,有未及焉,不得辯知也。"文子曰:"吾子之所及,請問其行也。"子貢對曰:"夙興夜寐,

---

① "入室升堂",袁刻本《大戴禮記》作"受教者"。

諷誦崇禮，行不貳過，稱言不苟，是顔淵之行也。孔子説之以《詩》，《詩》云：'媚兹一人，應侯順德。永言孝思，孝思惟則。'故國一逢有德之君，世受顯命，不失厥名，以御于天子以申之。在貧如客，[1]使其臣如藉，不遷怒，不深怨，不録舊罪，是冉雍之行也。孔子曰：'有土君子，有衆使也，有刑用也，然後怒。匹夫之怒，惟以亡其身。《詩》云：靡不有初，鮮克有終。'以告之。不畏强禦，不侮矜寡，其言曰性，都其富哉，任其戎，是仲由之行也。夫子未知以文也，[2]曰：'《詩》云：受小共大共，爲下國恂蒙。盧注：《詩》爲"駿厖"。何天之寵，傅奏其勇。'夫强乎武哉，文不勝其質。恭老恤孤，不忘賓旅，好學省物而不懃，是冉求之行也。孔子因而語之曰：'好學則智，恤孤則惠，恭老則近禮。克篤恭以天下，其稱之也，宜爲國老。'志通而好禮，擯相兩君之事，篤雅其有禮節也，是公西赤之行也。孔子曰：'禮儀三百，可勉能也。威儀三千，則難也。'公西赤問曰：'何謂也？'孔子曰：'貌以擯禮，禮以擯辭，是之謂也。'主人聞之以成。孔子之語人也，曰：'當賓客之事則通矣。'謂門人曰：'二三子欲學賓客之禮者，于赤也。滿而不滿，實如虚，過之如不及，[3]先生難之。'不學其貌，竟其德，敦其言，于人也，無所不信，其橋大人也，常以皓皓，是以眉壽，是曾參之行也。孔子曰：'孝，德之始也；弟，德之序也；信，德之厚也；忠，德之正也。參也，中夫四德者矣。'故以此稱之也。業功不伐，貴位

---

① "貧"，原作"賓"，據袁刻本《大戴禮記》改。
② "未知"，原誤倒，據袁刻本《大戴禮記》乙正。
③ "過"，袁刻本《大戴禮記》作"通"。

不善，不侮可侮，不佚可佚，不傲無告，是顓孫之行也。孔子言之曰：'其不伐則猶可能也，其不弊百姓者則仁也。《詩》云：愷悌君子，民之父母。'夫子以其仁爲大也。學以深，厲以斷，送迎必敬，上友下交，銀乎如斷，[①]補注：銀，猶斷斷也。"乎"，宋本作"手"。是卜商之行也。孔子曰：'《詩》云："式夷式已，無小人殆。"而商也，其可謂不險也。'貴之不喜，賤之不怒，苟于民利矣，廉于其事上也，以佐其下，是澹臺滅明之行也。孔子曰：'獨富獨貴，君子恥之，夫也中之矣。'先成其慮，及事而用之，是故不忘，是言偃之行也。孔子曰：'欲能則學，欲知則問，欲善則訊，欲給則豫。當如是。偃也得之矣。'獨居思仁，公言言義，其聞《詩》也，一日三復'白圭之玷'，是南宫縚之行也。夫子信其仁，以爲異姓。自見孔子，入户未嘗越屨，往來過人不履影，開蟄不殺，方長不折，執親之喪，未嘗見齒，是高柴之行也。孔子曰：'高柴執親之喪，則難能也。開蟄不殺，則天道也。方長不折，則恕也。恕，則仁也。湯恭則恕，是以日隮也。'此賜之所親睹也。吾子有命而訊，賜則不足以知賢。"文子曰："吾聞之也，國有道則賢人興焉，中人用，百姓歸焉。若吾子之語審茂，則一諸侯之相也，亦未逢明君也。"

子貢既與衛將軍文子言，適魯，見孔子曰："衛將軍問三三子之行于賜也，不一而三，賜也辭不獲命，以所見者對矣。未知中否，請嘗以告。"孔子曰："言之。"子貢以其質告。孔子既聞之，笑曰："賜，汝偉爲知人，賜！"子貢

---

① "乎"，袁刻本《大戴禮記》作"手"。

子貢問于孔子曰："今之人臣，孰爲賢？"子曰："吾未識也。往者齊有鮑叔，鄭有子皮，則賢者矣。"子貢曰："齊無管仲，鄭無子産乎？"子曰："賜，汝徒知其一，未知其二也。汝聞用力爲賢乎？進賢爲賢乎？"子貢曰："進賢賢哉！"子曰："然。吾聞鮑叔達管仲，子皮達子産，未聞二子之達賢己之才者也。"

子貢問大臣，子曰："齊有鮑叔，鄭有子皮。"子貢曰："否。齊有管仲，鄭有東里子産。"孔子曰："誰薦也？"子貢曰："然則薦賢賢于賢？"曰："知賢，智也。推賢，仁也。引賢，義也。有此三者，又何加焉？"《韓詩外傳七》

子貢問孔子曰："今之人臣孰爲賢？"孔子曰："吾未識也。往者齊有鮑叔，鄭有子皮，賢者也。"子貢曰："然則齊無管仲，鄭無子産乎？"子曰："賜，汝徒知其一，不知其二。汝聞進賢爲賢耶？用力爲賢耶？"子貢曰："進賢爲賢。"子曰："然。吾聞鮑叔之進管仲也，聞子皮之進子産也，未聞管仲、子産有所進也。"《説苑・臣術》篇

哀公問于孔子曰："寡人聞忘之甚者，徙而忘其妻，有諸？"孔子對曰："此猶未甚者也，甚者乃忘其身。"公曰："可得而聞乎？"孔子曰："昔者夏桀貴爲天子，富有四海，忘其聖祖之道，壞其典法，廢其世祀，荒于淫樂，耽湎于酒。佞臣諂諛，窺導其心；忠士折口，逃罪不言。天下誅桀，而有其國。此謂忘其身之甚矣。"

魯哀公問孔子曰："魯有大忘，徙而忘其妻，有諸？"孔子曰："此忘之小者也。昔商紂有臣曰王子須，務爲諂，使其君樂須臾之樂，而忘終身之憂。"《尸子》，《太平御

覽》引

魯哀公問孔子曰："予聞忘之甚者，徙而忘其妻，有諸乎？"孔子對曰："此非忘之甚者也，忘之甚者忘其身。"哀公曰："可得聞與？"對曰："昔夏桀貴爲天子，富有天下，不修禹之道，毀壞辟法，裂絶世祀，荒淫于樂，沈酗于酒。其臣有左師觸龍者，諂諛不止。湯誅桀，左師觸龍者身死，四支不同壇而居，此忘其身者也。"哀公愀然變色曰："善。"《説苑・敬慎》篇

顔淵將西游于宋，問于孔子曰："何以爲身？"子曰："恭敬忠信而已矣。恭則遠于患，敬則人愛之，忠則和于衆，信則人任之。勤斯四者，可以政國，豈特一身者哉？故夫不比于數，而比于疏，不亦遠乎？不修其中，而修外者，不亦反乎？慮不先定，臨事而謀，不亦晚乎？"

顔回將西游，問于孔子曰："何以爲身？"孔子曰："恭敬忠信，可以爲身。恭則免於衆，敬則人愛之，忠則人與之，信則人恃之。人所愛，人所與，人所恃，必免于患矣。可以臨國家，何況于身乎？故不比數而比疏，不亦遠乎？不修中而修外，不亦反乎？不先慮事，臨難乃謀，不亦晚乎？"《説苑・敬慎》篇

孔子讀《詩》，于《正月》六章，惕焉如懼，曰："彼不達之君子，豈不殆哉？從上依世則道廢，違上離俗則身危。時不興善，己獨由之，則曰非妖即妄也。故賢也既不遇天，恐不終其命焉。桀殺龍逄，紂殺比干，皆類是也。《詩》曰：'謂天蓋高，不敢不局。謂地蓋厚，不敢不蹐。'此言上下畏罪，無所自

容也。”

孔子論《詩》，至于《正月》之六章，戄然曰：“不逢時之君子，豈不殆哉？從上依世則廢道，違上離俗則危身。世不與善，己獨由之，則曰非妖則孽也。是以桀殺關龍逄，紂殺王子比干，故賢者不遇時，常恐不終焉。《詩》曰：‘謂天蓋高，不敢不局。謂地蓋厚，不敢不蹐。’此之謂也。”《説苑・敬慎》篇

子路問于孔子曰：“賢君治國，所先者何？”孔子曰：“在于尊賢而賤不肖。”子路曰：“由聞晋中行氏尊賢而賤不肖矣，其亡何也？”孔子曰：“中行氏尊賢而不能用，賤不肖而不能去。賢者知其不用而怨之，不肖者知其必己賤而讐之。怨讐並存于國，鄰敵構兵于郊，中行氏雖欲無亡，豈可得乎？”

子路問于孔子曰：“治國何如？”孔子曰：“在于尊賢而賤不肖。”子路曰：“范中行氏尊賢而賤不肖，其亡何也？”曰：“范中行氏尊賢而不能用也，賤不肖而不能去也。賢者知其不己用而怨之，不肖者知其賤己而仇之。賢者怨之，不肖者仇之，怨仇並前，中行氏雖欲無亡，得乎？”《説苑・尊賢》篇

孔子閒處，喟然而嘆曰：“向使銅鞮伯華無死，則天下其有定矣。”子路曰：“由願聞其人也。”子曰：“其幼也敏而好學，其壯也有勇而不屈，其老也有道而能下人。有此三者，以定天下也，何難乎哉？”子路曰：“幼而好學，壯而有勇，則可也。若夫有道下人，又誰下哉？”子曰：“由，汝不知也。吾聞以衆攻寡，無不剋也；以貴下賤，無不得也。昔者周公居冢宰之

尊，制天下之政，而猶下白屋之士，日見百七十人。斯豈以無道也？欲得士之用也。惡有有道而無下天下君子哉！”

孔子閒居，喟然而嘆曰：“銅鞮伯華而無死，天下其有定矣。”子路曰：“願聞其爲人也奚若。”孔子曰：“其幼也敏而好學，其壯也有勇而不屈，其老也有道而能以下人。”子路曰：“其幼也敏而好學則可，其壯也有勇而不屈則可。夫有道又誰下哉？”孔子曰：“由，不知也。吾聞之，以衆攻寡，而無不消也；以貴下賤，無不得也。昔在周公旦，制天下之政，而下士七十人。豈無道哉？欲得士之故也。夫有道而能下于天下之士，君子乎哉！”《説苑·尊賢》篇

齊景公來適魯，舍于公館，使晏嬰迎孔子。孔子至，景公問政焉，孔子答曰：“政在節財。”公悦。又問曰：“秦穆公國小處僻而霸，何也？”孔子曰：“其國雖小，其志大；其處雖辟，而其政中。其舉也果，其謀也和，法無私而令不愉。王注：“愉”，宜爲“偷”。首拔五羖，爵之大夫，與語三日而授之以政。以此取之，雖王可也，其霸少矣。”景公曰：“善哉！”

齊景公問于孔子曰：“秦穆公其國小處僻而霸，何也？”對曰：“其國小而志大，雖處僻而其政中。其舉果，其謀和，其令不偷。親舉五羖大夫于係縲之中，與之語三日而授之政。以此取之，雖王可也，霸則小矣。”《説苑·尊賢》篇

哀公問政于孔子，孔子對曰：“政之急者，莫大乎使民富且壽也。”公曰：“爲之奈何？”孔子曰：“省力役，薄賦斂，則民

富矣。敦禮教，遠罪戾，[①]則民壽矣。”公曰：“寡人欲行夫子之言，恐吾國貧矣。”孔子曰：“《詩》云：‘愷悌君子，民之父母。’未有子富而父母貧者也。”

魯哀公問政于孔子，孔子對曰：“政有使民富且壽。”哀公曰：“何謂也？”孔子曰：“薄賦斂則民富，無事則遠罪，遠罪則民壽。”公曰：“若是則寡人貧矣。”孔子曰：“《詩》云：‘愷悌君子，民之父母。’未有其子富而父母貧者也。”《説苑·政理》篇

衛靈公問于孔子曰：“有語寡人：‘有國家者，計之于廟堂之上，則政治矣。’何如？”孔子曰：“其可也。愛人者則人愛之，惡人者則人惡之，知得之己者則知得之人。所謂不出環堵之室而知天下者，則反己之謂也。”[②]

孔子見魯哀公，哀公曰：“有語寡人曰：‘爲國家者，爲之堂上而已矣。’寡人以爲迂言也。”孔子曰：“此非迂言也。丘聞之，得之于身者得之人，失之于身者失之人。不出于門户而天下治者，其惟知反于己身者乎？”《吕氏春秋·季春紀·先己》

衛靈公謂孔子曰：“有語寡人：‘爲國家者，謹之于廟堂之上而國家治矣。’其可乎？”孔子曰：“可。愛人者則人愛之，惡人者則人惡之。知得之己者，亦知得之人。所謂不出于環堵之室而知天下者，知反之己者也。”《説苑·政理》篇

---

① “戾”，覆寬永本、明覆宋本《家語》作“疾”。
② “則”，覆寬永本、明覆宋本《家語》作“知”。

孔子見宋君，君問孔子曰："吾欲使長有國而列都得之，吾欲使民無惑，吾欲使士竭力，吾欲使日月當時，吾欲使聖人自來，吾欲使官府治理，爲之奈何？"孔子對曰："千乘之君，問丘者多矣，而未有若主君之問問之悉也。然主君所欲者，盡可得也。丘聞之，鄰國相親，則長有國；君惠臣忠，則列都得之；不殺無辜，無釋罪人，則民不惑；士益之祿，則皆竭力；尊天敬鬼，則日月當時；崇道貴德，則聖人自來；任能黜否，則官府治理。"宋君曰："善哉！豈不然乎？寡人不佞，不足以致之也。"孔子曰："此事非難，唯欲行之云耳。"

仲尼見梁君，梁君問仲尼曰："吾欲長有國，吾欲列都得之，吾欲使民安不惑，吾欲使士竭其力，吾欲使日月當時，吾欲使聖人自來，吾欲使官府治，爲之奈何？"仲尼對曰："千乘之君，萬乘之主，問于丘者多矣，未嘗有如主君問丘之術也，然而盡可得也。丘聞之，兩君相親，則長有國；君惠臣忠，則列都之得；毋殺不辜，毋釋罪人，則民不惑；益士祿賞，則竭其力；尊天敬鬼，則日月當時；善爲刑罰，則聖人自來；尚賢使能，則官府治。"梁君曰："豈有不然哉？"《説苑·政理》篇

辨政第十四

子貢問于孔子曰："昔者齊君問政于夫子，夫子曰：'政在節財。'魯君問政于夫子，子曰[①]：'政在諭臣。'葉公問政于夫子，子曰：'政在悦近而來遠。'三者之問一也，而夫子應之不

① "子"上，覆寬永本《家語》有"夫"字。

同,然政在異端乎?”孔子曰:“各因其事也。齊君爲國,奢乎臺榭,淫于苑囿,五官伎樂不解于時,一旦而賜人以千乘之家者三,故曰‘政在節財’。魯君有臣三人,内比周以愚其君,外距諸侯之賓以蔽其明,故曰‘政在諭臣’。夫荆之地廣而都狹,民有離心,莫安其居,故曰‘政在悦近而來遠’。此三者所以爲政殊矣。《詩》云:‘喪亂蔑資,曾不惠我師。’此傷奢侈不節以爲亂者也。又曰:‘匪其止共,惟王之邛。’①此傷奸臣蔽主以爲亂也。又曰:‘亂離瘼矣,奚其適歸。’此傷離散以爲亂者也。察此三者,政之所欲,豈同乎哉?”

葉公子高問政于仲尼,仲尼曰:“政在悦近而來遠。”哀公問政於仲尼,仲尼曰:“政在選賢。”齊景公問政于仲尼,仲尼曰:“政在節財。”三公出,子貢問曰:“三公問夫子政一也,夫子對之不同,何也?”仲尼曰:“葉都大而國小,民有背心,故曰‘政在悦近而來遠’。魯哀公有大臣三人,外障距諸侯四鄰之士,内比周而以愚于君,使宗廟不掃除,社稷不血食者,必是三臣也,故曰‘政在選賢’。齊景公築雍門爲路寢,一朝而以三百乘之家賜者三,故曰‘政在節財’。”《韓非子·難三》

子贛曰:“葉公問政于夫子,子曰:‘政在附近而來遠。’魯哀公問政,子曰‘政在于論臣。’齊景公問政,子曰:‘政在于節用。’三君問政,夫子應之不同,然則政有異乎?”子曰:“荆之地廣而都狹,民有離志焉,故曰‘在于附近而來遠’。哀公有臣三人,内比周以惑其君,外障距諸侯賓客以蔽其明,故曰‘政在論臣’。齊景公奢于臺

① “邛”,原作“卬”,據覆寬永本、明覆宋本《家語》改。

榭，淫于苑囿，五官之樂不解，一旦賜人百乘之家者三，故曰'節用'。"《尚書大傳》

孔子曰："忠臣之諫君，有五義焉。一曰譎諫，二曰戇諫，三曰降諫，四曰直諫，五曰風諫。唯度主而行之，吾從其風諫乎？"

諫有五[①]：一曰正諫，二曰降諫，三曰忠諫，四曰戇諫，五曰諷諫。孔子曰："吾從其諷諫矣乎。"《説苑·正諫》篇

子曰："夫道不可不貴也。中行文子倍道失義，以亡其國，而能禮賢以活其身。聖人轉禍爲福，此謂是與？"

中行文子出亡至邊，從者曰："爲此嗇夫者，君子也。胡不休焉？且待後車者。"文子曰："異日吾好音，此子遺吾琴；吾好佩，又遺吾玉。是不非吾過者也，自容于我者也。吾恐其以我求容也，遂不入。"後車入門，文子問嗇大之所在，執而殺之。仲尼聞之，曰："中行文子背道失義以亡其國，然後得之，猶活其身。道不可遺也若此。"《説苑·權謀》篇

楚王將荆臺，司馬子祺諫，[②]王怒之。令尹子西賀于殿下，諫曰："今荆臺之觀，不可失也。"王喜，拊子西之背曰："與子共樂之矣。"子西步馬十里，引轡而止，曰："臣願言有道，王

① "五"，原作"三"，據大德本《説苑》改。
② "祺"，覆寬永本《家語》作"褀"。下同。

肯聽之乎？”[1]王曰：“子其言之。”子西曰：“臣聞爲人臣而忠其君者，爵禄不足以賞也；諛其君者，刑罰不足以誅也。夫子祺者，忠臣也；而臣者，諛臣也。願王賞忠而誅諛焉。”王曰：“我今聽司馬之諫，是獨能禁我耳。若後世游之，何也？”子西曰：“禁後世易耳。大王萬歲之後，起山陵于荊臺之上，則子孫必不忍游于父祖之墓，以爲歡樂也。”王曰：“善。”乃還。孔子聞之曰：“至哉！子西之諫也。入之于十里之上，[2]抑之于百世之後者也。”

楚昭王欲之荊臺游，司馬子綦進諫曰：“荊臺之游，左洞庭之波，[3]右彭蠡之水，南望獵山，下臨方淮。其樂使人遺老而忘死，人君游者盡以亡其國，願大王勿往游焉。”王曰：“荊臺乃吾地也，有地而游之，子何爲絶我游乎？”怒而擊之。于是令尹子西駕安車四馬，徑于殿下曰：“今日荊臺之游，不可不觀也。”王登車而拊其背曰：“荊臺之游，與子共樂之矣。”步馬十里，引轡而止，曰：“臣不敢下車，願得有道，大王肯聽之乎？”王曰：“第言之。”令尹子西曰：“臣聞之，爲人臣而忠其君者，爵禄不足以賞也；爲人臣而諛其君者，刑罰不足以誅也。若司馬子綦者，忠臣也；若臣者，諛臣也。願大王殺臣之軀，罰臣之家，而禄司馬子綦。”王曰：“若我能止，聽公子，獨能禁我游耳。後世游之，無有極時，奈何？”令尹子西曰：“欲禁後世易耳。願大王山陵崩阤，爲陵于荊臺。未嘗

① “王”，覆寬永本《家語》作“之主”，則此處當標點作：“臣願言，有道之主肯聽之乎”。

② “十”，原作“千”，據覆寬永本《家語》改。

③ “波”，大德本《説苑》作“陂”。

有持鐘鼓、管弦之樂而游于父之墓上者也。”①于是王還車,卒不游荆臺,令罷先置。孔子從魯聞之,曰:“美哉!令尹子西。諫之于十里之前,而權之于百世之後者也。”《説苑·正諫》篇

楚王登強臺,而望崩山,姚注:“強臺”,一作“荆臺”。“崩山”,一作“崇山”。左江而右湖,以臨彷徨,其樂忘死。遂盟強臺而弗登,曰:“後世必有以高臺陂池亡其國者。”《戰國策》

令尹子佩請飲莊王,莊王許諾。下脱“子佩期之于京臺,莊王不往。明日”十三字。見《太平御覽》。子佩疏揖,北面立于殿下,曰:“昔者君王許之,今不果往。意者臣有罪乎?”莊王曰:“吾聞子具于強臺。強臺者,南望料山,以臨方皇,左江而右淮,其樂忘死。若吾薄德之人,不可以當此樂也。恐留而不能反。”《淮南子·道應》篇②

子貢問于孔子曰:“夫子之于子産、晏子,可爲至矣。敢問二大夫之所自爲,③夫子之所以與之者。”孔子曰:“夫子産于民爲惠主,于學爲博物;晏子于君爲忠臣,而行爲恭敏,故吾皆以兄事之,而加愛敬。”

孔子之所嚴事,于周則老子,于衛遽伯玉,于齊晏平仲,于楚老萊子,于鄭子産,于魯孟公綽。《史記·仲尼弟子列傳》

---

① “弦”,原作“絃”,缺末筆,避清康熙帝諱。整理者按,文中凡以“玄”爲偏旁的字,如“絃”、“蚿”、“弦”、“眩”、“泫”等,多缺末筆,皆一並更正,不再出注。

② “篇”,嘉慶本作“訓”,則此處當標點作“《淮南子·道應訓》”。

③ “自”,明覆宋本《家語》無此字。

齊有一足之鳥，飛集于宫朝，[1]下止于殿前，舒翅而跳。齊侯大怪之，使使聘魯，問孔子。孔子曰："此鳥名曰商羊，[2]水祥也。昔童兒有屈其一脚，振訊兩肩而跳，且謡曰：'天將大雨，商羊鼓舞。'今齊有之，其應至矣。急告民趨治溝渠，修堤防，將有大水爲災。"頃之，大霖雨，水溢泛諸國，傷害民人。唯齊有備，不敗。景公曰："聖人之言，信而徵矣。"

> 齊有飛鳥一足來下，止于殿前，舒翅而跳。齊侯大怪之，使聘問孔子。孔子曰："此名商羊。急告民趣治溝渠，天將大雨。"于是如之，天果大雨，諸國皆水，齊獨以安。弟子請問，孔子曰："異哉！[3] 小兒有兩兩相屈一足而跳，曰：'天將大雨，商羊起舞。'今齊獲之，亦其應也。"
>
> 《説苑・辨物》篇

孔子謂宓子賤曰："子治單父，衆悦。子何施而得之也？子語丘所以爲之者。"對曰："不齊之治也，父其父，子其子，恤諸孤，[4]而哀喪紀。"孔子曰："善，小節也，小民附矣。猶未足也。"曰："不齊所父事者三人，所兄事者五人，所友事者十一人。"孔子曰："父事三人，可以教孝矣；兄事五人，可以教悌矣；友事十一人，可以舉善矣。中節也，中人附矣。猶未足也。"曰："此地民有賢于不齊者五人，不齊事之而禀度焉，皆教不齊之道。"孔子嘆曰："其大者乃于此乎有矣。昔堯、舜聽

---

① "集"，覆寬永本《家語》作"習"。

② "曰"，覆寬永本《家語》無此字。

③ "哉"，大德本《説苑》作"時"，則此處當標點作"異時，小兒有兩兩相屈一足而跳"。

④ "父其父，子其子，恤諸孤"，覆寬永本、明覆宋本《家語》作"父恤其子，子恤諸孤"。

天下，務求賢以自輔。夫賢者，百福之宗也，神明之主也。惜乎不齊之以所治者小也。”

孔子謂宓子賤曰：“子治單父而衆説，語丘所以爲之者。”曰：“不齊父其父，子其子，恤諸孤而哀喪紀。”孔子曰：“善。小節也，小民拊矣。猶未足也。”曰：“不齊也，所父事者三人，所兄事者五人，所友事者十一人。”孔子曰：“父事三人，可以教孝矣；兄事五人，可以教弟矣；友十一人，可以教學矣。中節也，中民拊矣。猶未足也。”曰：“此地民有賢于不齊者五人，不齊事之，皆教不齊所以治之術。”孔子曰：“欲其大者，乃于此在矣。昔者堯、舜清微其身，以聽觀天下，務來賢人。夫舉賢者，百福之宗也，而神明之主也。不齊之所治者小也。不齊所治者大，其與堯、舜繼矣。”《説苑·政理》篇

子賤治單父，其民拊。孔子曰：“告丘之所以治之者。”對曰：“不齊時發倉廩，振困窮，補不足。”孔子曰：“是小人附耳，未也。”對曰：“賞有能，招賢才，退不肖。”孔子曰：“是士附耳，未也。”對曰：“所父事者三人，所兄事者五人，所友者十有二人，所師者一人。”孔子曰：“所父事者三人，所兄事者五人，足以教孝弟矣；所友者十有二人，足以祛壅蔽矣；所師者一人，足以慮無失策，舉無敗功矣。惜乎不齊，爲之大功，乃與堯、舜參矣。”《詩》曰：“愷悌君子，民之父母。”子賤其似之矣。《韓詩外傳八》

子貢爲信陽宰，將行，辭于孔子。孔子曰：“勤之慎之，奉天子之時。無奪無伐，無暴無盜。”子貢曰：“賜也少而事君子，豈以盜爲累哉？”孔子曰：“汝未之詳也。夫以賢代賢，是

謂之奪；以不肖代賢，是謂之伐；緩令急誅，是謂之暴；取善自與，謂之盜。盜，非竊財之謂也。吾聞之，知爲吏者，奉法以利民；不知爲吏者，枉法以侵民，此怨之所由生也。治官莫若平，臨財莫如廉，廉平之守，不可改也。匿人之善，斯謂蔽賢；揚人之惡，斯爲小人。内不相訓，而外相謗，非親睦也。言人之善，[①]若己有之；言人之惡，若己受之。故君子無所不慎焉。"

子貢爲信陽令，辭孔子而行，孔子曰："力之順之，因天子之時。無奪無伐，無暴無盜。"子貢曰："賜少日事君子，君子固有盜者耶？"孔子曰："夫以不肖伐賢，是謂奪也；以賢代不肖，是謂伐也；緩其令，急其誅，是謂暴也；取人善以自爲己，是謂盜也。君子之盜，豈必當財幣乎？吾聞之曰：知爲吏者，奉法利民；不知爲吏者，枉法以侵民，此皆怨之所由生也。臨官莫如平，臨財莫如廉，廉平之守，不可攻也。匿人之善者，是謂蔽賢也；揚人之惡者，是謂小人也；不内相教而外相謗者，是謂不足親也。言人之善者，有所得而無所傷也；言人之惡者，無所得而有所傷也。故君子慎言語矣。毋先己而後人，擇言出之，令口如耳。"《説苑·政理》篇

子路治蒲三年，孔子過之，入其境曰："善哉！由也，恭敬以信矣。"入其邑曰："善哉！由也，忠信以寬矣。"至其廷曰："善哉！由也，明察以斷矣。"子貢執轡而問曰："夫子未見由之政，而三稱其善，其善可得聞乎？"孔子曰："吾見其政矣。

---

① "人"，原作"己"，據覆寬永本、明覆宋本《家語》改。

入其境，田疇盡易，草萊盡辟，溝洫深治，此其恭敬以信，故其民盡力也。入其邑，牆屋完固，樹木甚茂，此其忠信以寬，故其民不偷也。至其庭，庭甚清閒，諸下用命，此其明察以斷，故其政不擾也。以此觀之，雖三稱其善，庸盡其美乎？"

子路治蒲三年，孔子過之，入境而善之，曰："由恭敬以信矣。"入邑，曰："善哉！由忠信以寬。"至庭，曰："善哉！由明察以斷矣。"子貢執轡而問曰："夫子未見由，而三稱善，可得聞乎？"孔子曰："入其境，田疇草萊甚辟，此恭敬以信，故民盡力。入其邑，墉屋甚尊，樹木甚茂，此忠信以寬，故其民不偷。入其庭，甚閒，此明察以斷，故民不擾也。"《詩》曰："夙興夜寐，灑掃庭内。"《韓詩外傳六》

孔子家語疏證卷三終

甘葆真校字

陳曾望覆校

卷　四

六本第十五

孔子曰："行己有六本焉，然後爲君子也。立身有義矣，而孝爲本；喪紀有禮矣，而哀爲本；戰陣有列矣，而勇爲本；治政有理矣，而農爲本；居國有道矣，而嗣爲本；生財有時矣，而力爲本。置本不固，無務農桑；親戚不悦，無務外交；事不終始，無務多業；記聞而言，無務多説；比近不安，無務求遠。是故反本修邇，君子之道也。"

> 孔子曰："行身有六本，本立焉，然後爲君子。立體有義矣，而孝爲本；處喪有禮矣，而哀爲本；戰陣有隊矣，而勇爲本；治政有禮矣，[①]而能爲本；居國有禮矣，而嗣爲本；生財有時矣，而力爲本。置本不固，無務豐末；親戚不悦，無務外交；事無終始，無務多業；聞記不言，無務多談；比近不説，無務修遠。是以反本修邇，君子之道也。"《説苑・建本》篇

孔子曰："良藥苦於口而利於病，忠言逆於耳而利於行。

---

① "禮"，嘉慶本《疏證》、大德本《説苑》作"理"。

湯、武以諤諤而昌，桀、紂以唯唯而亡。君無爭臣，父無爭子，兄無爭弟，士無爭友，無其過者，未之有也。故曰：'君失之，臣得之。父失之，子得之。兄失之，弟得之。己失之，友得之。'是以國無危亡之兆，家無悖亂之惡，父子兄弟無失，而交友無絶也。”

孔子曰：“良藥苦於口利於病，忠言逆於耳利於行。故武王諤諤而昌，紂嘿嘿而亡。君無諤諤之臣，父無諤諤之子，兄無諤諤之弟，夫無諤諤之婦，士無諤諤之友，其亡可立而待。故曰：'君失之，臣得之。父失之，子得之。兄失之，弟得之。夫失之，婦得之。士失之，友得之。'故無亡國破家，悖父亂子，放兄棄弟，狂夫淫婦，絶交敗友。”《説苑・正諫》篇

孔子見齊景公，公悦焉，請置廩丘之邑以爲養。孔子辭而不受，入謂弟子曰：“吾聞君子當功受賞。今吾言於齊君，君未之有行而賜吾邑，其不知丘亦甚矣。”於是遂行。

孔子見齊景公，景公致廩丘以爲養。孔子辭不受，入謂弟子曰：“吾聞君子當功以受禄。今説景公，景公未之行而賜之廩丘，其不知丘亦甚矣。”令弟子趣駕而行。① 孔子，布衣也，官在魯司寇，萬乘難與比行，三王之佐不顯焉，取舍不苟也夫。《吕氏春秋・離俗覽・高義》

孔子見齊景公，景公致廩丘以爲養。孔子辭不受，出謂弟子曰：“吾聞君子當功以受禄。今説景公，景公未之行而賜我廩丘，其不知丘亦甚矣。”遂辭而行。《説苑・

① “而”上，明本《吕氏春秋》有“辭”字。

立節》篇

孔子在齊，舍於外館，景公造焉。賓主之辭既接，而左右白曰："周使適至，言先王廟災。"景公覆問災何王之廟也。[1]孔子曰："此必釐王之廟。"公曰："何以知之？"孔子曰："《詩》云：'皇皇上天，其命不忒。'天之以善，必報其德，禍亦如之。夫釐王變文武之制，而作玄黄華麗之飾，宫室崇峻，輿馬奢侈，而弗可振也，故天殃所宜加其廟焉。以是占之爲然。"公曰："天何不殃其身，而加罰其廟也？"孔子曰："蓋以文武故也。若殃其身，則文武之嗣，無乃殄乎？故當殃其廟，以彰其過。"俄頃，左右報曰："所災者，釐王廟也。"景公驚起，再拜曰："善哉！聖人之智，過人遠矣。"

孔子與齊景公坐，左右白曰："周使來言周廟燔。"齊景公出問曰："何廟也？"孔子曰："是釐王廟也。"景公曰："何以知之？"孔子曰："《詩》云：'皇皇上帝，其命不忒。'天之與人，必報有德，禍亦如之。夫釐王變文武之制，而作玄黄宫室，輿馬奢侈，不可振也，故天殃其廟。是以知之。"景公曰："天何不殃其身？"曰："天以文王之故也。若殃其身，文王之祀，無乃絶乎？故殃其廟以章其過也。"左右入報曰："周釐王廟也。"景公大驚，起，再拜曰："善哉！聖人之智，豈不大乎！"《説苑·權謀》篇

子夏三年之喪畢，見於孔子。孔子與之琴，[2]使之弦。

---

① "覆"，覆寬永本《家語》作"復"。

② "孔子"，明覆宋本《家語》作"子曰"，則此處當標點作："子曰：'與之琴。'"

侃侃而樂，作而曰：“先王制禮，不敢不及。”子曰：“君子也。”閔子三年之喪畢，見於孔子。孔子與之琴，使之弦。切切而悲，作而曰：“先王制禮，弗敢過也。”子曰“君子也。”子貢曰：“閔子哀未盡，夫子曰：‘君子也。’子夏哀已盡，又曰：‘君子也。’二者殊情，而俱曰君子。賜也惑，敢問之。”孔子曰：“閔子哀未忘，能斷之以禮。子夏哀已忘，[1]能引之及禮。雖均之君子，不亦可乎？”

子夏三年之喪畢，見於夫子。援琴而弦，衎衎而樂，作而曰：“先王制禮，不敢不及。”夫子曰：“君子也。”閔子騫三年之喪畢，見於夫子。弦琴而絃，切切而哀，作而曰：“先王制禮，不敢過也。”夫子曰：“君子也。”子路曰：“敢問何謂也？”夫子曰：“子夏哀已盡，能引而致之於禮，故曰君子也。閔子騫哀未盡，能自割以禮，故曰君子也。夫三年之喪，賢者之所輕，不肖者之所勉。”《詩·素冠·毛傳》

子夏既除喪而見，予之琴，和之而不和，彈之而不成聲，作而曰：“哀未忘也。先王制禮，而弗敢過也。”子張既除喪而見，予之琴，和之而和，彈之而成聲，作而曰：“先王制禮，不敢不至焉。”《禮記·檀弓上》

子夏三年之喪畢，見於孔子。孔子與之琴，使之弦。援琴而弦，衎衎而樂，作而曰：“先王制禮，不敢不及也。”子曰：“君子也。”閔子騫三年之喪畢，見於孔子。孔子與之琴，使之弦。援琴而弦，切切而哀，[2]作而曰：“先王制

---

① “忘”，覆寬永本、明覆宋本《家語》作“盡”。
② “哀”，大德本《説苑》作“悲”。

禮,不敢過也。”孔子曰:“君子也。”子貢問曰:“閔子哀不盡,子曰:‘君子也。’子夏哀已盡,子曰:‘君子也。’賜也惑,敢問何謂?”孔子曰:“閔子哀未盡,能斷之以禮,故曰君子也。子夏哀已盡,能引而致之,故曰君子也。夫三年之喪,固優者之所屈,劣者之所勉。”《説苑·修文》篇

孔子曰:“無體之禮,敬也;無服之喪,哀也;無聲之樂,歡也;不言而信,不動而威,不施而仁,志。[①] 夫鐘之音,怒而擊之則武,憂而擊之則悲。其志變者,聲亦隨之。故志誠感之,通於金石,而況人乎?”

孔子曰:“無體之禮,敬也;無服之喪,憂也;無聲之樂,歡也;不言而信,不動而威,不施而仁,志也。鐘鼓之聲,怒而擊之則武,憂而擊之則悲,喜而擊之則樂。其志變,其聲亦變。其志誠,通乎金石,而況人乎?《説苑·修文》篇

鐘鼓之聲,怒而擊之則武,憂而擊之則悲,喜而擊之則樂。其意變,其音亦變。意誠感之,達於金石,而況於人乎?《尸子》,《太平御覽》引

孔子見羅雀者,所得皆黄口小雀。夫子問之曰:“大雀獨不得,何也?”羅者曰:“大雀善驚而難得,黄口貪食而易得。黄口從大雀則不得,大雀從黄口亦可得。”孔子顧謂弟子曰:“善驚以遠害,利食而忘患,自其心矣,而以所從爲禍福,[②]故

---

① “志”下,疑脱“也”字。
② “以”上,覆寬永本《家語》有“獨”字。

君子慎其所從。以長者之慮,則有全身之階;隨小人之戇,而有危亡之敗也。”

孔子見羅者,其所得者皆黄口也。孔子曰:“黄口盡得,大雀獨不得,何也?”羅者對曰:“黄口從大爵者不得,大爵從黄口者可得。”孔子顧謂弟子曰:“君子慎所從。不得其人,則有羅網之患。”《説苑·敬慎》篇

孔子讀《易》,至於《損》、《益》,喟然而嘆。子夏避席問曰:“夫子何嘆焉?”孔子曰:“夫自損者必有益之,自益者必有決之。吾是以嘆也。”子夏曰:“然則學者不可以益乎?”子曰:“非道益之謂也。道彌益而身彌損。夫學者損其自多,以虚受人,故能成其滿博哉。天道成而必變,凡持滿而能久者,未嘗有也。故曰:‘自賢者,天下之善言不得聞於耳矣。’昔堯治天下之位,猶允恭以持之,克讓以接下,是以千歲而益盛,迄今而逾彰。夏桀、昆吾自滿而極,①亢意而不節,斬刈黎民,如草芥焉,天下討之,如誅匹夫,是以千載而惡著,迄今而不滅。② 觀此,如行,則讓長不疾先;③如在輿,遇三人則下之,遇二人則式之,調其盈虚,不令自滿,所以能久也。”子夏曰:“商請志之,而終身奉行焉。”

孔子讀《易》,至於《損》、《益》,則喟然而嘆。子夏避席而問曰:“夫子何爲嘆焉?”孔子曰:“夫自損者益,自益者缺,吾是以嘆也。”子夏曰:“然則學者不可以益乎?”孔

① “極”上,覆寬永本《家語》有“無”字。

② “滅”下,覆寬永本《家語》有“滿也”二字,則此處當標點作:“迄今而不滅,滿也。”

③ “觀此,如行,則讓長不疾先”,覆寬永本《家語》無此十字。

子曰："否。天之道，成者未嘗得久也。夫學者以虛受人，[1]故曰得。苟不知持滿，則天下之善言不得入其耳矣。昔堯履天子之位，猶允恭以持之，虛静以待下，故百載以逾盛，迄今而益彰。昆吾自臧而滿意，窮高而不衰，故當時而虧敗，迄今而逾惡。是非損益之徵與？吾故曰：謙也者，致恭以存其位者也。夫豐明而動，故能大。苟大則虧矣。吾戒之，故曰：天下之善言不得入其耳矣。日中則昃，月盈則食，天地盈虛，與時消息。是以聖人不敢當盛，升輿而遇，三人則下，二人則軾，調其盈虛，故能長久也。"子夏曰："善，請終身誦之。"《説苑·敬慎》篇

子路問於孔子曰："請釋古之道，而行由之意，可乎？"子曰："不可。昔東夷之子慕諸夏之禮，有女而寡，爲内私婿，終身不嫁。不嫁則不嫁矣，亦非清節之義也。蒼梧嬈娶妻而美，讓於其兄。讓則讓矣，然非禮之讓矣。不慎其初，而悔其後，何嗟及矣。今汝欲舍古之道，行子之意，庸知子意不以是爲非，以非爲是乎？後雖欲悔，難哉！"

子路問於孔子曰："請釋古之學，而行由之意，可乎？"孔子曰："不可。昔者東夷慕諸夏之義，有女，其夫死，爲之内私婿，終身不嫁。不嫁則不嫁矣，然非貞節之義也。蒼梧之弟，娶妻而美好，請與兄易。忠則忠矣，然非禮也。今子欲釋古之學，[2]而行子之意，庸知子用非爲是，用是爲非乎？不順其初，雖欲悔之，難哉！"《説苑·

---

① "人"，大德本《説苑》作"之"。
② "古"，原作"子"，據大德本《説苑》改。

建本》篇

曾子耘瓜，誤斬其根。曾晳怒，建大杖以擊其背。曾子仆地而不知人久之，有頃乃蘇。欣然而起，進於曾晳曰："向也參得罪於大人，大人用力教參，得無疾乎？"退而就房，援琴而歌，欲令曾晳而聞之，知其體康也。孔子聞之而怒，告門弟子曰："參來勿内。"曾晳自以爲無罪，①使人請於孔子，子曰："汝不聞乎？昔瞽瞍有子曰舜，舜之事瞽瞍，欲使之，未嘗不在於側；索而殺之，未嘗可得。小棰則待過，大杖則逃走，故瞽瞍不犯不父之罪，而舜不失烝烝之孝。今參事父，委身以待暴怒，殪而不避。既身死而陷父於不義，其不孝孰大焉？汝非天子之民也？殺天子之民，其罪奚若？"曾參聞之曰："參罪大矣。"遂造孔子而謝過。

曾子有過，曾晳引杖擊之，仆地，有間。及蘇，起曰："先生得無病乎？"魯人賢曾子，以告夫子。夫子告門人："參，來，汝不聞昔者舜爲人子乎？小棰則待，笞大杖則逃走。索而使之，未嘗不在側；索而殺之，未嘗可得。今汝委身以待暴怒，拱立不去。非王者之民？其罪何如？"《詩》曰："優哉柔哉，亦是戾矣。"又曰："載色載笑，匪怒伊教。"《韓詩外傳八》

曾子耘瓜，而誤斬其根。曾晳怒，援大杖擊之。曾子仆地。有頃，蘇，蹶然而起，進曰："曩者參得罪於大人，大人用力教參，得無疾乎？"退屏鼓琴而歌，欲令曾晳聽其歌聲，令知其平也。孔子聞之，告門人曰："參來勿

① "晳"，據文義當作"參"。

也?”期對曰:“吾樂甚多,而至者三。天生萬物,唯人爲貴,吾既得爲人,是一樂也。男女之别,男尊女卑,故人以男爲貴,吾既得爲男,是二樂也。人生有不見日月,不免襁褓者,吾既以行年九十五矣,是三樂也。貧者,士之常;死者,人之終。處常得終,當何憂哉?”孔子曰:“善哉!能自寬者也。”

孔子游於泰山,見榮啓期,行乎郕之野,鹿裘帶索,鼓琴而歌。孔子問曰:“先生所以樂,何也?”對曰:“吾樂甚多。天生萬物,唯人爲貴,而吾得爲人,是一樂也。男女之别,男尊女卑,故以男爲貴,吾既得爲男矣,是二樂也。人生有不見日月,不免襁褓者,吾既已行年九十五矣,[1]是三樂也。貧者,士之常也;死者,人之終也。處常得終,當何憂哉?”孔子曰:“善哉!能自寬者也。”《列子·天瑞》篇

孔子見榮啓期,衣鹿皮裘,鼓瑟而歌。孔子問曰:“先生何樂也?”對曰:“吾樂甚多。天地生物,唯人爲貴,吾既已得爲人,是一樂也。人以男爲貴,吾既已得爲男,是二樂也。人生不免襁褓,吾年已九十五,是三樂也。夫貧者士之常也,死者民之終也,處常待終,當何憂乎?”《説苑·雜言》篇

孔子曰:“回有君子之道四焉:強於行義,弱於受諫,怵於待禄,王注:“待”,宜爲“得”。[2] 慎於治身。史鰌有男子之道三焉:不仕而敬上,不祀而敬鬼,直己而曲人。”[3]曾子侍曰:“參

① “五”,浙局本《列子》無此字。
② “得”,覆寬永本《家語》作“持”。
③ “人”上,覆寬永本《家語》有“於”字。

昔常聞夫子之三言，而未之能行也。夫子見人之一善，而忘其百非，是夫子之易事也；見人之有善，若已有之，是夫子之不爭也；聞善必躬行之，然後導之，是夫子之能勞也。學夫子之三言而未能行，以自知終不及二子者也。”

孔子曰：“回，若有君子之道四：強於行已，弱於受諫，怵於待禄，慎於持身。”《説苑·雜言》篇

孔子曰：“史鰌有君子之道三：不仕而敬上，不祀而敬鬼，直能曲於人。同上

曾子曰：“吾聞夫子之三言，未之能行也。夫子見人之一善而忘其百非，是夫子之易事也；夫子見人有善，若己有之，是夫子之不爭也；聞善必躬親行之，然後道之，是夫子之能勞也。夫子之能勞也，夫子之不爭也，夫子之易事也，吾學夫子之三言而未能行。同上

孔子曰：“吾死之後，則商也日益，賜也日損。”曾子曰：“何謂也？”子曰：“商也好與賢已者處，賜也好説不若已者。① 不知其子視其父，不知其人視其友，不知其君視其所使，不知其地視其草木。故曰：與善人居，如入芝蘭之室，久而不聞其香，即與之化矣；與不善人居，如入鮑魚之肆，久而不聞其臭，亦與之化矣。丹之所藏者赤，漆之所藏者黑。是以君子必慎其所與處者焉。”

孔子曰：“丘死之後，商也日益，賜也日損。商也好與賢已者處，賜也好説不如已者。”《説苑·雜言》篇

孔子曰：“不知其子，視其所友。不知其君，視其所

---

① “者”下，覆寬永本《家語》有“處”字。

使。"又曰:"與善人居,如入蘭芷之室,久而不聞其香,則與之化矣;與惡人居,如入鮑魚之肆,久而不聞其臭,亦與之化矣。故曰:丹之所藏者赤,烏之所藏者黑。君子慎所藏。"同上

曾子從孔子之齊,齊景公以下卿之禮聘曾子,曾子固辭。將行,晏子送之,曰:"吾聞之,君子遺人以財,不若善言。今夫蘭本三年,[①]湛之以鹿酭,既成噉之,則易之匹馬。非蘭之本性也,所以湛者善矣。願子詳其所湛者。夫君子居必擇處,游必擇方,仕必擇君。擇君所以求仕,擇方所以修道。遷風移俗者,嗜欲移性,可不慎乎?"孔子聞之,曰:"晏子之言,君子哉！依賢者固不困,依富者固不窮。馬蚿斬足而復行,何也?以其輔之者衆。"

曾子將行,晏子送之曰:"君子贈人以軒,不若以言。吾請以言之,以軒乎?"曾子曰:"請以言。"晏子曰:"今夫車輪,山之直木也,良匠揉之,其圓中規,雖有槁暴,不復嬴矣,故君子慎隱揉。和氏之璧,井里之困也,良工修之,則爲存國之寶,故君子慎所修。今夫蘭本,三年而成,湛之苦酒,則君子不近,庶人不佩;湛之麋醢,而賈匹馬矣。非蘭本美也,所湛然也。願子之必求所湛。嬰聞之,君子居必擇鄰,[②]游必就士。擇居所以求士,求士所以辟患也。嬰聞汩常移質,習俗移性,不可不慎也。"《晏子春秋·内篇·雜上》

---

① "本"上,覆寬永本《家語》有"之"字。
② "鄰",活字本《晏子春秋》作"居"。

曾子行，晏子從於郊，曰："嬰聞之，君子贈人以言，庶人贈人以財。嬰貧無財，請假於君子，贈吾子以言。乘輿之輪，大山之木也，示諸檃栝，楊注：示，讀爲寘。檃栝，矯煣木之器也。三月五月，爲幬菜，楊注：菜，讀爲菑，謂轂與輻也。敝而不反其常。君子之檃栝，不可不謹也。慎之！蘭茝稿本，漸於蜜醴，一佩易之。正君漸於香酒，可讒而得也。君子之所漸，不可不慎也。"《荀子・大略》篇

曾子從孔子於齊，齊景公以下卿禮聘曾子，曾子固辭。將行，晏子送之，曰："吾聞君子贈人以財，不若以言。今夫蘭本三年，湛之以鹿醢，既成則易以匹馬，非蘭本美也。願子詳其所湛。既得所湛，益求所湛。吾聞君子居必擇處，游必擇士。居必擇處，所以求士也；游必擇士，所以修道也。吾聞反常移性者，欲也，故不可不慎也。"《説苑・雜言》篇

孔子曰："依賢固不困，依富固不窮。馬趼折而復行者何？以輔足衆也。"同上

孔子曰："以富貴而下人，何人不尊？以富貴而愛人，何人不親？發言不逆，可謂知言矣。言而衆向之，可謂知時矣。是故以富而能富人者，欲貧不可得也；以貴而能貴人者，欲賤不可得也；以達而能達人者，欲窮不可得也。"

孔子曰："以富貴爲人下者，何人不與？以富貴敬愛人者，何人不親？衆言不逆，可謂知言矣。衆向之，可謂知時矣。"《説苑・雜言》篇

孔子曰："夫富而能富人者，欲貧而不可得也；貴而

能貴人者，欲賤而不可得也；達而能達人者，欲窮而不可得也。”同上

孔子曰：“中人之情也，有餘則侈，不足則儉，無禁則淫，無度則逸，從欲則敗。是故鞭朴之子，不從父之教；刑戮之民，不從君之令。此言疾之難忍，急之難行也。故君子不急斷，不急制，使飲食有量，衣服有節，宫室有度，畜積有數，車器有限，所以防亂之原也。夫度量不可不明，是中人所由之令。”

孔子曰：“中人之情，有餘則侈，不足則儉，無禁則淫，無度則失，縱欲則敗。飲食有量，衣服有節，宫室有度，畜聚有數，車器有限，以防亂之源也。故夫度量不可不明也，善欲不可不聽也。”《説苑·雜言》篇

孔子曰：“鞭朴之子，不從父之教；刑戮之民，不從君之政。言急之難行。故君子不急斷，不意使，以爲亂源。”同上

孔子曰：“巧而好度必攻，勇而好問必勝，智而好謀必成。以愚者反之。是以非其人，告之弗聽；非其地，樹之弗生。得其人，如聚砂而雨之；非其人，如會聾而鼓之。夫處重擅寵，專事妒賢，愚者之情也。位高則危，任重則崩，可立而待。”

孔子曰：“巧而好度必節，勇而好同必勝，知而好謙必賢。”此之謂也。愚者反是。處重擅權，則好專事而妒賢能，抑有功而擠有罪，志驕盈而輕舊怨，以吝嗇而不行施，道乎上爲重，招權於下以妨害人。雖欲無危，得乎哉？是以位尊則必危，任重則必廢，擅寵則必辱，可立而

待也，可炊而僓也。楊注：炊，與吹同。“僓”，當爲“僵”。是何也？則墮之者衆，而持之者寡矣。《荀子·仲尼》篇

孔子曰：“巧而好度必工，勇而好同必勝，知而好謀必成。愚者反是。夫處重擅寵，專事妒賢，愚者之情也。志驕傲而輕舊怨，是以位尊則必危，任重則必崩，擅寵則必辱。”《説苑·雜言》篇

仲尼曰：“非其地而樹之，不生也；非其人而語之，弗聽也。得其人，如聚沙而雨之；非其人，如會聾而鼓之。①同上

齊高庭問於孔子曰②：“庭不曠山，不直地，王注：“直”，宜爲“植”。衣穰而提贄，積氣以問事君子之道，③願夫子告之。”孔子曰：“貞以幹之，敬以輔之，施仁無倦。見君子則舉之，見小人則退之。去汝惡心，而忠與之。效其行，修其禮，千里之外，親如兄弟。行不效，禮不修，則對門不汝通矣。夫終日言，不遺己之憂，終日行，不遺己之患，唯智者能之。故自修者，必恐懼以除患，恭儉以避難者也。終身爲善，一言則敗之，可不慎乎？”

齊高廷問於孔子曰：“廷不曠山，不直地，衣蓑提贄，精氣以問事君之道，願夫子告之。”孔子曰：“貞以幹之，敬以輔之，待人無倦。見君子則舉之，見小人則退之。

---

① “會”，大德本《説苑》作“聚”。

② “齊”上，覆寬永本《家語》有“孔子曰：‘舟非水不行，水入舟則没。君非民不治，民犯上則傾。是故君子不可不嚴也，小人不可不整。’”一段，共三十八字。明覆宋本《家語》同，略異，末句作“小人不可不整一也”。

③ “積”，覆寬永本、明覆宋本《家語》作“精”。

去爾惡心，而忠與之。敏其行，修其禮，千里之外，親如兄弟。若行不敏，禮不合，對門不通矣。"《説苑・雜言》篇

孔子曰："終日言，不遺己之憂，終日行，不遺己之患，唯智者有之。故恐懼所以除患也，恭敬所以越難也。終身爲之，一言敗之，可不慎乎？"同上

辯物第十六

季桓子穿井，獲如土缶，①其中有羊焉。使使問於孔子曰："吾穿井於費，而於井中得一狗，何也？"孔子曰："丘之所聞者，羊也。丘聞之，木石之怪夔、蝄蜽，水之怪龍、罔象，土之怪羵羊也。"

季桓子穿井，獲如土缶，其中有羊焉。使問之仲尼曰："吾穿井而獲狗，何也？"對曰："以丘之所聞，羊也。丘聞之，木石之怪曰夔、蝄蜽，水之怪曰龍、罔象，土之怪曰墳羊。"《國語》

季桓子穿井，得土缶，中有羊。以問孔子，言得狗。孔子曰："以吾所聞，非狗，乃羊也。木之怪夔、罔兩，水之怪龍、罔象，土之怪羵羊也。非狗也。"桓子曰："善哉！"《説苑・辨物》篇

鲁哀公穿井，得一玉羊焉。孔子見之曰："水之精为玉，土之精为羊。此羊得之井中，在水土之際，其身玉，其肝土也。"公使杀視之，果然。《韓詩外傳》佚文，見《緯略》

① "土"，明覆宋本《家語》作"玉"。

吴伐越,墮會稽,獲巨骨一節,專車焉。吴子使來聘於魯,且問之孔子,命使者曰:“無以吾命也。”賓既將事,乃發幣於大夫,及孔子,孔子爵之。既徹俎而燕客,執骨而問曰:“敢問骨何如爲大?”孔子曰:“丘聞之,昔禹致群臣於會稽之山,防風氏後至,禹殺而戮之,其骨專車焉。此爲大矣。”客曰:“敢問誰守爲神?”孔子曰:“山川之靈,足以紀綱天下者,其守爲神,諸侯社稷之守爲公侯,山川之祀者爲諸侯,皆屬於王。”客曰:“防風氏何守?”①孔子曰:“汪芒氏之君,守封嵎者也,爲漆姓。在虞、夏爲防風氏,②商爲汪芒氏,於周爲長翟氏,今曰大人。”客曰③:“人長之極幾何?”孔子曰:“焦僥氏長三尺,短之至也。長者不過十,數之極也。”

吴伐越,墮會稽,獲骨焉,節專車。吴子使來好聘,且問之仲尼,曰:“無以吾命。”賓發幣於大夫,及仲尼,仲尼爵之。既徹俎而宴,客執骨而問曰:“敢問骨何爲大?”仲尼曰:“丘聞之,昔禹致群神於會稽之山,防風氏後至,禹殺而戮之,其骨節專車。此爲大矣。”客曰:“敢問誰守爲神?”仲尼曰:“山川之靈足以紀綱天下者,其守爲神,社稷之守爲公侯,皆屬于王者。”客曰:“防風氏何守也?”仲尼曰:“汪芒氏之君也,守封嵎之山者也,爲漆姓。在虞、夏、商爲汪芒氏,於周爲長翟,今爲大人。”客曰:“人長之極幾何?”仲尼曰:“焦僥氏長三尺,短之至也。長者不過十之,數之極也。”《國語》

---

① “氏”,覆寬永本、明覆宋本《家語》無此字。

② “爲防風氏”,覆寬永本、明覆宋本《家語》無此四字。則此處當標點作“在虞、夏、商爲汪芒氏”。

③ “客”上,覆寬永本、明覆宋本《家語》有“有”字。

孔子在陳，陳惠公賓之於上館。時有隼集于陳侯之庭而死，楛矢貫之，石砮，其長尺有咫。惠公使人持隼如孔子館而問焉，孔子曰："隼之來遠矣，此肅慎氏之矢。昔武王克商，通道於九夷八蠻，[1]使各以其方賄來貢，而無忘職業，於是肅慎氏貢楛矢石砮，其長尺有咫。先王欲昭其令德之致遠物也，以示後人，使永鑑焉，故銘其栝曰：'肅慎氏貢楛矢。'以分大姬，配胡公，而封諸陳。古者分同姓以珍玉，所以展親親也；分異姓以遠方之職貢，所以無忘服也，故分陳以肅慎氏貢焉。君若使有司求諸故府，其可得也。"公使人求，得之金牘，如之。

仲尼在陳，有隼集於陳侯之庭而死，楛矢貫之石砮，其長尺有咫。陳惠公使人以隼如仲尼之館問之，仲尼曰："隼之來也遠矣，此肅慎氏之矢也。昔武王克商，通道於九夷百蠻，使各以其方賄來貢，使無忘職業，於是肅慎氏貢楛矢石砮，其長尺有咫。先王欲昭其令德之致遠也，以示後人，使永鑑焉，故銘其栝曰：'肅慎氏之貢矢。'以分大姬，配虞胡公，而封諸陳。古者分同姓以珍玉，展親也；分異姓以遠方之職貢，使無忘服也，故分陳以肅慎氏之貢。君若使有司求諸故府，其可得也。"使求，得之金櫝，如之。《國語》

郯子朝魯，魯人問曰："少昊氏以鳥名官，何也？"對曰："吾祖也，我知之。昔黄帝以雲紀官，故爲雲師而雲名。炎帝以火，共工以水，大昊以龍，其義一也。我高祖，少昊摯之立

① "八"，嘉慶本《疏證》、覆寬永本《家語》作"百"。

"趙氏其世有亂乎?"子路曰:"權不在焉,其能爲亂?"孔子曰:"非汝所知。夫陽虎親富而不親仁,有寵於季孫,又將殺之。不剋而奔,求容于齊,齊人囚之,乃亡歸晋。是齊、魯二國已去其疾。趙簡子好利而多信,必溺其説而從其謀。禍敗所終,非一世可知也。"

定公九年,夏,陽虎奔齊,請師以伐魯,齊侯將許之。鮑文子諫曰:"夫陽虎有寵於季氏,而將殺季孫,以不利魯國,而求容焉。親富不親仁,君焉用之?君富於季氏,而大於魯國,兹陽虎所欲傾覆也。魯免其疾,而君又收之,無乃害乎?"齊侯執陽虎。奔宋,遂奔晋,適趙氏。仲尼曰:"趙氏其世有亂乎?"《春秋傳》

季康子問於孔子曰:"今周十二月,夏之十月,而猶有螽,何也?"孔子對曰:"丘聞之,火伏而後蟄者畢。今火猶西流,司曆過也。"季康子曰:"所失者,幾月也?"孔子曰:"於夏十月,火既没矣。今火見,再失閏也。"

哀公十二年,冬,十二月,螽。季孫問諸仲尼,仲尼曰:"丘聞之,火伏而後蟄者畢。今火猶西流,司曆過也。"《春秋傳》

吴王夫差將與哀公見晋侯,子服景伯對使者曰:"王合諸侯,則伯率侯牧以見於王。伯合諸侯,則侯率子男以見於伯。今諸侯會,而君與寡君見晋君,則晋成爲伯也。且執事以伯召諸侯,而以侯終之,何利之有焉?"吴人乃止。既而悔之,遂囚景伯。伯謂太宰嚭曰:"魯將以十月上辛,有事於上帝先王,季辛而畢,何也?世有職焉,自襄以來,未之改也。若其不會，則祝宗將曰：'吴實然。'"嚭言於夫差，歸之。子貢聞之，見於孔子曰："子服氏之子拙於説矣。以實獲囚，以詐得免。"孔子曰："吴子爲夷，德可欺而不可以實。是聽者之蔽，非説者之拙也。"

哀公十三年，夏，公會單平公、晋定公、吴夫差於黄池。秋七月，盟。吴人將以公見晋侯，子服景伯對使者曰："王合諸侯，則伯帥侯牧以見於王。伯合諸侯，則侯帥子男以見於伯。自王以下，朝聘玉帛不同。故敝邑之職貢於王，[1]有豐於晋，無不及焉，以爲伯也。今諸侯會，而君將以寡君見晋君，則晋成爲伯矣，敝邑將改職貢。魯賦於吴八百乘，若爲子男，則將半邾以屬於吴，而如邾以事晋。且執事以伯召諸侯，而以侯終之，何利之有焉？"吴人乃止。既而悔之，將囚景伯，景伯曰："何也？立後於魯矣。將以二乘與六人從，遲速唯命。"遂囚以還。及户牖，謂太宰曰："魯將以十月上辛，有事於上帝先王，季辛而畢。何？世有職焉，自襄以來，未之改也。若不會，祝宗將曰：'吴實然。'且謂魯不共，而執其賤者七人，何損焉？"太宰嚭言於王曰："無損於魯，而秖爲名，不如歸之。"乃歸景伯。《春秋傳》

叔孫氏之車士曰子鉏商，采薪于大野，獲麟焉，折其前左足，載以歸。叔孫以爲不祥，棄之於郭外，使人告孔子曰："有麕而角者，何也？"孔子往觀之，曰："麟也。胡爲來哉！"反袂拭面，涕泣沾襟。叔孫聞之，然後取之。子貢問曰："夫子何

① "王"，蔣刻本《春秋經傳集解》作"吴"。

泣爾?”孔子曰:“麟之至,爲明王也。出非其時而見害,吾是以傷焉。”

哀公十四年,春,西狩於大野,叔孫氏之車子鉏商獲麟,以爲不祥,以賜虞人。仲尼觀之,曰:“麟也。”然後取之。《春秋傳》

麟者,仁獸也。有王者則至,無王者則不至。有以告者曰:“有麏而角者。”①孔子曰:“孰爲來哉!孰爲來哉!”反袂拭面,涕泣沾袍。②顏淵死,子曰:“噫!天喪予。”子路死,子曰:“噫!天祝予。”西狩獲麟,孔子曰:“吾道窮矣。”《春秋公羊傳》

叔孫氏之車子曰鉏商,樵於野而獲獸焉。衆莫之識,以爲不祥,棄之五父之衢。冉有告夫子曰:“麏身而肉角,③豈天之妖乎?”夫子曰:“今何在?吾將觀焉。”遂往,謂其御高柴曰:“若求之言,其必麟乎?”到視之,果信。言偃問曰:“飛者宗鳳,走者宗麟,爲其難致也。敢問今見,其誰應之?”子曰:“天子布德,將致太平,則麟、鳳、龜、龍先爲之祥。今宗周將滅,④天下無主,孰爲來哉!”遂泣曰:“予之於人,猶麟之於獸也。麟出而死,吾道窮矣。”乃歌曰:“唐虞世兮麟鳳游,⑤今非其時吾何求?麟兮麟兮我心憂。”《孔叢子·記問》

---

① “麏”,宋本《春秋公羊傳解詁》作“麕”。
② “泣”,宋本《春秋公羊傳解詁》無此字。
③ “麏”,《百子全書》本《孔叢子》作“麕”。
④ “周”,原作“廟”,據嘉慶本《疏證》、《百子全書》本《孔叢子》改。
⑤ “兮”,原作“分”,據《百子全書》本《孔叢子》改。

道以仁。仁者,人也,親親爲大。義者,宜也,尊賢爲大。親親之殺,尊賢之等,禮所生也。故君子不可以不修身,思修身不可以不事親,思事親不可以不知人,思知人不可以不知天。天下之達道五,所以行之者三。曰君臣也,父子也,夫婦也,昆弟也,朋友之交也,五者,天下之達道也。知、仁、勇三者,天下之達德也。所以行之者一也。或生而知之,或學而知之,或困而知之,及其知之,一也。或安而行之,或利而行之,或勉強而行之,及其成功,一也。"子曰:"好學近乎知,力行近乎仁,知恥近乎勇。知斯三者,則知所以修身。知所以修身,則知所以治人。知所以治人,則知所以治天下國家矣。凡爲天下國家有九經,曰修身也,尊賢也,親親也,敬大臣也,體群臣也,子庶民也,來百工也,柔遠人也,懷諸侯也。修身則道立,尊賢則不惑,親親則諸父、昆弟不怨,敬大臣則不眩,體群臣則士之報禮重,子庶民則百姓勸,來百工則財用足,柔遠人則四方歸之,懷諸侯則天下畏之。齊明盛服,非禮不動,所以修身也。去讒遠色,賤貨而貴德,所以勸賢也。尊其位,重其禄,同其好惡,所以勸親親也。官盛任使,所以勸大臣也。忠信重禄,所以勸士也。時使薄斂,所以勸百姓也。日省月試,既廩稱事,所以勸百工也。送往迎來,嘉善而矜不能,所以柔遠人也。繼絶世,舉廢國,治亂持危,朝聘以時,厚往而薄來,所以懷諸侯也。凡爲天下國家有九經,所以行之者,一也。凡事豫則立,不豫則廢。言前定則不跲,事前定則不困,行前定則不疚,道前定則不窮。在下位不獲乎上,民不可得而治矣。獲乎上有道,不信乎朋友,不獲乎上矣。信乎朋友有道，不順乎親，不信乎朋友矣。順乎親有道，反諸身不誠，不順乎親矣。誠身有道，不明乎善，不誠乎身矣。誠者，天之道也。誠之者，人之道也。誠者不勉而中，不思而得，從容中道，聖人也。誠之者，擇善而固執之者也。博學之，審問之，慎思之，明辨之，篤行之。有弗學，學之弗能弗措也。有弗問，問之弗知弗措也。有弗思，思之弗得弗措也。有弗辨，辨之弗明弗措也。有弗行，行之弗篤弗措也。人一能之，己百之。人十能之，己千之。果能此道矣，雖愚必明，雖柔必強。"《禮記·中庸》

宰我問於孔子曰："吾聞鬼神之名，而不知所謂，敢問焉。"孔子曰："人生有氣有魄。氣者，神之盛也。[1] 魄者，鬼之盛也。夫生必死，死必歸土，此謂鬼。魂氣歸天，此謂神。合鬼與神而享之，教之至也。骨肉弊於下，[2]化爲野土，其氣發揚於上者，此神之著也。聖人因物之精，制爲之極，明命鬼神，以爲民之則。而猶以是爲未足也，故築爲宫室，設爲宗祧，春秋祭祀，以别親疏，教民反古復始，不敢忘其所由生也。衆人服自此，聽且速焉。教以二端，二端既立，報以二禮。建設朝事，燔燎膻薌，所以報氣也。薦黍稷，羞肺肝，加以鬱鬯，所以報魄也。此教民修本，反始崇愛，[3]上下用情，禮之至

① "神"，原作"人"，據覆寬永本《家語》改。
② "弊"，覆寬永本《家語》作"斃"。
③ "始"上，覆寬永本《家語》有"古復"二字，則此處當標點作"反古復始，崇愛"。

卷五[1]

顔回第十八

魯定公問于顔回曰："子亦聞東野畢之善御乎？"[2]對曰："善則善矣，雖然，其馬將必佚。"定公色不悦，謂左右曰："君子固有誣人也。"顔回退後三日，牧來訴之曰："東野畢之馬佚，兩驂曳兩服入于厩。"[3]公聞之，越席而起，駕召顔回。回至，公曰："前日寡人問吾子以東野畢之御，[4]而子曰：'善則善矣，其馬將佚。'不識吾子奚以知之？"顔回對曰："以政知之。昔者帝舜巧于使民，造父巧于使馬。舜不窮其民力，造父不窮其馬力，是以舜無佚民，造父無佚馬。今東野畢之御也，升馬執轡，銜體正矣；步驟馳騁，朝禮畢矣；歷險致遠，馬力盡矣，然而猶乃求馬不已，臣以此知之。"公曰："善，誠若吾子之言也。吾子之言，其義大矣，願少進乎？"顔回曰："臣聞之，鳥窮則啄，獸窮則攫，人窮則詐，馬窮則佚。自古及今，未

---

① "五"上，原有"之"字，其他卷皆無，爲統一體例，删去。嘉慶本《家語疏證》諸卷悉作"孔子家語疏證卷之某"，與此卷體例相同。

② "畢之善"，原誤倒爲"之善畢"，據覆寬永本、明覆宋本《家語》乙正。

③ "厩"，原作"廐"，據嘉慶本改。

④ "御"上，覆寬永本《家語》有"善"字。

有窮其下而能無危者也。”公悦,遂以告孔子,孔子對曰:“夫其所以爲顔回者,此之類也。豈足多哉?”

東野稷以御見莊公,進退中繩,左右旋中規。莊公以爲文弗過也,使之鉤百而反。顔闔遇之,入見曰:“稷之馬將敗。”公密而不應。少焉,果敗而反。公曰:“子何以知之?”曰:“其馬力竭矣,而猶求焉,故曰敗。”《莊子·達生》篇

定公問于顔淵曰:“東野子之善馭乎?”顔淵對曰:“善則善矣,雖然,其馬將失。”楊注:失,讀爲逸。定公不悦,入謂左右曰:“君子固讒人乎?”三日而校來謁,曰:“東野畢之馬失。兩驂列,兩服入廐。”定公越席而起曰:“趨駕召顔淵。”楊注:趨,讀爲促。顔淵至,定公曰:“前日寡人問吾子,吾子曰:‘東野畢之馭善則善矣,雖然,其馬將失。’不識吾子何以知之?”顔淵對曰:“臣以政知之。昔舜巧于使民,而造父巧于使馬。舜不窮其民,造父不窮其馬,是舜無失民,造父無失馬也。今東野畢之馭,上車執轡,銜體正矣;步驟馳騁,朝禮畢矣;歷險致遠,馬力盡矣,然猶求馬不已,是以知之也。”定公曰:“善,可得少進乎?”顔淵對曰:“臣聞之,鳥窮則啄,獸窮則攫,人窮則詐。自古及今,未有窮其下而能無危者也。”《荀子·哀公》篇

東野稷以御見莊公,進退中繩,左右旋中規。莊公曰:“善。”以爲造父不過也。使之鉤百而少及焉。顔闔入見,莊公曰:“子遇東野稷乎?”對曰:“然,臣遇之。其馬必敗。”莊公曰:“將何敗?”少頃,東野之馬敗而至。莊公召顔闔而問之曰:“子何以知其敗也?”顔闔對曰:“夫

也。"孔子使人問哭者,哭者曰:"父死家貧,賣子以葬父,[1]將與其别也。"孔子曰:"善哉!聖人也。"《説苑·辨物》篇

顔回問于孔子曰:"成人之行若何?"子曰:"達于情性之理,通于物類之變,知幽明之故,睹游氣之原,若此可謂成人矣。既能成人,而又加之以仁義禮樂,成人之行也。若乃窮神知化,[2]德之盛也。"

顔淵問于仲尼曰:"成人之行若何?"子曰:"成人之行,達乎情性之理,通乎物類之變,知幽明之故,睹游氣之原,若此而可謂成人。既知天道,行躬以仁義,飭身以禮樂。夫仁義禮樂,成人之行也。窮神知化,德之盛也。"《説苑·辨物》篇

顔回問于孔子曰:"臧文仲、武仲孰賢?"孔子曰:"武仲賢哉。"顔回曰:"武仲世稱聖人,而身不免于罪,是智不足稱也;好言兵討,而挫鋭于邾,是智不足名也。夫文仲其身雖殁,而言不朽,惡有未賢?"孔子曰:"身殁言立,所以爲文仲也。然猶有不仁者三,不智者三,是則不及武仲也。"回曰:"可得聞乎?"孔子曰:"下展禽,置六關,妾織蒲,三不仁。設虚器,縱逆祀,祠海鳥,三不智。武仲在齊,齊將有禍,不受其田,以避其難,是智之難也。夫臧武仲之智,而不容于魯,抑有由焉。[3] 作而不順,施而不恕也夫?《夏書》曰:'念兹在兹,順

① "父",大德本《説苑》作"之"。
② "化",覆寬永本、明覆宋本《家語》作"禮"。
③ "由",原作"忠",據嘉慶本《疏證》與覆寬永本、明覆宋本《家語》改。

事恕施。'"

文公二年,秋,八月丁卯,大事于太廟,躋僖公。逆祀也。仲尼曰:"臧文仲,其不仁者三,不知者三。下展禽,廢六關,妾織蒲,三不仁也。作虚器,縱逆祀,祀爰居,三不知也。"《春秋傳》

襄公二十三年,冬,十月乙亥,臧紇斬鹿門之關以出,奔邾。自邾使告臧賈曰:"紇之罪,不及不祀。子以大蔡納請,其可。"臧孫如防,使來告曰:"苟守先祀,無廢二勳,敢不辟邑。"乃立臧爲。臧紇致防而奔齊,齊侯將爲臧紇田。臧孫聞之,見齊侯,與之言伐晋,對曰:"多則多矣,抑君似鼠。夫鼠晝伏夜動,不穴于寢廟,畏人故也。今君聞晋之亂而後作焉,寧將事之,[1]非鼠如何?"乃弗與田。仲尼曰:"知之難也。有臧武仲之知,而不容于魯國,抑有由也。作不順而施不恕也。《夏書》曰:'念兹在兹。'順事恕施也。"同上

顔回問君子,孔子曰:"愛近仁,度近智,爲己不重,爲人不輕,君子也夫。"回曰:"敢問其次。"子曰:"弗學而行,弗思而得,小子勉之。"

仲孫何忌問于顔回曰:"仁者一言,而必有益于仁智,可得聞乎?"回曰:"一言而有益于智,莫如豫。一言而有益于仁,莫如恕。夫知其所不可由,斯知其所由矣。"

顔回問小人。孔子曰:"毁人之善以爲辨,狡訐懷詐以爲智,幸人之有過,恥學而羞不能,小人也。"

---

① "寧",原作"甯",避道光帝諱。下同。

顔回謂子路曰："力猛于德而得其死者，鮮矣。盍慎諸焉。"孔子謂顔回曰："人莫不知此道之美，而莫之御也，莫之爲也。何居？爲聞者，盍日思也夫！"

顔回問于孔子曰："小人之言有同乎？君子者不可不察也。"孔子曰："君子以行言，小人以舌言。故君子于爲義之上相疾也，退而相愛；小人于爲亂之上相愛也，[①]退而相惡。"

顔回問朋友之際如何，孔子曰："君子之于朋友也，心必有非焉，而弗能謂吾不知，其仁人也。不忘久德，不思久怨，仁矣夫。"

叔孫武叔見未仕于顔回，回曰："賓之，武叔多稱人之過，而己評論之。"顔回曰："固子之來辱也，宜有得于回焉。吾聞諸孔子曰：'言人之惡，非所以美己。言人之枉，非所以正己。'故君子攻其惡，無攻人之惡。"

顔回謂子貢曰："吾聞諸夫子，身不用禮而望禮于人，身不用德而望德于人，亂也。夫子之言，不可不思也。"

子路初見第十九

子路初見孔子，子曰："汝何好樂？"對曰："好長劍。"孔子曰："吾非此之問也。徒謂以子之所能，而加之以學問，豈可及哉？"子路曰："學豈益也哉？"孔子曰："夫人君而無諫臣則失正，士而無教友則失聽。御狂馬不失策，[②]操弓不反檠。

---

① "相"上，原衍"也"字，據覆寬永本、明覆宋本《家語》删。
② "失"，覆寬永本、明覆宋本《家語》作"釋"。

木受繩則直，人受諫則聖。受學重問，孰不順成？① 毁人惡士，②必近于刑。君子不可不學。"子路曰："南山有竹，不揉自直，斬而用之，達于犀革。以此言之，何學之有？"孔子曰："栝而羽之，鏃而礪之，其入之不亦深乎？"子路再拜曰："敬受教。"

孔子謂子路曰："汝何好？"子路曰："好長劍。"孔子曰："非此之問也。請以汝之所能，加之以學，豈可及哉？"子路曰："學亦有益乎？"孔子曰："夫人君無諫臣則失正，士無教友則失德。狂馬不失其策，③操弓不返于檠。木受繩則直，人受諫則聖。受學重問，孰不順成？毁仁惡士，且近于刑。君子不可以不學。"④子路曰："南山有竹，弗揉自直，斬而射之，通於犀革，又何學爲乎？"孔子曰："栝而羽之，鏃而砥礪之，其入不益深乎？"子路拜曰："敬受教哉。"《説苑·建本》篇

子路將行，辭于孔子。子曰："贈汝以車乎？贈汝以言乎？"子路曰："請以言。"孔子曰："不強不達，不勞無功，不忠無親，不信無復，不恭失禮。慎此五者而已。"子路曰："由請終身奉之。敢問親交取親若何？言寡可行若何？長爲善士而無犯若何？"⑤孔子曰："汝所問也，⑥在五者中矣。親交取

---

① "成"，覆寬永本、明覆宋本《家語》作"哉"。
② "人"，覆寬永本、明覆宋本《家語》作"仁"。
③ "失"，元大德本《説苑》作"擇"。
④ "以不"，原誤倒，據大德本《説苑》乙正。
⑤ "善士"，覆寬永本《家語》作"善事"。本段下同。
⑥ "也"，覆寬永本《家語》作"包"，明覆宋本《家語》作"苞"，則此處當標點作"汝所問包(苞)在五者中矣"。

親，其忠也。言寡可行，其信也。長爲善士而無犯，其禮也。”

子路將行，辭于仲尼，曰：“贈汝以車乎？以言乎？”子路曰：“請以言。”仲尼曰：“不強不遠，不勞無功，不忠無親，不信無復，不恭無禮。慎此五者，可以長久矣。”《説苑・雜言》篇

子路行，辭于仲尼，曰：“敢問新交取親若何？言寡可行若何？長爲善士而無犯若何？”仲尼曰：“新交取親，其忠乎？言寡可行，其信乎？長爲善士而無犯，其禮乎？”同上

孔子爲魯司寇，見季康子，王注：當爲“桓子”。康子不悦。孔子又見之，宰予進曰：“昔予也嘗聞諸夫子曰：‘王公不我聘，則弗動。’今夫子之于司寇也日少，而屈節數矣。不可以已乎？”孔子曰：“然。魯國以衆相陵、以兵相暴之日久矣，而有司不治，則將亂也。其聘我者，孰大于是哉？”魯人聞之，曰：“聖人將治，何不先自遠于刑罰？”自此之後，國無爭者。孔子謂宰予曰：“違山十里，蟪蛄之聲猶在于耳，故政事莫如應之。”

孔子見季康子，康子未説。孔子又見之，宰予曰：“吾聞之夫子曰：‘王公不聘不動。’今吾子之見司寇也少數矣。”孔子曰：“魯國以衆相陵、以兵相暴之日久矣，而有司不治，聘我者孰大乎？”于是魯人聞之曰：“聖人將治，可以不先自爲刑罰乎？”自是之後，國無爭者。孔子謂弟子曰：“違山十里，蟪蛄之聲猶尚存耳，政事無如應之矣。”《説苑・政理》篇

孔子兄子有孔蔑者，與宓子賤偕仕。孔子往過孔蔑，而問之曰："自汝之仕，何得何亡？"對曰："未有所得，而所亡者三。王事若龍，王注："龍"，宜爲"襲"。[1] 學焉得習？是學不得明也。俸禄少，饘粥不及親戚，是以骨肉益疏也。公事多急，不得弔死問疾，是朋友之道闕也。其所亡者三，即謂此也。"孔子不悦。往過子賤，問如孔蔑，對曰："自來仕者無所亡，而有所得者三。始誦之，今得而行之，是學益明也。俸禄所供，被及親戚，是骨肉益親也。雖有公事，而兼以弔死問疾，是朋友篤也。"孔子喟然，謂子賤曰："君子哉若人！魯無君子者，則子賤焉取此？"

孔子弟子有孔蔑者，與宓子賤皆仕。孔子往過孔蔑，問之曰："自子之仕者，何得何亡？"孔蔑曰："自吾仕者未有所得，而有所亡者三。曰：王事若襲，學焉得習？以是學不得明也，所亡者一也。奉禄少鬻，鬻不足及親戚，[2]親戚益疏矣，所亡者二也。公事多急，不得弔死視病，是以朋友益疏矣，所亡者三也。"孔子不説，而復往見子賤，曰："自子之仕，何得何亡？"子賤曰："自吾之仕，未有所亡，而所得者三。始誦之文，今履而行之，是學日益明也，所得者一也。奉禄雖少鬻，鬻得及親戚，是以親戚益親也，所得者二也。公事雖急，夜勤，弔死視病，是以朋友益親也，所得者三也。"孔子謂子賤曰："君子哉若人！君子哉若人！魯無君子也，斯焉取斯？"《説苑·政理》篇

---

① "襲"，原作"讋"，據覆寬永本《家語》改。覆寬永本《家語》王注："龍，宜爲襲，前後相因也。"

② "及"，原作"少"，據大德本《説苑》改。

孔子侍坐于哀公,賜之桃與黍焉。哀公曰:"請食。"①孔子先食黍而後食桃,左右皆掩口而笑。公曰:"黍者所以雪桃,非爲食之也。"孔子對曰:"丘知之矣。然夫黍者,五穀之長,郊禮宗廟以爲上盛。② 果屬有六,而桃爲下,祭祀不用,不登郊廟。丘聞之,君子以賤雪貴,不以貴雪賤。今以五穀之長雪果之下者,是從上雪下,臣以爲妨于教,害于義,故不敢。"公曰:"善哉。"

孔子御坐于魯哀公,哀公賜之桃與黍。哀公請用,仲尼先飯黍而後啖桃,左右皆掩口而笑。哀公曰:"黍者,非飯之也,以雪桃也。"仲尼對曰:"丘知之矣。夫黍者,五穀之長也,祭先王爲上盛。果蓏有六,而桃爲下,祭先王不得入廟。丘之聞也,君子以賤雪貴,不聞以貴雪賤。今以五穀之長雪果蓏之下,是從上雪下也,丘以爲妨義,故不敢以先于宗廟之盛也。"《韓非子·外儲説左》

子貢曰:"陳靈公宣婬于朝,泄冶正諫君殺之,是與比干諫而死同,可謂仁乎?"子曰:"比干于紂,親則諸父,官則少師,忠報之心在于宗廟而已,固必以死爭之,冀身死之後,③紂將悔寤其本志,情在于仁者也。泄冶之于靈公,位在大夫,無骨肉之親,懷寵不去,仕于亂朝,以區區之一身,欲正一國之婬昏,可謂狷矣。④《詩》云:'民之多辟,無自立辟。'其泄冶之謂乎?"

① "食",覆寬永本《家語》作"用"。
② "禮",覆寬永本《家語》作"祀"。
③ "後",原脱,據覆寬永本、明覆宋本《家語》補。
④ "可"上,覆寬永本、明覆宋本《家語》有"死而無益"四字。

陳靈公與孔寧、儀行父通于夏姬，皆衷其衵服以戲于朝。洩冶諫曰："公卿宣淫，民無效焉。且聞不令，君其納之。"公曰："吾能改矣。"公告二子，二子請殺之，公弗禁，遂殺洩冶。孔子云："《詩》云：'民之多辟，無自立辟。'其洩冶之謂乎？"《春秋傳》

孔子相魯，齊人患其將霸，欲敗其政。乃選好女子八十人，衣以文錦而舞容璣，①及文馬四十駟，以遺魯君。陳女樂、列文馬于魯城南高門外。季桓子微服往觀之再三，將受焉，告魯君爲周道游，觀之終日，怠于政事。子路言于孔子曰："夫子可以行矣。"孔子曰："魯今且郊，若致膰于大夫，是則未廢其常，吾猶可以止也。"桓子既受女樂，君臣淫荒，三日不聽國政，郊又不致膰俎。孔子遂行，宿于郭屯，師己送曰："夫子非罪也。"孔子曰："吾歌可乎？"歌曰："彼婦人之口，可以出走。彼婦人之請，②可以死敗。優哉游哉，聊以卒歲。"

定公十四年，孔子年五十六，由大司寇行攝相事。齊人聞而懼，曰："孔子爲政必霸，霸則吾地近焉，我之爲先并矣。盍致地焉？"黎鉏曰："請先嘗沮之。沮之而不可則致地，庸遲乎？"于是選齊國中女子好者八十人，皆衣文衣而舞康樂，文馬三十駟，遺魯君。陳女樂、文馬于魯城南高門外。季桓子微服往觀再三，將受，乃語魯君爲周道游，往觀終日，怠于政事。子路曰："夫子可以行矣。"孔子曰："魯今且郊，如致膰于大夫，則吾猶可

① "錦"，覆寬永本、明覆宋本《家語》作"飾"。
② "請"，覆寬永本《家語》作"謁"。

止。"[1]桓子卒受齊女樂，三日不聽政，郊又不致膰俎于大夫。孔子遂行，宿乎屯，而師已送曰："夫子則非罪。"孔子曰："吾歌可夫？"歌曰："彼婦之口，可以出走。彼婦之謁，可以死敗。蓋優哉游哉，維以卒歲。"師已反，桓子曰："孔子亦何言？"師已以實告，桓子喟然嘆曰："夫子罪我以群婢故也夫。"《史記·孔子世家》

澹臺子羽有君子之容，而行不勝其貌。宰我有文雅之辭，而智不充其辯。孔子曰："里語云：'相馬以輿，相士以居，弗可廢矣。'以容取人，則失之子羽；以辭取人，則失之宰予。"

澹臺子羽，君子之容也，仲尼幾而取之，與處久而行不勝其貌。宰予之辭，雅而文也，仲尼幾而取之，與處久而智不充其辯。[2] 故孔子曰："以容取人乎？失之子羽。以言取人乎？[3] 失之宰予。"《韓非子·顯學》篇

澹臺子羽，狀貌甚惡，欲事孔子，孔子以爲材薄。既已受業，退而修行，行不由徑，非公事不見卿大夫。南游至江，從弟子三百人，設取予去就，名施乎諸侯。孔子聞之，曰："吾以言取人，失之宰予；以貌取人，失之子羽。"《史記·仲尼弟子列傳》

孔子曰："君子以其所不能畏人，小人以其所不能不信人。故君子長人之才，小人抑人而取勝焉。"

---

① "可"下，黄刻本《史記》有"以"字。
② "久"，宋本《韓非子》無此字。
③ "言"，原作"信"，據宋本《韓非子》改。

孔蔑問行己之道，子曰："知而弗爲，莫如勿知。親而弗信，莫如勿親。樂之方至，樂而勿驕。患之將至，思而勿憂。"孔蔑曰："行己乎?"子曰："攻其所不能，補其所不備。① 毋以其所不能疑人，毋以其所能驕人。終日言，無遺己之憂；終日行，不遺己之患，唯智者有之。"

孔子曰："終日言，不遺己之憂；終日行，不遺己之患，惟智者有之。故恐懼所以除患也，恭敬所以越難也。終身爲之，一言敗之，可不懼乎?"《説苑·雜言》篇

在厄第二十

楚昭王聘孔子，孔子往拜禮焉，路出于陳、蔡。陳、蔡大夫相與謀曰："孔子聖賢，其所刺譏，皆中諸侯之病，若用于楚，則陳、蔡危矣。"遂使徒兵距孔子。孔子不得行，絶糧七日，外無所通，藜羹不充，從者皆病。孔子愈慷慨，講頌弦歌不衰，乃召子路而問焉，曰："《詩》云：'匪兕匪虎，率彼曠野。'吾道非乎？奚爲至于此?"子路愠，作色而對曰："君子無所困，意者夫子未仁與？人之弗吾信也。意者夫子未智與？人之弗吾行也。且由也昔者聞諸夫子曰：'爲善者天報之以福，爲不善者天報之以禍。'今夫子積德懷義，行之久矣，奚居之窮也?"子曰："由未之識也，吾語汝。汝以仁者爲必信也，則伯夷、叔齊不餓死首陽；汝以智者爲必用也，則王子比干不見剖心；汝以忠者爲必報也，則關龍逢不見刑；汝以諫者爲必聽也，則伍子胥不見殺。夫遇不遇者，時也；賢不肖者，才也。

---

① "備"，覆寬永本《家語》作"足"。

君子博學深謀而不遇時者，衆矣。何獨丘哉？且芝蘭生于深林，不以無人而不芳；君子修道立德，不爲窮困而改節。① 爲之者，人也；生死者，命也。是以齊小白之有霸心生于莒，②晋重耳之有霸心生于曹、衛，越王勾踐之有霸心生于會稽。故居下而無憂者，則思不遠；處身而常逸者，則志不廣。庸知其終始乎？”子路出，召子貢，告如子路。子貢曰：“夫子之道至大，故天下莫能容。③ 夫子盍少貶焉？”子曰：“賜，良農能稼，不必能穡；良工能巧，不能爲順；君子能脩其道，綱而紀之，不必其能容。今不修其道，而求其容。賜，爾志不廣矣，思不遠矣。”子貢出，顔回入，問亦如之。顔回曰：“夫子之道至大，天下莫能容。雖然，夫子推而行之，世不我用，有國者之醜也。夫子何病焉？不容，然後見君子。”孔子欣然嘆曰：“有道哉！④ 顔氏之子。使爾多財，吾爲爾宰。”

孔子南適楚，厄于陳、蔡之間，七日不火食，藜羹不糂，弟子皆有飢色。子路進問之曰：“由聞之，爲善者天報之以福，爲不善者天報之以禍。今夫子累德積義懷美，行之日久矣，奚居之隱也？”孔子曰：“由不識，吾語女。女以知者爲必用邪？王子比干不見剖心乎？女以忠者爲必用邪？關龍逢不見刑乎？女以諫者爲必用邪？吴子胥不磔姑蘇東門外乎？夫遇不遇者，時也；賢不肖者，材也。君子博學深謀，不遇時者多矣。由是觀之，不遇世者衆矣，何獨丘也哉？且夫芷蘭生於深林，非以無

① “爲”，明覆宋本《家語》作“謂”。
② “齊小白之有霸心生于莒”，覆寬永本、明覆宋本《家語》無。
③ “能容”下，原衍“夫子”二字，據覆寬永《家語》本删。
④ “道”，覆寬永本、明覆宋本《家語》作“是”。

人而不芳。君子之學，非爲通也，爲窮而不困，憂而意不衰也，知禍福終始而心不惑也。夫賢不肖者，材也；爲不爲者，人也；遇不遇者，時也；死生者，命也。今有其人，不遇其時，雖賢，其能行乎？苟遇其時，何難之有？故君子博學深謀，修身端行，以俟其時。”孔子曰：“由，居，吾語女。昔晋公子重耳霸心生于曹，越王句踐霸心生于會稽，齊桓公小白霸心生于莒。故居不隱者思不遠，身不佚者志不廣。女庸安知吾不得之桑落之下？”《荀子·宥坐》篇

孔子困于陳、蔡之間，即三經之席，七日不食，藜羹不糝，弟子有飢色，讀《詩》《書》、習禮樂不休。子路進諫曰：“爲善者天報之以福，爲不善者天報之以禍。[①] 今夫子積德累仁，爲善久矣。意者尚遺行乎，奚居之隱也？”孔子曰：“由，來，汝小人也，未講于論也。居，吾語汝。子以知者爲無罪乎？則王子比干何爲刳心而死？子以義者爲聽乎？則吴子胥何爲抉目而懸吴東門？子以廉者爲用乎？則伯夷、叔齊何爲餓于首陽之山？子以忠者爲用乎？則鮑叔何爲而不用？葉公子高終身不仕，鮑焦抱木而泣，子推登山而燔。故君子博學深謀不遇時者衆矣，豈獨丘哉！賢不肖者，材也。遇不遇者，[②]時也。今無有時，賢安所用哉？故虞舜耕于歷山之陽，立爲天子，其遇堯也；傅説負土而版築，以爲大夫，其遇武丁也；伊尹固有莘氏僮也，負鼎操俎調五味，而立爲相，其遇湯

① “禍”，沈刻本《韓詩外傳》作“賊”。
② “不遇”，原脱，據沈刻本《韓詩外傳》補。

也;吕望行年五十賣食棘津,年七十屠于朝歌,九十乃爲天子師,則遇文王也;管夷吾束縛自檻車,以爲仲父,則遇齊桓公也;百里奚自賣五羊之皮,爲秦伯牧牛,舉爲大夫,則遇秦繆公也;虞丘于天下,以爲令尹,讓于孫叔敖,則遇楚莊王也;伍子胥前功多,後戮死,非知有盛衰也,前遇闔閭,後遇夫差也。夫驥罷鹽車,此非無形容也,莫知之也。使驥不得伯樂,安得千里之足?造父亦無千里之手矣。夫蘭茝生于茂林之中,深山之間,人莫見之故不芬。夫學者非爲通也,爲窮而不困,憂而志不衰,①先知禍福之始而心無惑焉。故聖人隱居深念,獨聞獨見。夫舜亦賢聖矣,南面而治天下,唯其遇堯也。使舜居桀、紂之世,能自免于刑戮之中,則爲善矣。亦何位之有?桀殺關龍逢,紂殺王子比干,當此之時,豈關龍逢無知,而王子比干不慧哉?此皆不遇時也。故君子務學,脩身端行而須其時者也。子無惑焉。"《詩》曰:"鶴鳴于九皋,聲聞于天。"《韓詩外傳七》

孔子困于陳、蔡之間,居環堵之内,席三經之席,七日不食,藜羹不糝,弟子皆有饑色,讀《詩》《書》、治禮不休。子路進諫曰:"凡人爲善者天報以福,爲不善者天報以禍。今先生積德行,爲善久矣。意者尚有遺行乎?奚居隱也?"孔子曰:"由,來,汝不知。坐,吾語汝。子以夫知者爲無不知乎?則王子比干何爲剖心而死?以諫者爲必聽乎?吴子胥何爲抉目于吴東門?子以廉者爲必用乎?伯夷、叔齊何爲餓死于首陽山之下?子以忠者爲

---

① "困憂",原誤倒,據沈刻本《韓詩外傳》乙正。

必用乎？則鮑莊何爲而肉枯？荆公子高終身不顯，鮑焦抱木而立枯，介子推登山焚死。故夫君子博學深謀不遇時者衆矣，豈獨丘哉！賢不肖者，才也；爲不爲者，人也；遇不遇者，時也；死生者，命也。有其才不遇其時，雖才不用；苟遇其時，何難之有？故舜耕歷山而逃于河畔，立爲天子，則其遇堯也；傅説負壤土釋板築，而立佐天子，則其遇武丁也；伊尹，有莘氏媵臣也，負鼎俎調五味而佐天子，則其遇成湯也；吕望行年五十賣食于棘津，行年七十屠牛朝歌，行年九十爲天子師，則其遇文王也；管夷吾束縛膠目，居檻車中，自車中起爲仲父，則其遇齊桓公也；百里奚自賣取五羊皮，伯氏牧羊以爲卿大夫，則其遇秦繆公也；沈尹名聞天下，以爲令尹，而讓孫叔敖，則其遇楚莊王也；伍子胥前多功，後戮死，非其智益衰也，前遇闔廬，後遇夫差也。夫驥厄罷鹽車，非無驥狀也，夫世莫能知也。使驥得王良、造父，驥無千里之足乎？芝蘭生深林，非爲無人而不香。故學者非爲通也，爲窮而不困也，憂而不衰也，此知禍福之始而心不惑也。聖人之深念，獨知獨見。舜亦賢聖矣，南面治天下，唯其遇堯也。使舜居桀、紂之世，能自免刑戮固可也，又何官得治乎？夫桀殺關龍逢而紂殺王子比干，當是時，豈關龍逢無知，而比干無慧哉？此桀、紂無道之世然也。故君子積學、修身、端行，①以須其時也。”《説苑・雜言》篇

孔子遷于蔡三歲，吴伐陳。楚救陳，軍于城父，聞孔子在陳、蔡之間，楚使人聘孔子。孔子將往拜焉，陳、蔡

---

① “積”，大德本《説苑》作“疾”。

大夫謀曰:"孔子賢者,所刺譏皆中諸侯之疾。今者久留陳、蔡之間,諸大夫所設行皆非仲尼之意。今楚,大國也,來聘孔子。孔子用于楚,則陳、蔡用事大夫危矣。"于是乃相與發徒役圍孔子于野。不得行,絶糧,從者病,莫能興,孔子講誦、弦歌不衰。孔子知弟子有愠心,乃召子路而問曰:"《詩》云:'匪兕匪虎,率彼曠野。'吾道非耶?吾何爲于此?"子路曰:"意者吾未仁邪?人之不我信也。意者吾未知邪?人之不我行也。"孔子曰:"有是乎?由,譬使仁者而必信,安有伯夷、叔齊?使知者而必行,安有王子比干?"子路出,子貢入見。孔子曰:"賜,《詩》云:'匪兕匪虎,率彼曠野。'吾道非邪?吾何爲于此?"子貢曰:"夫子之道至大也,故天下莫能容夫子。夫子盍少貶焉?"孔子曰:"賜,良農能稼而不能爲穡;良工能巧而不能爲順;君子能修其道,綱而紀之,統而理之,而不能爲容。今爾不修爾道而求爲容,賜,而志不遠矣。"子貢出,顔回入見。孔子曰:"回,《詩》云:'匪兕匪虎,率彼曠野。'吾道非邪?吾何爲于此?"顔回曰:"夫子之道至大,故天下莫能容。雖然,夫子推而行之,何病不容,不容然後見君子。夫道之不脩也,是吾醜也。夫道既已大修而不用,是有國者之醜也。不容何病,不容然後見君子。"孔子欣然而笑曰:"有是哉!顔氏之子。使爾多財,吾爲爾宰。"《史記·孔子世家》

子路問于孔子曰:"君子亦有憂乎?"子曰:"無也。君子之修行也,其未得之,則樂其意;既得之,又樂其治。是以有終身之樂,無一日之憂。小人則不然,其未得也,患弗得之;

既得之,又恐失之。是以有終身之憂,無一日樂也。”

子路問于孔子曰:“君子亦有憂乎?”孔子曰:“君子其未得也,則樂其意;既已得之,又樂其治。是以有終生之樂,無一日之憂。小人者,其未得也,則憂不得;既已得之,又恐失之。是以有終身之憂,無一日之樂也。”《荀子·子道》篇

子路問孔子曰:“君子亦有憂乎?”孔子曰:“無也。君子之修其行,未得,則樂其意;既已得,又樂其知。是以有終生之樂,無一日之憂。小人則不然,其未得之,則憂不得;既已得之,又恐失之。是以有終身之憂,無一日之樂。”《説苑·雜言》篇

曾子敝衣而耕于魯,魯君聞之而致邑焉,曾子固辭不受。或曰:“非子之求,君自致之,奚固辭也?”曾子曰:“吾聞受人施者常畏人,與人者常驕人。縱君有賜,不我驕也,吾豈能勿畏乎?”孔子聞之曰:“參之言足以全其節也。”

曾子衣弊衣以耕,魯君使人往致邑焉,曰:“請以此脩衣。”曾子不受。反復往,又不受,使人曰:“先生非求于人,人則獻之,奚爲不受?”曾子曰:“臣聞之,受人者畏人,予人者驕人。縱子有賜,不我驕也,我能勿畏乎?”終不受。孔子聞之曰:“參之言足以全其節也。”《説苑·立節》篇

孔子厄于陳、蔡,從者七日不食。子貢以所齎貨竊犯圍而出,告糴于野人,得米一石焉。顔回、仲由炊之于壤屋之下,有埃墨墮飯中,顔回取而食之。子貢自井望見之,不悦,

以爲竊食也。入問孔子曰："仁人廉士，窮改節乎？"①孔子曰："改節即何稱于仁廉哉？"子貢曰："若回也，其不改節乎？"子曰："然。"子貢以所飯告孔子，子曰："吾信回之爲仁久矣。雖汝有云，弗以疑也。其或者必有故乎？汝止，吾將問之。"召顏回曰："疇昔予夢見先人，豈或啓佑我哉？② 子炊而進飯，吾將進焉。"對曰："向有埃墨墮飯中，欲置之則不潔，欲棄之則可惜，回即食之。不可祭也。"孔子曰："然乎！吾亦食之。"顏回出，孔子顧謂二三子曰："吾之信回也，非待今日也。"二三子由此乃服之。

> 孔子窮乎陳、蔡之間，藜羹不斟，七日不嘗粒。晝寢。顏回索米，得而爨之，幾熟，孔子望見顏回攫其甑中而食之。選閒，食熟，謁孔子而進食。孔子佯爲不見之。孔子起曰："今者夢見先君，食潔而後饋。"顏回對曰："不可。向者煤炱入甑中，棄食不祥，回攫而飯之。"孔子嘆曰："所信者目也，而目猶不可信；所恃者心也，而心猶不足恃。弟子記之，知人固不易矣。"故知非難也，孔子之所以知人難也。《吕氏春秋・審分覽・任數》

入官第二十一

子張問入官于孔子，孔子曰："安身取譽爲難。"子張曰："爲之如何？"孔子曰："己有善勿專，教不能勿怠，已過勿發，失言勿掎，不善勿遂，行事勿留。君子入官，自此六者，則身

---

① "窮"，底本無，據覆寬永本《家語》補。
② "佑"，嘉慶本《疏證》及覆寬永本、明覆宋本《家語》作"祐"。

安譽至而政從矣。且夫忿數者,獄之所由生也;[1]距諫者,慮之所以塞也;慢易者,禮之所以失也;怠惰者,時之所以後也;奢侈者,財之所以不足也;專獨者,事之所以不成也。君子入官,除此六者,則身安譽至而政從矣。故君子南面臨官,大域之中而君治之,[2]精智而略行之。合是忠信,考是大倫,存是美惡,進是利而除是害,無求其報焉,而民之情可得也。夫臨之無抗民之志,勝之無犯民之言,量之無佼民之辭,養之無擾于其時,愛之無寬于刑法,若此則身安譽至而民得也。君子以臨官,所見則邇,故明不可蔽也;所求于邇,故不勞而得也;所以治者約,故不用衆而譽立。凡法象在内,故法不遠而源泉不竭。是以天下積而本不寡,短長得其量,人志治而不亂,政德貫乎心,藏乎志,形乎色,發乎聲,若此而身安譽至民咸自治矣。是故臨官不治則亂,亂生則爭之者至,爭之至,又于亂。明君必寬裕以容其民,慈愛以優柔之,而民自得矣。

"行者,政之始也;説者,情之導也。善政行易而民不怨,言調説和則民不變,法在身則民象之,明在己則民顯之。若乃供己而不節財,則財利之生者微矣;貪以不得,則善政必簡矣;苟以亂之,則善言必不聽也;詳以約之,[3]則規諫日至。言之善者,在所日聞;行之善者,在所能爲。故君上者,民之儀也;有司執政者,民之表也;邇臣便僻者,群僕之倫也。故儀不正則民失,表不端則百姓亂,邇臣便僻則群臣污矣。是

① "獄"上,覆寬永本、明覆宋本《家語》有"官"字。"生",原作"分",據覆寬永本、明覆宋本《家語》改。

② "君",覆寬永本、明覆宋本《家語》作"公"。

③ "約",覆寬永本、明覆宋本《家語》作"納"。

以人主不可不敬乎三倫。君子修身反道,察理言而服之,[1]則身安譽至,終始在焉。故夫女子必自擇絲麻,良工必自擇完材,[2]賢君必自擇左右。勞于取人,佚于治事。君子欲譽,則必謹其左右。爲上者譬如緣木焉,務高而畏下滋甚。六馬之乖離,必于四達之交衢。萬民之叛道,必于君上之失政。上者尊嚴而危,民者卑賤而神。愛之則存,惡之則亡。長民者必明此之要。故南面臨官,貴而不驕,富而能供,有本而能圖末,修事而能建業,久居而不滯,情近而暢乎遠,察一物而貫乎多,治一物而萬物不能亂者,以身爲本者也。

"君子莅民,不可以不知民之性,而達諸民之情。既知其性,又習其情,然後民乃從命矣。故世舉則民親之,政均則民無怨。故君子莅民,不臨以高,不導以遠,不責民之所不爲,不強民之所不能。[3] 廓之以明王之功,[4]不因其情,則民嚴而不迎。篤之以累年之業,不因其力,則民引而不從。若責民所不爲,強民所不能,則民疾,疾則僻矣。古者聖主冕而前旒,所以蔽明也;紘紞充耳,所以掩聰也。水至清則無魚,人至察則無徒。枉而直之,使自得之;優而柔之,使自求之;揆而度之,使自索之。民有小罪,必求其善,以赦其過;民有大罪,必原其故,以仁輔化;如有死罪,其使之生,則善也。是以上下親而不離,道化流而不蘊。故德者政之始也,政不和則民不從其教矣,不從教則民不習,不習則不可得而使也。君子欲言之見信也,莫善乎先虛其内;欲政之速行也,莫善乎以

① "理",明覆宋本《家語》作"里"。
② "完",明覆宋本《家語》作"貌"。
③ "民",原作"明",據覆寬永本、明覆宋本《家語》改。
④ "廓之",覆寬永本、明覆宋本《家語》無此二字。

身先之;欲民之速服也,莫善乎以道御之。故雖服必強,自非忠信,則無可以取親于百姓者矣;内外不相應,則無以取信于庶民者矣。此治民之至道矣,入官之大統矣。"子張既聞孔子斯言,遂退而記之。

子張問入官于孔子,孔子曰:"安身取譽爲難也。"子張曰:"安身取譽如何?"孔子曰:"有善勿專,教不能勿搢,已過勿發,失言勿踦,不善辭勿遂,行事勿留。君子入官,自行此六路者,則身安譽至而政從矣。① 且夫忿數者,獄之所由生也;距諫者,慮之所以塞也;慢易者,禮之所以失也;怠墮者,時之所以後也;奢侈者,財之所以不足也;專者,事之所以不成也;歷者,獄之所由生也。君子入官,除七路者,則身安譽至而政從矣。②故君子南面臨官,大城而公治之,精知而略行之,合是忠信,考是大倫,存是美惡,而進是利,而除是害,而無求其報焉,而民情可得也。故臨之無抗民之志,勝之無犯民之言,量之無狡民之辭,養之無擾于時,愛之勿寬于刑,若此則身安譽至而民自得也。故君子南面臨官,所見邇,故明不可弊也;所求邇,故不勞而得也;所以治者約,故不用衆而譽至也。法象在内,故不遠。源泉不竭,故天下積也。而木不寡短長,人得其量,故治而不亂。故六者貫乎心,藏乎志,形乎色,發乎聲,若此則身安而譽至而民自得也。故君子南面臨官,不治則亂至,亂至則爭,爭之至,又反于亂。是故寬裕以容其民,慈愛以優柔之,而民自得也已。

①② "政從",原誤倒,據嘉慶本《疏證》、袁刻本《大戴禮記》乙正。

“故躬行者，政之始也；調悦者，情之道也。善政行易則民不怨，言調悦則民不辨法，仁在身則民顯以佚之也。財利之生微矣，貪以不得，善政必簡矣。苟以亂之，善言必聽矣。詳以失之，規諫日至，煩以不聽矣。① 言之善者，在所日闻；行之善者，在所能爲。故上者，民之儀也；有司執政，民之表也；邇臣便辟者，群臣僕之倫也。故儀不正則民失誓，表弊則百姓亂，邇臣便辟、不正廉而群臣服污矣，故不可不慎乎三倫矣。故君子修身，反道察説，而邇道之服存焉。是故夫工女必自擇絲麻，良工必自擇齎材，賢君良上必自擇左右始。故佚諸取人，勞于治事；勞于取人，佚于治事。故君子欲譽則謹其所便，欲名則謹于左右。故上者辟如緣木者，務高而畏下者滋甚。六馬之離，必于四面之衢。民之離道，必于上之佚政也。故上者尊嚴而絶，百姓者卑賤而神。民而愛之則存，惡之則亡也。故君子南面臨官，貴而不驕，富恭有本能圖，修業居久而譚，情邇暢而極乎遠，察一而關于多，一物治而萬物不亂者，以身爲本者也。

“故君子莅民，不可以不知民之性，達諸民之情。既知其以生有習，然後民特從命也。故世舉則民親之，政均則民無怨。故君子莅民，不臨以高，不道以遠，不責民之所不能。今臨之明王之成功，則民嚴而不迎也；道以數年之業，則民疾，疾則辟矣。故古者冕而前旒，所以蔽明也；紞絖塞耳，所以弇聰也。故水至清則無魚，人至察

① “財利之生微矣”至“煩以不聽矣”一段，疑有脱訛、錯亂，《孔子家語・入官》作：“若乃供已而不節財，則財利之生者微矣。貪以不得，則善政必簡矣。苟以亂之，則善言必不聽也。詳以約之，則規諫日至。”

則無徒。故枉而直之,使自得之;優而柔之,使自求之;揆而度之,使自索之。民有小罪,必以其善以赦其過;如死使之生,其善也,是以上下親而不離。故惠者政之始也,政不正則不可教也,不習則民不可使也。故君子欲言之見信也者,莫若先虛其内也;欲政之速行也者,莫若以身先之也;欲民之速服也者,莫若以道御之也。故不先以身,雖行必鄰也;不以道御之,雖服必強矣。故非忠信,則無可以取親于百姓矣;外内不相應,則無可以取信者矣。四者治民之統也。"《大戴禮·子張問入官》

困誓第二十二

子貢問于孔子曰:"賜倦于學,困于道矣,願息而事君,可乎?"孔子曰:"《詩》云:'温恭朝夕,執事有恪。'事君之難也,焉可以息哉?"曰:"然則賜願息而事親。"孔子曰:"《詩》云:'孝子不匱,永錫爾類。'事親之難也,焉可以息哉?"曰:"然賜請息于妻子。"孔子曰:"《詩》云:'刑于寡妻,至于兄弟,以御于家邦。'妻子之難也,焉可以息哉?"曰:"然賜願息于朋友。"孔子云:"《詩》云:'朋友攸攝,攝以威儀。'朋友之難也,焉可以息哉?"曰:"然則賜願息于耕矣。"孔子曰:"《詩》云:'晝爾于茅,宵爾索綯。亟其乘屋,其始播百穀。'耕之難也,焉可以息哉?"曰:"然則賜將無所息者也。"孔子曰:"有焉耳。望其廣,王注:"廣",宜爲"壙"。則睪如也;視其高,則填如也;察其從,則隔如也。此其所以息也已。"子貢曰:"大哉乎死也!君子息焉,小人休焉。大哉乎死也!"

子貢倦于學,告仲尼曰:"願有所息。"仲尼曰:"生無所息。"子貢曰:"然則賜息無所乎?"仲尼曰:"有焉耳。望其壙,睪如也,宰如也,墳如也,鬲如也,則知所息矣。"子貢曰:"大哉死乎!君子息焉,小人休焉。"[①]仲尼曰:"賜,汝知之矣。"《列子·天瑞》篇

子貢問于孔子曰:"賜倦于學矣,願息事君。"孔子曰:"《詩》云:'温恭朝夕,執事有恪。'事君難,事君焉可息哉?""然則,賜願息事親。"孔子曰:"《詩》云:'孝子不匱,永錫爾類。'事親難,事親焉可息哉?""然則賜願息于妻子。"孔子曰:"《詩》云:'刑于寡妻,至于兄弟,以御于家邦。'妻子難,妻子焉可息哉?""然則賜願息于朋友。"孔子曰:"《詩》云:'朋友攸攝,攝以威儀。'朋友難,朋友焉可息哉?""然則賜願息耕。"孔子曰:"《詩》云:'晝爾于茅,宵爾索綯,亟其乘屋,其始播百穀。'耕難,耕焉可息哉?""然則賜無息者乎?"孔子曰:"望其壙,皋如也,嵮如也,楊注:嵮,與填同。鬲如也,此則知所息矣。"子貢曰:"大哉死乎!君子息焉,小人休焉。"《荀子·大略》篇

孔子燕居,子貢攝齊而前曰:"弟子事夫子有年矣,才竭而智罷,振於學問,不能復進,請一休焉。"孔子曰:"賜也欲焉休乎?"曰:"賜欲休于事君。"孔子曰:"《詩》云:'夙夜匪懈,以事一人。'爲之若此其不易也,若之何其休也?"曰:"賜欲休于事父。"孔子曰:"《詩》云:'孝子不匱,永錫爾類。'爲之若此其不易也,如之何其休也?"曰:"賜欲休于事兄弟。"孔子曰:"《詩》云:'妻子好合,如

① "休",嘉慶本《疏證》、浙局本《列子》作"伏"。

鼓瑟琴。兄弟既翕，和樂且耽。’爲之若此其不易也，如之何其休也?”曰:“賜欲休于耕田。”孔子曰:“《詩》云:‘晝爾于茅，宵爾索綯。亟其乘屋，其始播百穀。’爲之若此其不易也，若之何其休也?”子貢曰:“君子亦有休乎?”孔子曰:“‘闔棺兮乃止播兮，不知其時之易遷兮’，此之謂君子所休也。故學而不已，闔棺乃止。”《詩》曰:“日就月將。”言學者也。《韓詩外傳八》

孔子自衛將入晉，至河，聞趙簡子殺竇犨鳴犢及舜華，乃臨河而嘆曰:“美哉水！洋洋乎！丘之不濟此，命也夫!”子貢趨而進曰:“敢問何謂也?”孔子曰:“竇犨鳴犢、舜華，晋之賢大夫也。趙簡子未得志之時，須此二人而後從政，及其已得志也而殺之。丘聞之，刳胎殺夭，則麒麟不至其郊;竭澤而漁，則蛟龍不處其淵;覆巢破卵，則凰凰不翔其邑。何則?君子違傷其類者也。鳥獸之于不義，尚知避之，況于人乎?”遂還息于鄒，作《槃操》以哀之。

孔子既不得用于衛，將西見趙簡子。至于河而聞竇鳴犢、舜華之死也，臨河而嘆曰:“美哉水！洋洋乎！丘之不濟此，命也夫!”子貢趨而進曰:“敢問何謂也?”孔子曰:“竇鳴犢、舜華，晋國之賢大夫也。趙簡子未得志之時，須此兩人而後從政，及其已得志，殺之。①丘聞之也，刳胎殺夭，則麒麟不至郊;竭澤涸漁，則蛟龍不合陰陽;覆巢毁卵，則鳳凰不翔。何則?君子諱傷其類也。夫鳥獸之于不義也，尚知辟之，而況乎丘哉?”乃還息乎

① “之”下，黄刻本《史記》有“乃從政”三字。

陬鄉，作爲《陬操》以哀之。《史記·孔子世家》

趙簡子曰："晋有澤鳴、犢犨，魯有孔丘，吾殺此三人，則天下可圖也。"于是乃召澤鳴、犢犨，任之以政而殺之。使人聘孔子于魯。孔子至河，臨水而觀曰："美哉水！洋洋乎！丘之不濟于此，命也夫！"子路趨進曰："敢問奚謂也？"孔子曰："夫澤鳴、犢犨，晋國之賢大夫也。趙簡子之未得志也，與之同聞見，及其得志也，殺之而後從政。故丘聞之，刳胎殺夭，則麒麟不至；乾澤而漁，蛟龍不游；覆巢毁卵，則鳳凰不翔。丘聞之，君子重傷其類者也。"《説苑·權謀》篇

趙簡子欲專天下，謂其相曰："趙有犢犨，晋有鐸鳴，魯有孔丘，吾殺三人者，天下可王也。"于是乃召犢犨、鐸鳴而問政焉，已而殺之。使使者聘孔子于魯，以胖牛肉迎于河上。使者語船人曰："孔子即上船，中河必流而殺之。"孔子至，使者致命，進胖牛之肉。孔子仰天而嘆曰："美哉水乎！洋洋乎！使丘不濟此水者，命也夫！"子路趨而進曰："何謂也？"孔子曰："夫犢犨、鐸鳴，晋國之賢大夫也。趙簡子未得意之時，須而後從政，及其得意也，殺之。黄龍不反于涸澤，鳳凰不離其罻羅，故刳胎焚林，則麒麟不臻；覆巢破卵，則鳳凰不翔；竭澤而漁，則蛟龍不見。鳥獸之于不仁，猶知避之，况丘乎？故虎嘯而谷風起，龍興而景雲見，擊庭鐘于外而黄鐘應于内。夫物類之相感，精神之相應，若響之應聲，影之象形，故君子違傷其類者。今彼已殺吾類矣，何爲之此乎？"于是遂回車不渡而還。《新序》今本無，《三國魏志·劉廙傳》注引。

趙簡子使聘夫子，夫子將至焉。及河，聞鳴犢與竇

犨之見殺也，迴輿而旋之衛，使鄹。遂爲操曰："周道衰微，禮樂陵遲。文武既墜，吾將焉歸？周游天下，靡邦可依？鳳鳥不識，珍寶梟鴟。眷然顧之，慘然心悲。巾車命駕，將適唐都。黄河洋洋，攸攸之漁。臨津不濟，還轅息鄹。傷予道窮，哀彼無辜。翱翔于衛，復我舊廬。從吾所好，其樂只且。"《孔叢子·記問》

子路問于孔子曰："有人于此，夙興夜寐，耕芸樹藝，手足胼胝，以養其親，然而名不稱孝，何也？"孔子曰："意者身不敬與？辭不順與？色不悦與？古人有言曰：'人與己與，不汝欺。'今盡力養親而無三者之闕，何謂無孝之名乎？由，[1]汝志之，吾語汝。雖有國士之力，而不能自舉其身，非力之少，勢不可矣。夫内行不脩，身之罪也。行脩而名不彰，友之罪也。行脩而名自立，故君子入則篤行，出則交賢，何謂無孝名乎？"

子路問于孔子曰："有人于此，夙興夜寐，耕耘樹藝，手足胼胝，以養其親，然而無孝之名，何也？"孔子曰："意者心不敬與？辭不遜與？色不順與？古之人有言曰：'衣與繆與，不女聊。'今夙興夜寐，耕耘樹藝，手足胼胝，以養其親，無此三者，則何以爲而無孝之名也？"孔子曰："由志之，吾語女。雖有國士之力，不能自舉其身，非無力也，勢不可也。故入而行不脩，身之罪也。出而名不章，友之過也。故君子入則篤行，出則友賢，何爲而無孝之名也？"《荀子·子道》篇

---

① "由"上，覆寬永本、明覆宋本《家語》有"孔子曰"三字。

子路曰:“有人于斯,夙興夜寐,手足胼胝,而面目黧黑,樹藝五穀,以事其親,而無孝子之名者,何也?”孔子曰:“吾意者身未敬邪?色不順邪?辭不遜邪?古人有言曰:‘衣與食與,曾不我即。’子勞以事其親,無此三者,何爲無孝之名?意者所友非仁人邪?[①] 坐,吾語汝。雖有國士之力,不能自舉其身。非無力也,勢不便也。是以君子入則篤孝,出則友賢,何爲其無孝子之名也?”《詩》曰:“父母孔邇。”《韓詩外傳九》

孔子遭厄于陳、蔡之間,絶糧七日,弟子餒病,孔子弦歌。子路入見曰:“夫子之歌禮乎?”孔子弗應,曲終而曰:“由,來,吾語汝。君子好樂,爲無驕也;小人好樂,爲無慴也。其誰之子,不我知而從我者乎?”子路悦,援戚而舞,三終而出。明日免于厄,子貢執轡,曰:“二三子從夫子而遭此難也,其弗忘矣。”孔子曰:“善!惡何也?夫陳、蔡之間,丘之幸也。二三子從丘者,皆幸也。吾聞之,君不困不成王,烈士不困行不彰,庸知其非激憤厲志之始于是乎在?”

孔子遭難陳、蔡之境,絶糧,弟子皆有饑色,孔子歌兩柱之間。子路入見曰:“夫子之歌禮乎?”孔子不應,曲終而曰:“由,君子好樂,爲無驕也;小人好樂,爲無慴也。其誰知之?子不我知而從我者乎?”子路不悦,援干而舞,三終而出。及至七日,孔子修樂不休,[②]子路慍見曰:“夫子之修樂,時乎?”孔子不應,樂終而曰:“由,昔者

---

① “者”,原脱,據沈刻本《韓詩外傳》補。
② “休”,原作“修”,據大德本《説苑》改。

齊桓霸心生于莒，句踐霸心生于會稽，晋文霸心生于驪氏，故居不幽則思不遠，身不約則智不廣。庯知而不遇之?”于是興。明日免于厄，子貢執轡曰：“二三子從夫子而遇此難也，其不可忘已。”孔子曰：“惡是何也？語不云乎：‘三折肱而成良醫。’夫陳、蔡之間，丘之幸也。二三子從丘者，皆幸人也。吾聞人君不困不成王，烈士不困不成行。昔者湯困于吕，文王困于羑里，秦穆公困于殽，齊桓困于長勺，句踐困于會稽，晋文困于驪氏。夫困之爲道，從寒之及暖，暖之及寒也，唯賢者獨知而難言之也。《易》曰：‘困，亨，貞，大人吉，無咎。有言不信。’聖人所與人難言信也。”《説苑・雜言》篇

孔子之宋，匡人簡子以甲士圍之。子路怒，奮戟將與戰。孔子止之曰：“惡有修仁義而不免世俗之惡者乎？夫《詩》《書》之不講，禮樂之不習，是丘之過也。若以述先王好古法而爲咎者，則非丘之罪也。命也夫！由，歌，予和汝。”子路彈琴而歌，孔子和之，曲三終，匡人解甲而罷。

孔子行，簡子將殺陽虎，孔子似之，帶甲以圍孔子舍。子路愠怒，奮戟將下，孔子止之曰：“由，何仁義之寡裕也。夫《詩》《書》之不習，禮樂之不講，是丘之罪也。若吾非陽虎而以爲陽虎，則非丘之罪也。命也我![1]歌，予和若。”子路歌，孔子和之，三終而圍罷。《詩》曰：“來游來歌。”以陳盛德之和而無爲也。《韓詩外傳六》

孔子之宋，匡簡子將殺陽虎，孔子似之，甲士以圍孔

① “我”，當作“夫”。

子之舍。子路怒，奮戟將下鬥，孔子止之曰：“何仁義之不免俗也？夫《詩》《書》之不習，禮樂之不修也，是丘之過也。若似陽虎，則非丘之罪也。命也夫！由，歌，予和汝。”子路歌，孔子和之，三終而甲罷。《説苑·雜言》篇

孔子曰：“不觀高崖，何以知顛墜之患？不臨深泉，何以知没溺之患？不觀巨海，何以知風波之患？失之者其不在此乎？士慎此三者，則無累于身矣。”

孔子曰：“不觀于高岸，何以知顛墜之患？不臨于深淵，何以知没溺之患？不觀于海上，何以知風波之患？失之者其不在此乎？士慎三者，無累于人。”《説苑·雜言》篇

子貢問于孔子曰：“賜既爲人下矣，而未知爲人下之道，敢問之。”子曰：“爲人下者，其猶土乎？汨之深則出泉，[①]樹其壤則百穀滋焉。草木植焉，禽獸育焉。生則出焉，死則入焉。多其功而不意，弘其志而無不容。爲人下者以此也。”

子貢問于孔子曰：“賜爲人下而未知也。”孔子曰：“爲人下者乎？其猶土也。深抇之而得甘泉焉，[②]樹之而五穀蕃焉。草木植焉，禽獸育焉。生則立焉，死則入焉。多其功而不息。爲人下者其猶土也。”《荀子·堯問》篇

孔子閒居，子貢侍坐，請問爲人下之道奈何。孔子

---

① “之”下，原衍“之”字，據覆寬永本《家語》删。
② “抇”，原作“汨”，據光緒本《荀子集解》改。

曰："善哉！爾之問也。爲人下其猶土乎？"子貢未達。孔子曰："夫土者，掘之得甘泉焉，樹之得五穀焉。草木植焉，鳥獸魚鱉遂焉。生則立焉，死則入焉。多功不言，賞世不絶。故曰：能爲下者，其惟土乎？"子貢曰："賜雖不敏，請事斯語。"《詩》曰："式禮莫愆。"《韓詩外傳七》

子貢問孔子曰："賜爲人下，而未知所以爲人下之道也？"孔子曰："爲人下者，其惟土乎？種之則五穀生焉，掘之則甘泉出焉。草木植焉，禽獸育焉。生人立焉，死人入焉。多其功而不言。爲人下者，其惟土乎？"《説苑·臣術》篇①

孔子適鄭，與弟子相失，獨立東郭門外。或人謂子貢曰："東門外有一人焉，其長九尺有六寸，河目龍顙，其頭似堯，其頸似皋繇，其肩似子産，然自腰已下，不及禹者三寸，纍然如喪家之狗。"②子貢以告，孔子欣然而嘆曰："形狀，末也。如喪家之狗，然乎哉！然乎哉！"

孔子出衛之東門，逆姑布子卿，曰："二三子引車避，有人將來，必相我者也。志之。"姑布子卿亦曰："二三子引車避，有聖人將來。"孔子下步，姑布子卿迎而視之五十步，從而望之五十步，顧子貢曰："是何爲者也？"子貢曰："賜之師也，所謂魯孔丘也。"姑布子卿曰："是魯孔丘歟？吾固聞之。"子貢曰："賜之師何如？"姑布子卿曰："得堯之顙，舜之目，禹之頸，皋陶之喙。從前視之，③盎

① "臣術"，原作"雜言"，據大德本《説苑》改。
② "狗"，原作"狥"，據覆寬永本、明覆宋本《家語》改。
③ "前"，原作"後"，據嘉慶本《疏證》、沈刻本《韓詩外傳》改。

衛靈公之時，蘧伯玉賢而不用，彌子瑕不肖而任事。史鰌患之，數言蘧伯玉賢而不聽。① 病且死，謂其子曰："我即死，治喪于北堂。吾生不能進蘧伯玉而退彌子瑕，是不能正君也。生不能正君者，死不當成禮，死而置尸于北堂，于我足矣。"②靈公往弔，問其故，其子以父言聞，靈公戚然易容而寤曰："吾失矣。"③立召蘧伯玉而進之，召彌子瑕而退之，徙喪于堂，成禮而後去。衛國以治，史鰌之力也。夫生進賢而退不肖，死且未止，又以尸諫，可謂忠不衰矣。賈誼《新書》

昔者衛大夫史魚病且死，謂其子曰："我數言蘧伯玉之賢而不能進，彌子瑕不肖而不能退。爲人臣，生不能進賢而退不肖，死不當治喪正堂，殯我于室足矣。"衛君問其故，子以父言聞。君造然召蘧伯玉而貴之，而退彌子瑕，從殯于正堂，④成禮而後去。生以身諫，死以尸諫，可謂直矣。《詩》曰："請共爾位，好是正直。"《韓詩外傳七》

衛靈公之時，蘧伯玉賢而不用，彌子瑕不肖而任事。衛大夫史鰌患之，數以諫靈公而不聽。史鰌病且死，謂其子曰："我即死，治喪于北堂。吾不能進蘧伯玉而退彌子瑕，是不能正君也。生不能進君者，死不當成禮，置尸北堂，于我足矣。"史鰌死，靈公往弔，見喪在北堂，問其

① "賢"，正德本《新書》無此字。

② "于我"，正德本《新書》作"于禮"。

③ "曰吾失"，正德本《新書》無此三字，則此處當讀作"靈公戚然易容而寤矣"。

④ "從"，當作"徙"。

故，其子具以父言對靈公。靈公蹴然易容，寤然失位曰："夫子生則欲進賢而退不肖，死則不懈，又以尸諫，可謂忠而不衰矣。"于是乃召蘧伯玉，而進之以爲卿，退彌子瑕，徙喪正堂，成禮而後返。衛國以治。史鰌，字子魚，《論語》所謂"直哉史魚"者也。《新序·雜事一》

衛靈公之時，蘧伯玉賢而不用，迷子瑕不肖而任事，"迷"，諸書作"彌"。史鰌患之，數言蘧伯玉賢而不聽。病且死，謂其子曰："我既死，①治喪于北堂。吾生不能進蘧伯玉，而退迷子瑕，是不能正君者，死不當成禮，而置尸于北堂，于我足矣。"靈公往弔，問其故，其子以父言聞，靈公造然失容，曰："吾失矣。"立召蘧伯玉而貴之，召迷子瑕而退之，徙喪于堂，成禮而後去。衛國以治，史鰌之力也。夫生進賢而退不肖，死且未止，又以尸諫，可謂忠不衰矣。《大戴禮·保傅》

五帝德第二十三

宰我問于孔子曰："昔者吾聞諸榮伊曰：'黄帝三百年。'請問黄帝者，人也？抑非人也？何以能至三百年乎？"孔子曰："禹、湯、文、武、周公，不可勝觀也。② 而上世黄帝之問，將謂先生難言之故乎？"宰我曰："上世之傳，隱微之説，卒采之辯，闇忽之意，非君子之道者，則予之問也固矣。"孔子曰："可也，吾略聞其説。黄帝者，少昊之子，③曰軒轅。生而神

---

① "既"，嘉慶本《疏證》、袁刻本《大戴禮記》作"即"。
② "觀"上，覆寬永本、明覆宋本《家語》有"以"字。
③ "昊"，覆寬永本《家語》作"典"。

靈，弱而能言，哲睿齊莊，[①]敦敏誠信。長聰明，治五氣，設五量，撫萬民，度四方。服牛乘馬，擾馴猛獸，以與炎帝戰于阪泉之野，[②]三戰而後剋之。始垂衣裳，作爲黼黻。命風后、力牧、常先、大鴻以治民，[③]以順天地之紀，知幽明之故，達生死存亡之説。播時百穀，嘗味草木，仁厚及于鳥獸昆蟲。考日月星辰，勞耳目，勤心力，用水火財物以生民。民賴其利，百年而死；民畏其神，百年而亡；民用其教，百年而移，故曰：'黄帝三百年。'"

宰我問于孔子曰："昔者予聞諸榮伊，言'黄帝三百年'。請問黄帝者，人邪？抑非人邪？何以至于三百年乎？"孔子曰："禹、湯、文、武、成王、周公可勝觀邪？夫黄帝尚矣，女何以爲？先生難言之。"宰我曰："上世之傳，隱微之説，卒業之辨，闇忽之意，[④]非君子之道也，則予之問也固矣。"孔子曰："黄帝，少典之子也，曰軒轅。生而神靈，弱而能言，幼而慧齊，長而敦敏，成而聰明。治五氣，設五量，撫萬民，度四方。教熊羆、貔貅、豹虎，[⑤]以與赤帝戰于阪泉之野，三戰然後得行其志。黄帝黼黻衣裳，[⑥]大帶，乘龍扆雲，[⑦]以順天地之紀，幽明之故，死

① "哲睿齊莊"，明覆宋本《家語》作"幼齊睿莊"。
② "戰"，原作"獸"，據覆寬永本、明覆宋本《家語》改。
③ "命風后、力牧、常先、大鴻以"，覆寬永本、明覆宋本《家語》無此十字，則此處當標點作"治民以順天地之紀"。
④ "闇"下，袁刻本《大戴禮記》有"昏"字。
⑤ "貅"，袁刻本《大戴禮記》無此字。
⑥ "裳"，袁刻本《大戴禮記》無此字。
⑦ "乘"上，袁刻本《大戴禮記》有"黼裳"二字，則此處當標點作"大帶黼裳，乘龍扆雲"。

生之説，存亡之難。時播百穀草木，故教化淳鳥獸昆蟲，[1]歷離日月星辰，極畋土石金玉，勞心力耳目，節用水火材物。生而民得其利百年，死而民畏其神百年，亡而民用其教百年，故曰三百年。"《大戴禮·五帝德》

宰我曰："請問帝顓頊。"孔子曰："五帝用説，三王有度。汝欲一日遍聞遠古之説，躁哉予也！"宰我曰："昔予也聞諸夫子曰：'小子毋或宿。'故敢問。"孔子曰："顓頊，黄帝之孫，昌意之子，曰高陽。静淵之有謀，[2]疏通以知遠。[3] 養財以任地，履時以象天，依鬼神而制義。治氣性以教衆，潔誠以祭祀，巡四海以寧民。北至幽陵，南暨交趾，西抵流沙，東極蟠木，動静之神，[4]小大之物，日月所照，莫不底屬。"

宰我請問帝顓頊。孔子曰："五帝用記，三王用度。女欲一日辯聞古昔之説，躁哉予也。"宰我曰："昔者予也聞諸夫子曰：'小子無有宿問。'"孔子曰："顓頊，黄帝之孫，[5]昌意之子也，曰高陽。洪淵以有謀，疏通而知事。養財以任地，履時以象天，依鬼神以制義。治氣以教民，潔誠以祭祀，乘龍而至四海。北至于幽陵，南至于交阯，西濟于流沙，東至于蟠木，動静之物，大小之神，日月所照，莫不砥礪。《大戴禮·五帝德》

---

① "淳"，原缺末筆，避清同治帝諱。下同。
② "静淵之"，覆寬永本、明覆宋本《家語》作"淵而"。
③ "知遠"，覆寬永本《家語》作"智"。
④ "神"，覆寬永本《家語》作"生"。
⑤ "顓頊、黄帝"，順序原誤倒，據袁刻本《大戴禮記》乙正。

宰我曰:"請問帝嚳。"孔子曰:"玄枵之孫,喬極之子,曰高辛。生而神異,自言其名。博施厚利,不于其身。聰以知遠,明以察微。仁以威,惠而信,以順天地之義。知民所急,修身而天下服,取地之財而節用焉。撫教萬民而誨利之,曆日月之生朔而迎送之,明鬼神之義而敬事之。①其色也和,其德也重,其動也時,其服也哀。②春夏秋冬,育讓天下,日月所照,風雨所至,莫不從化。"

> 宰我曰:"請問帝嚳。"孔子曰:"元囂之孫,蟜極之子也,曰高辛。生而神靈,自言其名。博施利物,不于其身。聰以知遠,明以察微。順天之義,知民之急。仁而威,惠而信,修身而天下服。取地之財而節用之,撫教萬民而利誨之,曆日月而迎送之,明鬼神而敬事之。其色郁郁,其德嶷嶷,其動也時,其服也士。春夏乘龍,秋冬乘馬,黄黼黻衣,執中而獲天下。日月所照,風雨所至,莫不從順。"《大戴禮·五帝德》

宰我曰:"請問帝堯。"孔子曰:"高辛氏之子,曰陶唐。其仁如天,其智如神。就之如日,望之如雲。富而不驕,貴而能降。伯夷典禮,夔、龍典樂,舜時而仕,趨視四時,務先民始之。流四凶而天下服。其言不忒,其德不回。四海之内,舟輿所及,莫不夷説。"

> 宰我曰:"請問帝堯。"孔子曰:"高辛之子也,曰放勳。其仁如天,其智如神。就之如日,望之如雲。富而

① "之義",覆寬永本、明覆宋本《家語》無此二字。
② "哀",覆寬永本《家語》作"衷"。

不驕，貴而不豫。黄黼黻衣，丹車白馬。伯夷主禮，龍、夔教舞，舉舜、彭祖而任之，四時先民治之。流共工于幽州，以變北狄；放驩兜于崇山，以變南蠻；殺三苗于三危，以變西戎；殛鯀于羽山，以變東夷。其言不貳，其德不回。四海之内，舟輿所至，莫不説夷。”《大戴禮·五帝德》

宰我曰：“請問帝舜。”孔子曰：“喬牛之孫，瞽瞍之子也，曰有虞。舜孝友聞于四方，陶漁事親。寬裕而温良，敦敏而知時，畏天而愛民，恤遠而親近。承受大命，依于二女。睿明智通，爲天下帝。命二十二臣，率堯舊職，恭己而已。天平地成，巡狩四海，五載一始。三十年在位，嗣帝五十載，陟方岳，死于蒼梧之野而葬焉。”

宰我曰：“請問帝舜。”孔子曰：“蟜牛之孫，瞽叟之子也，曰重華。好學孝友，聞于四海。陶稼事親，寬裕温良。敦敏而知時，①畏天而愛民，恤遠而親親。承受天命，②依于倪皇。睿明通知，爲天下王。使禹敷土，主名山川，以利于民。使后稷播種，務勤嘉穀，以作飲食。羲和掌曆，敬授民時。使益行火，以辟山萊。伯夷主禮，以節天下。夔、龍作樂，③以歌籥舞，和以鐘鼓。臯陶作士，忠信疏通，知民之情。契作司徒，教民孝友，敬政率經。其言不惑，其德不慝，舉賢而天下平。南撫交趾、大教、鮮支、渠廋、④氐羌，北山戎、發、息慎，東長、鳥夷羽

① “敦敏”，袁刻本《大戴禮記》作“教敦”。
② “天”，袁刻本《大戴禮記》作“大”。
③ “龍”，袁刻本《大戴禮記》無此字。
④ “廋”，嘉慶本《疏證》、袁刻本《大戴禮記》作“庾”。

民。舜之少也，惡悴勞苦，二十以孝聞于天下。三十在位，嗣帝五十載乃死，葬于蒼梧之野。"《大戴禮·五帝德》

宰我曰："請問禹。"①孔子曰："高陽之孫，鯀之子也，曰夏后。敏給克齊，其德不爽，其仁可親，其言可信。聲爲律，身爲度，亹亹穆穆，爲紀爲綱。其功爲百神之主，其惠爲民父母。左準繩，右規矩，履四時，據四海。任皋陶、伯益以贊其治，興六師以征不序。四極之民，莫敢不服。"孔子曰："予，大者如天，小者如言，民悦至矣。予也，非其人也。"宰我曰："予也不足以敬承矣。"②他日，宰我以語子貢，子貢以復孔子，子曰："吾欲以顔狀取人也，則于滅明改之矣；吾欲以言辭取人也，則于宰我改之矣；吾欲以容貌取人也，則于子張改之矣。"宰我聞之，懼，弗敢見焉。

宰我曰："請問禹。"孔子曰："高陽之孫，鯀之子也，曰文命。敏給克濟，其德不回，其仁可親，其言可信。聲爲律，身爲度，稱以上士。亹亹穆穆，爲綱爲紀。巡九州，通九道，陂九澤，度九山。爲神主，爲民父母。左準繩，右規矩，履四時，據四海，平九州，戴九天，明耳目，治天下。舉皋陶與益，以贊其身，舉干戈以征不享不道無德之民。四海之内，舟車所至，莫不賓服。"孔子曰："予，大者如説，民説至矣。予也，非其人也。"宰我曰："予也，不足誠也，敬聞命矣。"他日，宰我以語人，有爲道諸夫子

① "禹"，原作"語"，據覆寬永本、明覆宋本《家語》改。

② "敬"上，覆寬永本、明覆宋本《家語》有"戒"字。

之所，孔子曰："吾欲以顔色取人，于滅明也改之；吾欲以語言取人，于予邪改之；吾欲以容貌取人，于師邪改之。"宰我聞之，懼，不敢見。《大戴禮·五帝德》

孔子家語疏證卷五終

屈開埏校字

卷　六

五帝第二十四

季康子問於孔子曰："舊聞五帝之名，而不知其實，請問何謂五帝？"孔子曰："昔丘也聞諸老聃曰：'天有五行，水火金木土，分時化育，以成萬物，其神謂之五帝。'古之王者，易代而改號，取法五行。五行更王，終始相生，亦象其義。故其生爲明王者，而死配五行。是以太皞配木，炎帝配火，黄帝配土，少皞配金，顓頊配水。"康子曰："太皞氏其始之木何如？"孔子曰："五行用事，先起於木。木，東方，萬物之初皆出焉，是故王者則之，而首以木德王天下。其次，則以所生之行，轉相承也。"康子曰："吾聞句芒爲木正，祝融爲火正，蓐收爲金正，玄冥爲水正，后土爲土正。此五行之主而不亂，稱曰帝者，何也？"孔子曰："凡五正者，五行之官名，五行佐成上帝而稱五帝。大皞之屬配焉。亦云帝從其號。昔少皞氏之子有四叔，曰重，曰該，曰修，曰熙，實能金木及水。使重爲句芒，該爲蓐收，修及熙爲玄冥，顓頊氏之子曰黎爲祝融，共工氏之子曰句芒爲后土。[①] 此五者，各以其所能業爲官職。生爲上

① "芒"，覆寬永本、明覆宋本《家語》作"龍"。

公，死爲貴神，别稱五祀，不得同帝。”康子曰：“如此之言，帝王改號於五行之德，各有所統，則其所以相變者，皆主何事？”孔子曰：“所尚則各從其所王之德次焉。夏后氏以金德王，色尚黑，大事斂用昏，戎事乘驪，牲用玄。殷人用水德王，色尚白，大事斂用日中，戎事乘翰，牲用白。周人以木德王，色尚赤，大事斂用日出，戎事乘騵，牲用騂。此三代之所以不同。”康子曰：“唐、虞二帝，其所尚者何色？”孔子曰：“堯以火德王，色尚黄。舜以土德王，色尚青。”康子曰：“陶唐、有虞、夏后、殷、周獨不配五帝，意者德不及上古邪？將有限乎？”孔子曰：“古之平治水土，及播殖百穀者衆矣，唯句龍氏兼食於社，而棄爲稷神，易代奉之，無敢益者，明不可與等。故自太皞以降，逮於顓頊，其應五行而王，數非徒五，而配五帝，是其德不可以多也。”

孟春之月，其日甲乙，仲春、季春同。其帝太皞，高注：太皞，伏羲氏以木德王天下之號，死祀於東方，爲木德之帝。其神句芒。孟夏之月，仲夏、季夏同。其日丙丁，其帝炎帝，高注：炎帝，少典之子，姓姜氏，以火德王天下，是爲炎帝，號曰神農，死托祀於南方，爲火德之帝。其神祝融。中央土，其日戊己，其帝黄帝，高注：黄帝，少典之子，以土德王天下，號軒轅氏，死托祀爲中央之帝。其神后土。孟秋之月，仲秋、季秋同。其日庚辛，其帝少皞，高注：少皞，帝嚳之子，[①]以金德王天下，號金天氏，[②]死配金，爲西方金德之帝。其神蓐收。孟冬之月，仲冬、季冬同。其日壬癸，其帝顓頊，高注：顓頊，黄帝之孫，昌意之

---

① “子”下，明本《吕氏春秋》有“摯兄也”三字。
② “號”下，明本《吕氏春秋》有“爲”字。

子，以水德王天下，號高陽氏，死祀北方，爲水德之帝。[①] 其神玄冥。[②]《吕氏春秋》、《禮記·月令》同

木正曰句芒，火正曰祝融，金正曰蓐收，水正曰玄冥，土正曰后土。少皞氏有四叔，曰重，曰該，曰修，曰熙，實能金木及水。使重爲句芒，該爲蓐收，修及熙爲玄冥，世不失職，遂濟窮桑，此其三祀也。顓頊氏有子曰黎，爲祝融。共工氏有子曰句龍，爲后土，此其二祀也。《春秋傳》

夏后氏尚黑，大事斂用昏，戎事乘驪，牲用玄。殷人尚白，大事斂用日中，戎事乘翰，牲用白。周人尚赤，大事斂用日出，戎事乘騵，牲用騂。《禮記·檀弓上》

執轡第二十五

閔子騫爲費宰，問政於孔子。子曰："以德以法。夫德法者，御民之具，猶御馬之有銜勒也。君者，人也；吏者，轡也；刑者，策也。夫人君之政，執其轡策而已。"子騫曰："敢問古之爲政。"孔子曰："古者天子以内史爲左右御，[③]以德法爲銜勒，以百官爲轡，以刑罰爲策，以萬民爲馬，故御天下數百年而不失。善御馬，正銜勒，齊轡策，均馬力，和馬心，故口無聲而馬應轡，策不舉而極千里。善御民，壹其德法，正其百官，以均齊民力，和安民心，故令不再而民順從，刑不用而天下

---

① 明本《吕氏春秋》"爲"在"北方"上，則此句當標點作"死祀爲北方水德之帝"，前後連讀。

② "玄"，原作"玄"，避清康熙帝諱。下同。

③ "御"，覆寬永本、明覆宋本《家語》作"手"。

治。是以天地德之，而兆民懷之。夫天地之所德，兆民之所懷，其政美，其民而衆稱之。[①] 今人言五帝三王者，其盛無偶，威察若存，其故何也？其法盛，其德厚，故思其德，必稱其人，朝夕祝之，升聞於天，上帝俱歆，用永厥世而豐其年。不能御民者，棄其德法，專用刑辟，譬猶御馬，棄其銜勒而專用棰策，其不制也可必矣。夫無銜勒而用棰策，馬必傷，車必敗。無德法而用刑，民必流，國必亡。治國而無德法則民無修，民無修則迷惑失道，如此上帝必以其爲亂天道也。苟亂天道，則刑罰暴，上下相諛，莫知念忠，俱無道故也。今人言惡者，必比之於桀、紂，其故何也？其法不聽，其德不厚，故民惡其殘虐，莫不吁嗟，朝夕祝之，升聞於天，上帝不蠲，降之以禍罰，災害竝生，用殄厥世。故曰：德法者，御民之本。古之御天下者，以六官總治焉。冢宰之官以成道，司徒之官以成德，宗伯之官以成仁，司馬之官以成聖，司寇之官以成義，司空之官以成禮。六官在手以爲轡，司會均仁以爲納，故曰御四馬者執六轡，御天下者正六官。是故善御馬者正身以總轡，均馬力，齊馬心，回旋曲折，惟其所之，故可以取長道，可赴急疾。此聖人所以御天地與人事之法則也。天子以内史爲左右手，以六官爲轡，已而與三公爲執六官，均五教，齊五法，故亦唯其所引，無不如志。以之道則國治，以之德則國安，以之仁則國和，以之聖則國平，以之禮則國安，[②]以之義則國乂，此御政之術也。過失，人情莫不有焉。過而改之，是爲不過。故官屬不理，分職不明，法政不一，百事失紀，曰亂。

① “衆”，覆寬永本《家語》無此字。

② “安”，覆寬永本《家語》作“定”。

亂則飭冢宰。地而不殖,財物不蓄,萬民饑寒,教訓不行,風俗淫僻,人民流散,曰危。危則飭司徒。父子不親,長幼失序,君臣上下,乖離異志,曰不和。不和則飭宗伯。賢能而失官爵,功勞而失賞禄,士卒疾怨,兵弱不用,曰不平。不平則飭司馬。刑罰暴亂,奸邪不勝,曰不義。不義則飭司寇。度量不審,舉事失理,都鄙不修,財物失所,曰貧。貧則飭司空。故御者同是車馬,或以取千里,或不及數百里,其所謂進退緩急異也。夫治者同是官法,或以致平,或以致亂者,亦其所以爲進退緩急異也。古者天子常以季冬考德正法,以觀治亂。德盛者,治也;德薄者,亂也。故天子考德,則天下之治亂,可坐廟堂之上而知之。夫德盛則法修,德不盛則飭法與政,咸德而不衰,故曰:王者又以孟春論吏之德及功能。能德法者爲有德,能行德法者爲有行,能成德法者爲有功,能治德法者爲有智,故天子論吏而德法行,事治而功成。夫季冬正法,孟春論吏,治國之要。"

聖王之盛德,人民不疾,六畜不疫,五穀不災,諸侯無兵而正,小民無刑而治,蠻夷懷服。古者天子常以季冬考德,以觀治亂得失。凡德盛者治也,德不盛者亂也。德盛者得之也,德不盛者失之也。是故君子考德,而天下之治亂得失,可坐明堂之上而知也。[1] 德盛則修法,德不盛則飭政,法政而德不衰,故曰王也。

凡人民疾,六畜疫,五穀災者,生於天道不順。[2] 天道不順,生於明堂不飭。故有天災,則飭明堂也。凡民

① "明",袁刻本《大戴禮記》作"廟"。
② "道不順",袁刻本《大戴禮記》無此三字。

之爲奸邪、竊盜、歷法、妄行者，生於不足。不足，生於無度量也。無度量，則小者偷墮，大者侈靡而不知足。故有度量則民足，民足則無爲奸邪、竊盜、歷法、妄行者。故有奸邪、竊盜、歷法、妄行之獄，則飭度量也。凡不孝生於不仁愛也，不仁愛生於喪祭之禮不明。喪祭之禮所以教仁愛也，致愛故能致喪祭。春秋祭祀之不絶，致思慕之心也。夫祭祀致饋養之道也，死且思慕饋養，況於生而存乎？故曰喪祭之禮明則民孝矣。故有不孝之獄，則飭喪祭之禮也。凡弒上生於義不明。義者，所以等貴賤、明尊卑。貴賤有序，民尊上敬長矣。民尊上敬長而弒上，寡有之矣。朝聘之禮，所以明義也。故有弒獄，則飭朝聘之禮也。凡鬥辨生於相侵陵也，相侵陵生於長幼無序，而教以敬讓也。故有鬥辨之獄，則飭鄉飲酒之禮也。凡淫亂生於男女無别，夫婦無義。昏禮享聘者，所以别男女，明夫婦之義也。故有淫亂之獄，則飭昏禮享聘也。故曰：刑罰之所從生有源，不務塞其源，而務刑殺之，是爲民設陷以賊之也。刑罰之源，生於嗜欲好惡不節。故明堂，天法也；禮度，德法也。所以御民之嗜欲好惡，以慎天法，以成德法也。刑法者，所以威不行德法者也。故季冬聽獄論刑者，所以正法也。法正論吏公行之。是故古者天子孟春論吏德行能功，能得德法者爲有德，能行德法者爲有行，能理德法者爲有能，能成德法者爲有功。故論吏而法行，事治而功成。季冬正法，孟春論吏，治國之要也。德法者，御民之銜勒也。吏者，轡也；刑者，策也；天子，御者；内史、太史，左右手也。古者以法爲銜勒，以官爲轡，以刑爲策，以人爲手，故御天下數百年而不懈墮。善御馬者，正銜勒，齊轡策，均馬力，和馬心，故口無聲，手不搖，策不用，而馬爲行也。善御民者，正其德法，飭其官，而均民力，和民心，故聽言不出於口，刑不用而民治，是以民德美之。夫民善其德，必稱其人。故今之人稱五帝三王者依然，若猶存者，其法誠德，其德誠厚。夫民思其德，必稱其人，朝夕祝之，升聞於皇天，上帝歆焉，故永其世而豐其年。不能御民者，棄其德法，譬猶御馬，棄轡勒，而專以策御馬，馬必傷，車必敗。無德法而專以刑法御民，民必走，國必亡。亡德法，民心無所法循，迷惑失道，上必以爲亂無道。苟以爲亂無道，刑罰必不克。成其無道，上下俱無道。故今之稱惡者，必比之於夏桀、殷紂，何也？曰法誠不德，其德誠薄。夫民惡之，必朝夕祝之，升聞於皇天，上帝不歆焉，故水旱並興，災害生焉。故曰：德法者，御民之本也。

古之御政以治天下者，冢宰之官以成道，司徒之官以成德，宗伯之官以成仁，司馬之官以成聖，司寇之官以成義，司空之官以成禮。故六官以爲轡，司會均入以爲軜。故曰御四馬者，執六轡，御天地與人與事者，亦有六政。是故善御者，正身同轡，均馬力，齊馬心，唯其所引而之，以取長道遠行，可以之急疾，可以御天道與人事，此四者聖人之所乘也。是故天子，御者；太史、內史，左右手也；六官，亦六轡也。天子三公合以執六官，均五政，齊五法，以御四者，故亦唯其所引而之。以之道則國治，以之德則國安，以之仁則國和，以之聖則國平，以之義則國成，以之禮則國定，此御政之體也。過，失也。人情莫不有過，過而改之，是不過也。是故官屬不理，分職不明，法政不一，百事失紀，曰亂也。亂則飭冢宰。地宜不殖，財物不蕃，萬民饑寒，教訓失道，風俗淫僻，百姓流亡，人民散敗，曰危也。危則飭司徒。父子不親，長幼無序，君臣上下相乖，曰不和也。不和則飭宗伯。賢能失官爵，功勞失賞禄，爵禄失則士卒疾怨，兵弱不用，曰不平也。不平則飭司馬。刑罰不中，暴亂奸邪不勝，曰不成也。不成則飭司寇。百度不審，立事失理，財物失量，曰貧也。貧則飭司空。故曰：御者同是車馬，或以取千里，或數百里者，所進退緩急異也。治者同是法，或以治，或以亂者，亦所進退緩急異也。《大戴禮·聖德》①

子夏問於孔子曰："商聞《易》之生人及萬物、鳥獸、昆蟲，各有奇耦，氣分不同。而凡人莫知其情，唯達德者能原其本焉。天一，地二，人三，三三如九，九九八十一。一主日，日數十，故人十月而生。八九七十二，偶以從奇，奇主辰，辰爲月，月主馬，故馬十二月而生。七九六十三，三主斗，斗主狗，故狗三月而生。六九五十四，四主時，時主豕，故豕四月而生。四九三十六，六爲律，律主鹿，故鹿六月而生。三九二十七，七主星，星主虎，故虎七月而生。二九一十八，八主風，風爲蟲，故蟲八月而生。其餘各從其類矣。鳥、魚生陰而屬於陽，故皆卵生。魚游於水，鳥游於雲，故立冬則燕雀入海化爲蛤。蠶食而不飲，蟬飲而不食，蜉蝣不飲不食，萬物之所以不同。介鱗夏食而冬蟄。齕吞者八竅而卵生，咀嚼者九竅而胎生。四足者無羽翼，戴角者無上齒，無角無前齒者膏，無角無後齒

① 整理者按，篇名"聖德"，原作"子張問入官"，據袁刻本《大戴禮記》更正。

者脂。① 晝生者類父,夜生者似母。是以至陰主牝,至陽主牡。敢問其然乎?"孔子曰:"然。吾昔聞老聃亦如汝之言。"子夏曰:"商聞《山書》曰:地東西爲緯,南北爲經。山爲積德,川爲積刑。高者爲生,下者爲死。丘陵爲牡,溪谷爲牝。蚌蛤龜珠,與日月而盛虚。是故堅土之人剛,弱土之人柔,墟土之人大,沙土之人細,息土之人美,秏土之人醜。食水者善游而耐寒,食土者無心而不息,食木者多力而不治,食草者善走而愚,食桑者有緒而蛾,食肉者勇毅而捍,食氣者神明而壽,食穀者智惠而巧,不食者不死而神。故曰:羽蟲三百有六十,而鳳爲之長;毛蟲三百有六十,而麟爲之長;甲蟲三百有六十,而龜爲之長;鱗蟲三百有六十,而龍爲之長;裸蟲三百有六十,而人爲之長。此乾巛之美也,殊形異類之數。王者動必以道動,静必以道静,必順理以奉天地之性,而不害其所主,謂之仁聖焉。"子夏言終而出,子貢進曰:"商之論也何如?"孔子曰:"汝謂何也?"對曰:"微則微矣,然則非治世之待也。"孔子曰:"然,各言其所能。"

子曰:夫《易》之生人、禽獸、萬物、昆蟲,各有以生。或奇或偶,或飛或行,而莫知其情。惟達道德者,能原本之矣。天一,地二,人三,三三而九,九九八十一。一主日,日數十,故人十月而生。八九七十二,偶以成奇,② 奇主辰,辰主月,月主馬,故馬十二月而生。七九六十三,三主斗,斗主狗,③ 故狗三月而生。六九五十四,四主時,時主豕,故豕四月而生。五九四十五,五主音,音

① "後",覆寬永本《家語》無此字。
② "成",袁刻本《大戴禮記》作"承"。
③ 上句及此句之"斗",袁刻本《大戴禮記》皆作"升"。

主猿，故猿五月而生。四九三十六，六主律，律主禽鹿，故禽鹿六月而生也。三九二十七，七主星，星主虎，故虎七月而生。二九一十八，八主風，風主蟲，故蟲八月化也。其餘各以其類也。鳥、魚皆主於陰而屬於陽，故鳥、魚皆卵。魚游于水，鳥飛于雲，故冬燕雀入于海，化而爲蚧。萬物之性各異其類，故蠶食而不飲，蟬飲而不食，蜉蝣不飲不食，介鱗夏食冬蟄。齕吞者八竅而卵生，咀嚾者九竅而胎生。①四足者無羽翼，戴角者無上齒，無角者膏而無前齒，有羽者脂而無後齒。晝生者類父，夜生者類母。凡地東西爲緯，南北爲經。山爲積德，川爲積刑。高者爲生，下者爲死。丘陵爲牡，溪谷爲牝。蚌蛤龜珠，與月盛虛。是故堅土之人肥，虛土之人大，沙土之人細，息土之人美，秏土之人醜。是故食水者善游能寒，食土者無心而不息，食木者多力而拂，食草者善走而愚，食桑者有絲而蛾，食肉者勇敢而捍，食穀者智惠而巧，食氣者神明而壽，不食者不死而神。故曰：有羽之蟲三百六十，而鳳凰爲之長；有毛之蟲三百六十，而麒麟爲之長；有甲之蟲三百六十，而神龜爲之長；有鱗之蟲三百六十，而蛟龍爲之長；有祼之蟲三百六十，②而聖人爲之長。此乾坤之美類，禽獸萬物之數也。故帝王好壞巢破卵，則鳳凰不翔焉；好竭水搏魚，則蛟龍不至焉；好刳胎殺夭，則麒麟不來焉；好填溪塞谷，則神龜不出焉。故王者動必以道，静必以理。動不以道，静不以理，則自夭而

① "嚾"，疑當作"嚼"，形近而誤。
② "有"，袁刻本《大戴禮記》無此字。

分於道謂之命，形於一謂之性。化於陰陽，象形而發謂之生，化窮數盡謂之死。故命者，性之終也，則必有終矣。人生而不具者五：目無見，不能食，不能行，不能言，不能化。三月而徹眗，然後能有見。八月生齒，然後能食。期而生臏，然後能行。三年瞦合，然後能言。十有六情通，然後能化。陰窮反陽，陽窮反陰，辰故陰以陽化，陽以陰變。故男以八月而生齒，八歲而齓，①一陰一陽然後成道，二八十六，然後情通，然後其施行；女七月生齒，七歲而齓，②二七十四，然後其化成。合於三也，小節也。中古男三十而娶，女二十而嫁，合於五也，中節也。太古男五十而室，女三十而嫁，備於三五，合於八也。八者，維綱也，天地以發明，故聖人以合陰陽之數也。禮義者，恩之主也。冠、婚、朝、聘、喪、祭、賓主、鄉飲酒、軍旅，此之謂九禮也。《禮經》三百，威儀三千，機其文之變也。其文變也，禮之象五行也，其義四時也。故以四舉，有恩，有義，有節，有權。恩厚者，其服重，故爲父斬衰三年，以恩制者。門内之治恩掩義，門外之治義斷恩。資於事父以事君而敬同，貴貴尊尊，義之大者也，故爲君亦服斬衰三年，以義制者也。三日而食，三月而沐，期而練，毁不滅性，不以死傷生，喪不過三年，苴衰不補，墳墓不坏，③服除之日鼓素琴，④示民有終也，以節制者也。資於事父以事母而愛同，天無二日，國無二君，

① "齓"，袁刻本《大戴禮記》作"毁齒"。
② "齓"，袁刻本《大戴禮記》作"毁"。
③ "坏"，袁刻本《大戴禮記》作"坯"，"坯"下有"同於丘陵"四字。
④ "服"，袁刻本《大戴禮記》無此字。

家無二尊，以治之也，父在爲母齊衰期，見無二尊也。百官備，百制具，不言而事行者，扶而起；言而後事行者，杖而起；[1]身自執事而後事行者，面垢而已，凡此以權制者也。[2] 始死三日不怠，三月不解，期悲號，三年憂，恩之教也。聖人因教以制節也。[3] 男者，任也；子者，孳也。男子者，言任天地之道，如長萬物之義也，故謂之丈夫。丈者，長也；夫者，扶也，言長萬物也。知可爲者，知不可爲者；知可言者，知不可言者；知可行者，知不可行者，是故審論而明其別謂之知，所以正夫德也。女者，如也；子者，孳也。女子者，言如男子之教而長其義理者也，故謂之婦人。婦人，伏於人也，是故無專制之義，有三從之道。在家從父，適人從夫，夫死從子，無所敢自遂也，故令不出閨門，事在饋食之間而已矣。是故女及日乎閨門之内，不百里而奔喪，事無獨爲，行無獨成之道，參知而後動，可驗而後言，宵夜行燭，宫事必量，六畜蕃於宫中，謂之信之，所以正婦德也。女有五不取：逆家子不取，亂家子不取，世有刑人不取，世有惡疾不取，喪父長子不取。逆家子者，爲其逆德也；亂家子者，爲其亂人倫也；世有刑人者，爲其棄於人也；世有惡疾者，爲其棄於天也；喪父長子者，爲其無所受命也。婦有七去：不順父母去，無子去，淫去，妒去，有惡疾去，多言去，竊盜去。不順父母去，爲其逆德也；無子，爲其絶世也；淫，爲其亂族也；妒，爲其亂家也；有惡疾，爲其

① “杖”，袁刻本《大戴禮記》作“扶”。
② “制”，袁刻本《大戴禮記》作“利”。
③ 此句與上句之“教”，疑皆當作“殺”。

不可與共粢盛也；口多言，爲其離親也；竊盜，爲其反義也。婦有三不去：有所取無所歸，不去；與更三年喪，不去；前貧賤後富貴，不去。大罪有五：逆天地者，罪及五世；誣文武者，罪及四世；[1]逆人倫者，罪及三世；誣鬼神者，罪及二世；殺人者，罪止其身。故大罪有五，殺人爲下。《大戴禮·本命》

喪有四制，變而從宜，取之四時也。有恩有禮，有節有權，取之人情也。恩者，仁也；理者，義也；節者，禮也；權者，知也。仁義禮知，人道具矣。其恩厚者，其服重，故爲父斬衰三年，以恩制者也。門内之治恩揜義，門外之治義斷恩。資於事父以事君而敬同，貴貴尊尊，義之大者也，故爲君亦斬衰三年，以義制者也。三日而食，三月而沐，期而練，毁不滅性，不以死傷生也，喪不過三年，苴衰不補，墳墓不培，祥之日鼓素琴，告民有終也，以節制者也。資於事父以事母而愛同，天無二日，土無二王，國無二君，家無二尊，以一治之也，故父在爲母齊衰期者，見無二尊也。杖者何也？爵也。三日授子杖，五日授大夫杖，七日授士杖，或曰擔主，或曰輔病。婦人、童子不杖，不能病也。百官備，百物具，不言而事行者，扶而起；言而後事行者，杖而起；身自執事而後行者，面垢而已。秃者不髽，傴者不袒，跛者不踊，老病不止酒肉。凡此八者，以權制者也。《禮記·喪服四制》

---

① "四"，原作"二"，據袁刻本《大戴禮記》改。

論禮第二十七

孔子閒居，子張、子貢、言游侍，論及於禮。孔子曰："居，汝三人者，吾語汝。以禮周流，無不徧也。"子貢越席而對曰："敢問如何？"子曰："敬而不中禮謂之野，恭而不中禮謂之給，勇而不中禮謂之逆。"子曰："給奪慈仁。"子貢曰："敢問將何以爲此中者也？"①子曰："禮乎！夫禮所以制中也。"子貢退，言游進曰："敢問禮也，領惡而全好者與？"子曰："然。""然則何如？"②子曰："郊社之禮，所以仁鬼神也。禘嘗之禮，所以仁昭穆也。饋奠之禮，所以仁死喪也。射饗之禮，所以仁鄉黨也。食饗之禮，所以仁賓客也。明乎郊社之禮、③禘嘗之禮，治國其如指諸掌而已。是故以之居家有禮，④故長幼辨；以之閨門有禮，故三族和；以之朝廷有禮，故官爵序；以之田獵有禮，故戎事閑；以之軍旅有禮，故武功成。是以宮室得其度，鼎俎得其象，物得其時，樂得其節，車得其軾，鬼神得其享，喪紀得其哀，辨説得其黨，百官得其禮，政事得其施。加於身而措於前，凡衆之動得其宜也。"言游退，子張進曰："敢問禮何謂也？"子曰："禮者，即事之治也。君子有其事，必有其治。治國而無禮，譬猶瞽之無相，倀倀乎何所之？譬猶終夜有求於幽室之中，非燭何以見？故無禮則手足無所措，耳目無所加，進退揖讓無所制。是故以之居處，長幼失其别；閨門，三族失其和；朝廷，官爵失其序；田獵，戎事失其策；軍旅，

---

① "中"下，覆寬永本、明覆宋本《家語》有"禮"字。
② "然則何如"，覆寬永本、明覆宋本《家語》作"子貢問何也"。
③ "禮"，覆寬永本、明覆宋本《家語》作"義"。
④ "以之"，覆寬永本、明覆宋本《家語》無此二字。

武功失其勢。宮室失其度，鼎俎失其象，物失其時，樂失其節，車失其勢，鬼神失其享，喪紀失其哀，辨説失其黨，百官失其體，政事失其施。加於身而措于前，凡動之衆失其宜，如此則無以祖洽四海。”

子曰：“慎聽之，汝三人者，吾語汝。禮猶有九焉，大饗有四焉。苟知此矣，雖在畎畝之中，事之，聖人矣。兩君相見，揖讓而入門，入門而懸興，揖讓而升堂，升堂而樂闋。下管《象》、《舞》，《夏》籥序興，陳其薦俎，序其禮樂，備其百官。如此而後，君子知仁焉。行中規，旋中矩，鑾和中《采薺》。客出以《雍》，徹以《振羽》。是故君子無物而不在於禮焉。入門而金作，示情也。升歌《清廟》，示德也。下管《象》、《舞》，示事也。是故古之君子，不必親相與言也，以禮樂相示而已。夫禮者，理也。樂者，節也。無禮不動，無節不作。不能《詩》，於禮謬。不能樂，於禮素，於德薄，於禮虛。”子貢作而問曰：“然則夔其窮與？”子曰：“古之人與？上古之人也，達於禮而不達於樂謂之素，達於樂而不達於禮謂之偏。夫夔達於樂而不達於禮，是以傳於此名也。古之人也。凡制度在禮，文爲在禮，行之其在人乎？”三子者既得聞此論於夫子也，煥若發矇焉。

> 仲尼燕居，子張、子貢、言游侍，縱言至於禮。子曰：“居，女三人者，吾語女禮。使女以禮周流，無不遍也。”子貢越席而對曰：“敢問何如？”子曰：“敬而不中禮謂之野，恭而不中禮謂之給，勇而不中禮謂之逆。”子曰：“給奪慈仁。”子曰：“師，爾過，而商也不及。子産猶衆人之母也，能食之，不能教也。”子貢越席而對曰：“敢問將何以爲此中者也？”子曰：“禮乎禮！夫禮所以制中也。”子

貢退，言游進曰："敢問禮也，領惡而全好者與？"子曰："然。""然則何如？"子曰："郊社之義，所以仁鬼神也。嘗禘之禮，所以仁昭穆也。饋奠之禮，所以仁死喪也。射鄉之禮，所以仁鄉黨也。食饗之禮，所以仁賓客也。"子曰："明乎郊社之義、嘗禘之禮，治國其如指諸掌而已乎？是故以之居處有禮，故長幼辨也；以之閨門之内有禮，故三族和也；以之朝廷有禮，故官爵序也；以之田獵有禮，故戎事閑也；以之軍旅有禮，故武功成也。是故宫室得其度，量鼎得其象，味得其時，樂得其節，車得其式，鬼神得其饗，喪紀得其哀，辨説得其黨，官得其體，政事得其施。加於身而錯於前，凡衆之動得其宜。"子曰："禮者何也？即事之治也。君子有其事，必有其治。治國而無禮，譬猶瞽之無相與？倀倀乎其何之？譬如終夜有求於幽室之中，非燭何見？若無禮，則手足無所措，耳目無所加，進退揖讓無所制。是故以之居處，長幼失其别，閨門、三族失其和，朝廷、官爵失其序，田獵、戎事失其策，軍旅、武功失其制，宫室失其度，量鼎失其象，味失其時，樂失其節，車失其式，鬼神失其享，喪紀失其哀，辨説失其黨，官失其體，政事失其施。加於身而錯於前，凡衆之動失其宜。如此則無以祖洽於衆也。"

子曰："慎聽之，汝三人者，吾語汝。禮猶有九焉，大饗有四焉。苟知此矣，雖在畎畝之中，事之，聖人已。兩君相見，揖讓而入門，入門而縣興，揖讓而升堂，升堂而樂闋。下管《象》、《武》，《夏》籥序興。陳其薦俎，序其禮樂，備其百官。如此而後，君子知仁焉。行中規，還中矩，和鸞中《采齊》。客出以《雍》，徹以《振羽》。是故君曰:“民之父母,既得而聞之矣,敢問何謂五至?”孔子曰:“志之所至,《詩》亦至焉。《詩》之所至,禮亦至焉。禮之所至,樂亦至焉。樂之所至,哀亦至焉。哀樂相生。是故正明目而視之,不可得而見也;傾耳而聽之,不可得而聞也;志氣塞乎天地,此之謂五至。”子夏曰:“五至既得而聞之矣,敢問何謂三無?”孔子曰:“無聲之樂,無體之禮,無服之喪,此之謂三無。”子夏曰:“三無既得略而聞之矣,敢問何詩近之?”孔子曰:“‘夙夜其命宥密’,無聲之樂也。‘威儀逮逮,不可選也’,無體之禮也。‘凡民有喪,匍匐救之’,無服之喪也。”

子夏曰:“言則大矣。美哉!盛矣!言盡於此而已乎?”孔子曰:“何爲其然也?君子之服之也,猶有五起焉。”子夏曰:“何如?”孔子曰:“無聲之樂,氣志不違。無體之禮,威儀遲遲。無服之喪,内恕孔悲。無聲之樂,氣志既得。無體之禮,威儀翼翼。無服之喪,施及四國。無聲之樂,氣志既從。無體之禮,上下和同。無服之喪,以畜萬邦。無聲之樂,日聞四方。無體之禮,日就月將。無服之喪,純德孔明。無聲之樂,氣志既起。無體之禮,施及四海。無服之喪,施於孫子。”子夏曰:“三王之德,參於天地,敢問何如斯可謂參於天地矣?”孔子曰:“奉三無私以勞天下。”子夏曰:“敢問何謂三無私?”孔子曰:“天無私覆,地無私載,日月無私照。奉斯三者以勞天下,此之謂三無私。其在《詩》曰:‘帝命不違,至於湯齊。湯降不遲,聖敬日躋。昭假遲遲,上帝是祗。帝命式於九圍。’是湯之德也。天有四時,春秋冬夏,風雨霜露,無非教也。地載神氣,神氣風霆,風霆流行,庶物露生,無非教也。清明在躬，氣志如神，耆欲將至，有開必先。天降時雨，山川出雲。其在《詩》曰：'嵩高維岳，峻極于天。維岳降神，生甫及申。維申及甫，維周之翰。四國于蕃，四方于宣。'此文武之德也。三代之王也，必先其令聞，《詩》云：'明明天子，令聞不已。'三代之德也。'弛其文德，協此四國。'大王之德也。"子夏蹶然而起，負牆而立曰："弟子敢不承乎？"《禮記·孔子閒居》

孔子家語疏證卷六終

丁兆松校字

陳曾望覆校

介,介酬衆賓。① 賓少長以齒,②終於沃洗者焉,知其能弟長而無遺矣。降,脱屨,升坐,修爵無算。飲酒之節,旰不廢朝,暮不廢夕。賓出,主人迎送,節文終遂焉。知其能安燕而不亂也。貴賤既明,降殺既辨,和樂而不流,弟長而無遺,安燕而不亂,此五者足以正身安國矣。彼國安而天下安矣,故曰:"吾觀於鄉,而知王道之易易也。"

孔子曰:"吾觀於鄉,而知王道之易易也。"主人親速賓及介,而衆賓自從之,至於門外,主人拜賓及介,而衆自入,貴賤之義别矣。三揖至于階,三讓,以賓升,拜至,獻酬辭讓之節繁,及介,省矣。至於衆賓,升受,坐祭,立飲,不酢而降,隆殺之義辨矣。工入,升歌三終,主人獻之。笙入三終,主人獻之。間歌三終,合樂三終,工告樂備,遂出。一人揚觶,乃立司正焉,知其能和樂而不流也。賓酬主人,主人酬介,介酬衆賓。少長以齒,終於沃洗者焉,知其能弟長而無遺矣。降,脱屨,升坐,修爵無數。飲酒之節,旰不廢朝,莫不廢夕。賓出,主人拜送,節文終遂焉,知其能安燕而不亂也。貴賤明,隆殺辨,和樂而不流,弟長而無遺,安燕而不亂,此五行者,足以正身安國矣。彼國安而天下安,故曰:"吾觀於鄉,而知王道之易易也。"《禮記·鄉飲酒義》

"吾觀於鄉,而知王道之易易也。"主人親速賓及介,而衆賓皆從之,至於門外,主人拜賓及介,而衆賓皆入,

① "衆",覆寬永本《家語》無此字。
② "賓",覆寬永本《家語》無此字。

貴賤之義別矣。三揖至於階，三讓，以賓升，拜至，獻酬辭讓之節煩，及介，省矣。至於衆賓，升受，坐祭，立飲，不酢，而隆殺之義辨矣。工入，升歌三終，主人獻之。笙入三終，主人獻之。閒歌三終，合樂三終，工告樂備，遂出。二人揚觶，乃立司正焉，知其能和樂而不流也。賓酬主人，主人酬介，介酬衆賓。少長以齒，終於沃者焉，知其能弟長而無遺也。降，説屨，升坐，修爵無數。飲酒之節，朝不廢朝，莫不廢夕。賓出，主人拜送，節文終遂焉，知其能安燕而不亂也。貴賤明，隆殺辨，和樂而不流，弟長而無遺，安燕而不亂，此五行者，是足以正身安國矣。彼國安而天下安，故曰："吾觀於鄉，而知王道之易易也。"《荀子·樂論》篇

子貢觀於蜡。孔子曰："賜也樂乎？"對曰："一國之人皆若狂，賜未知其爲樂也。"孔子曰："百日之勞，一日之樂，一日之澤，非爾所知也。張而不弛，文武弗能。弛而不張，文武弗爲。一張一弛，文武之道也。"

子貢觀於蜡。孔子曰："賜也樂乎？"對曰："一國之人皆若狂，賜未知其樂也。"子曰："百日之蜡，一日之澤，非爾所知也。張而不弛，文武弗能也。弛而不張，文武弗爲也。一張一弛，文武之道也。"《禮記·雜記下》

郊問第二十九

定公問於孔子曰："古之帝王必郊祀其祖以配天，何也？"孔子對曰："萬物本乎天，人本乎祖。郊之祭也，大報本反始

也,故以配上帝。天垂象,聖人則之。郊,所以明天道也。"公曰:"寡人聞郊而莫同,何也?"孔子曰:"郊之祭也,迎長日之至也,大報天而主日,配以月。故周之始郊,其月以日至,其日用上辛。至於啓蟄之月,則又祈穀於上帝。此二者,天子之禮也。魯無冬至大郊之事,降殺於天子,是以不同也。"公曰:"其言郊,何也?"孔子曰:"兆丘於南,所以就陽位也。於郊,故謂之郊焉。"曰:"其牲器何如?"孔子曰:"上帝之牛角繭,①必在滌三月。后稷之牛唯具,所以別事天神與人鬼也。牲用騂,尚赤也。用犢,貴誠也。掃地而祭,於其質也。器用陶匏,以象天地之性也。萬物無可稱之者,故因其自然之體也。"公曰:"天子之郊,其禮儀可得聞乎?"孔子對曰:"臣聞天子卜郊,則受命於祖廟,而作龜於禰宮,尊祖親考之義也。卜之日,王親立於澤宮,以聽誓命,受教諫之義也。既卜,獻命庫門之内,所以戒百官也。將郊,則天子皮弁以聽報,示民嚴上也。郊之日,喪者不敢哭,凶服者不敢入國門,氾埽清路,行者必止,弗命而民聽,敬之至也。天子大裘以黼之,被衮象天,乘素車,貴其質也。旂十有二旒,②龍章而設以日月,所以法天也。既至泰壇,王脱裘矣,服衮以臨,燔柴戴冕,璪十有二旒,則天數也。臣聞之,誦《詩》三百,不足以一獻;一獻之禮,不足以大饗;大饗之禮,不足以大旅;大旅具矣,不足以饗帝,是以君子無敢輕議於禮者也。"

郊之祭也,迎長日之至也,大報天而主日也。兆於

① "繭"下,覆寛永本、明覆宋本《家語》有"栗"字。
② "十有",原誤倒,據覆寛永本、明覆宋本《家語》乙正。下"璪十有二旒"同。

南郊，就陽位也。掃地而祭，於其質也。器用陶匏，以象天地之性也。於郊，故謂之郊。牲用騂，尚赤也。用犢，貴誠也。郊之用辛也，周之始郊日以至。卜郊，受命於祖廟，作龜於禰宮，尊祖親考之義也。卜之日，王立於澤，親聽誓命，受教諫之義也。獻命庫門之内，戒百官也。大廟之命，戒百姓也。祭之日，王皮弁以聽祭報，示民嚴上也。喪者不哭，不敢凶服，氾埽反道，鄉爲田燭，弗命而民聽上。祭之日，王被衮以象天，戴冕，璪十有二旒，則天數也。乘素車，貴其質也。旂十有二旒，龍章而設日月，以象天也。天垂象，聖人則之。郊所以明天道也。帝牛不吉，以爲稷牛。帝牛必在滌三月，稷牛唯具，所以别事天神與人鬼也。萬物本乎天，人本乎祖，此所以配上帝也。郊之祭也，大報本反始也。《禮記·郊特牲》

孔子曰："誦《詩》三百，不足以一獻。一獻之禮，不足以大饗。大饗之禮，不足以大旅。大旅具矣，不足以饗帝。毋輕議禮。"《禮記·禮器》

五刑解第三十

冉有問於孔子曰："古者三皇五帝不用五刑，信乎?"孔子曰："聖人之設防，貴其不犯也。制五刑而不用，所以爲至治也。凡夫之爲奸邪、竊盜、靡法、妄行者，生於不足，不足生於無度。無度則小者竊盜，大者侈靡，各不知節。是以上有制度則民知所止，民知所止則不犯。故雖有奸邪、賊盜、靡法、妄行之獄，而無陷刑之民。不孝者生於不仁，不仁者生於喪祭之禮不明。[1] 喪祭之禮,所以教仁愛也。能教仁愛,[2]則喪思慕,[3]祭祀不解人子饋養之道。喪祭之禮明,則民孝矣。故雖有不孝之獄,而無陷刑之民。弑上者生於不義。義所以別貴賤,明尊卑也。貴賤有別,尊卑有序,則民莫不尊上而敬長。朝聘之禮者,所以明義也。義必明則民不犯,故雖有弑上之獄,而無陷刑之民。鬥變者生於相陵,相陵者生於長幼無序,而遺敬讓。鄉飲酒之禮者,所以明長幼之序,而崇敬讓也。長幼必序,民懷敬讓,故雖有鬥變之獄,而無陷刑之民。淫亂者生於男女無別,男女無別,則夫婦失義。婚禮聘享者,所以別男女,明夫婦之義也。男女既別,夫婦既明,故雖有淫亂之獄,而無陷刑之民。此五者,刑罰之所以生,各有源焉。不豫塞其源,而輒繩之以刑,是謂爲民設穽而陷之。刑罰之源,生於嗜慾不節。夫禮度者,所以禦民之嗜慾,而明好惡,順天之道。禮度既陳,五教畢修,而民猶或未化,尚必明其法典以申固之。其犯奸邪、靡法、妄行之獄者,則飭制量之度。有犯不孝之獄者,則飭喪祭之禮。有犯弑上之獄者,則飭朝覲之禮。有犯鬥變之獄者,則飭鄉飲酒之禮。有犯淫亂之獄者,則飭婚聘之禮。三皇五帝之所化民者如此,雖有五刑之不用,[4]不亦可乎?"孔子曰:"大罪有五,而殺人爲下。逆天地者,罪及五世;誣文武者,罪及四世;逆人倫者,罪及三世;謀鬼神者,罪及二世;手殺人者,罪及其身,故曰:大罪有五,

① "禮"上,原衍"無"字,據寫本《家語》删。下"不"字,原脱,據寫本《家語》補。按,覆寬永本、明覆宋本《家語》"禮"上皆無"無"字,不誤,唯"明"上脱"不"字。"無"字當系抄刻者因不明"不"字之脱而妄增。

② "教",覆寬永本《家語》作"致"。

③ "喪"上,覆寬永本《家語》有"服"。

④ "不",原脱,據覆寬永本《家語》補。

而殺人爲下矣。”①

凡人民疾，六畜疫，五穀災者，生於天道不順。② 天道不順，生於明堂不飭。故有天災，則飭明堂也。凡民之爲奸邪、竊盗、歷法、妄行者，生於不足。不足生於無度量也。無度量，則小者偷墮，大者侈靡而不知足。故有度量則民足，民足則無爲奸邪、竊盗、歷法、妄行者。故奸邪、竊盗、歷法、妄行之獄，則飭度量也。凡不孝生於不仁愛也，不仁愛生於喪祭之禮不明。喪祭之禮，所以教仁愛也，致愛故能致喪祭。春秋祭祀之不絶，致思慕之心也。夫祭祀致饋養之道也，死且思慕饋養，況於生而存乎？故曰喪祭之禮明，則民孝矣。故有不孝之獄，則飭喪祭之禮也。凡弑上生於義不明。義者，所以等貴賤，明尊卑。貴賤有序，民尊上敬長矣。民尊上敬長而弑者，寡有之也。朝聘之禮，所以明義也，故有弑上之獄，則飭朝聘之禮也。凡鬥辨生於相侵陵也，相侵陵

① 按，“而殺人爲下矣”句下，覆寬永本、明覆宋本《家語》並有“冉有問於孔子曰：‘先王制法，使刑不上於大夫，禮不下於庶人。然則大夫犯罪，不可以加刑，庶人之行事，不可以治於禮乎？’孔子曰：‘不然。凡治君子，以禮御其心，所以屬之以廉恥之節也。故古之大夫，其有坐不廉、污穢而退放之者，不謂之不廉、污穢而退放，則曰簠簋不飭。有坐淫亂男女無别者，不謂之淫亂男女無别，則曰帷幕不修也。有坐罔上不忠者，不謂之罔上不忠，則曰臣節未著。有坐罷軟不勝任者，不謂之罷軟不勝任，則曰下官不職。有坐干國之紀者，不謂之干國之紀，則曰行事不請。此五者，大夫既自定有罪名矣，而猶不忍斥，然正以呼之也，既而爲之諱，所以愧恥之，是故大夫之罪，其在五刑之域者，聞而譴發，則白冠釐纓，盤水加劍，造乎闕而自請罪，君不使有司執縛牽掣而加之也。其有大罪者，聞命則北面再拜，跪而自裁，君不使人捽引而刑殺之也，曰：“子大夫自取之耳，吾遇子有禮矣。”以刑不上大夫，而大夫亦不失其罪者。教使然也。所謂禮不下庶人者，以庶人遽其事而不能充禮，故不責之以備禮也。’冉有跪然免席曰：‘言則美矣，求未之聞，退而記之。’”

② “道不順”，袁刻本《大戴禮記》無。

生於長幼無序,而教以敬讓也,故有鬥辨之獄,則飭鄉飲酒之禮也。凡淫亂生於男女無别,夫婦無義。昏禮享聘者,所以别男女,明夫婦之義也,故有淫亂之獄,則飭昏禮享聘也。故曰:刑罰之所從生有源,不務塞其源,而務刑殺之,是爲民設陷以賊之也。刑罰之源,生於嗜欲好惡不節。故明堂,天法也,禮度,德法也,所以御民之嗜欲好惡,以慎天法,以成德法也。《大戴禮·盛德篇》

刑政第三十一

仲弓問於孔子曰:"雍聞至刑無所用政,至政無所用刑。至刑無所用政,桀、紂之世是也。至政無所用刑,成、康之世是也。信乎?"孔子曰:"聖人之治化也,必刑政相參焉。大上以德教民,而以禮齊之。其次以政焉導民,[1]以刑禁之,刑不刑也。化之弗變,導之弗從,傷義以敗俗,於是乎用刑矣。顓五刑必即天倫,行刑罰則輕無赦。刑,侀也。侀,成也。壹成而不可更,故君子盡心焉。"仲弓曰:"古之聽訟,尤罰麗於事,不以其心。可得聞乎?"孔子曰:"凡聽五刑之訟,必原父子之情,立君臣之義以權之;意論輕重之序,慎測淺深之量以别之;悉其聰明,正其忠愛以盡之。大司寇正刑明辟以察獄,獄必三訊焉。有指無簡,則不聽也。附從輕,赦從重。疑獄則泛與衆共之,疑則赦之。皆以小大之比成也。是故爵人必於朝,與衆共之也;刑人必於市,[2]與衆棄之也。古者公家不畜

① "焉",覆寬永本《家語》作"言"。
② "必",覆寬永本《家語》無此字。

刑人，大夫弗養也，士遇之塗，以弗與之言，屏諸四方，唯其所之，不及於政，[1]弗欲生之也。"仲弓曰："聽獄，獄之成成何官？"孔子曰："成獄成於吏，吏以獄成告於正。正既聽之，乃告大司寇。大司寇聽之，乃奉於王。王命三公、卿士參聽棘木之下，然後乃以獄之成疑於王。王三宥之以聽命，而制刑焉，所以重之也。"仲弓曰："其禁何禁？"孔子曰："巧言破律，遁名改作，執左道與亂政者，殺。作淫聲，造異服，設奇技奇器，[2]以蕩上心者，殺。行僞而堅，言詐而變，[3]學非而博，順非而澤，以惑衆者，殺。假於鬼神，時日卜筮，以疑衆者，殺。此四誅者不以聽。"仲弓曰："其禁盡於此而已？"孔子曰："此其急者，其餘禁者十有四焉。命服命車，不粥於市。圭璋璧琮，不粥於市。宗廟之器，不粥於市。兵車旍旗，不粥於市。犧牲秬鬯，不粥於市。戎器兵車，[4]不粥於市。用器不中度，不粥於市。布帛精粗不中數，廣狹不中量，不粥於市。奸色亂正色，不粥於市。文錦珠玉之器，雕飾靡麗，不粥於市。衣服飲食，不粥於市。果食不時，不粥於市。五木不中伐，不粥於市。鳥獸魚鱉不中殺，不粥於市。凡執此禁以齊衆者，不赦過也。"

　　司寇正刑明辟，以聽獄訟，必三刺。有旨無簡，不聽。附從輕，赦從重。凡聽五刑，[5]必即天論，郵罰麗於事。凡聽五刑之訟，必原父子之親，立君臣之義以權之；

---

① "於"，覆寬永本、明覆宋本《家語》作"與"。
② 上"奇"字，覆寬永本、明覆宋本《家語》無。
③ "變"，覆寬永本、明覆宋本《家語》作"辯"。
④ "車"，覆寬永本、明覆宋本《家語》作"甲"。
⑤ "聽"，宋本《纂圖互注禮記》作"制"。

意論輕重之序，慎測淺深之量以別之；悉其聰明，致其忠愛以盡之。疑獄氾與衆共之，衆疑，赦之。必察小大之比以成之。成獄辭，史以獄成告於正，正聽之。正以獄成告于大司寇，大司寇聽之棘木之下。大司寇以獄之成告於王，王命三公參聽之。三公以獄之成告於王，王三又，然後制刑。凡作刑罰，輕無赦。刑者，侀也。侀者，成也。一成而不可變，故君子盡心焉。析言破律，亂名改作，執左道以亂政，殺。作淫聲、異服、奇技、奇器以疑衆，殺。行僞而堅，言僞而辨，學非而博，順非而澤以疑衆，殺。假於鬼神，時日卜筮以疑衆，殺。此四誅者，不以聽。凡執禁以齊衆，不赦過。有圭璧金璋，不粥於市。命服命車，不粥於市。宗廟之器，不粥於市。犧牲不粥於市。戎器不粥於市。用器不中度，不粥於市。兵車不中度，不粥於市。布帛精粗不中數，幅廣狹不中量，不粥於市。姦色亂正色，不粥於市。錦文珠玉成器，不粥於市。衣服飲食，不粥於市。五穀不時，果實未孰，不粥於市。木不中伐，不粥於市。禽獸魚鱉不中殺，不粥於市。關執禁以譏，禁異服，識異言。《禮記・王制》

禮運第三十二

孔子爲魯司寇，與於蜡。既賓事畢，乃出游於觀之上，喟然而嘆。言偃侍曰："夫子何嘆也？"孔子曰："昔大道之行，與三代之英，吾未之逮也，而有記焉。大道之行，天下爲公，選賢與能，講信修睦。故人不獨親其親，不獨子其子，老有所終，壯有所用，矜寡孤疾皆有所養。貨惡其棄於地，不必藏於己；力惡其不出於身，不必爲人。是以奸謀閉而不興，[①]盜竊、亂賊不作，故外户而不閉，謂之大同。今大道既隱，天下爲家，各親其親，各子其子，貨則爲己，力則爲人。大夫世及以爲常，城郭溝池以爲固。禹、湯、文、武、成王、周公，由此而選，未有不謹於禮。禮之所興，與天地並。如有不由禮而在位者，則以爲殃。"言偃復問曰："如此乎禮之急也？"孔子曰："夫禮，先王所以承天之道，以治人之情，列於鬼神，[②]達於喪祭、鄉射、冠婚、朝聘。故聖人以禮示之，則天下國家可得以禮正矣。"言偃曰："今之在位，莫知由禮，何也？"孔子曰："嗚呼哀哉！我觀周道，幽、厲傷也。吾捨魯何適？夫魯之郊及禘皆非禮，周公其已衰矣。杞之郊也禹，宋之郊也契，是天子之事守也。天子以杞、宋二王之後。周公攝政致太平，而與天子同是禮也。諸侯祭社稷、宗廟，上下皆奉其典，而祝嘏莫敢易其常法，是謂大嘉。今使祝嘏辭説，徒藏於宗祝巫史，非禮也，是謂幽國。醆斝及尸君，非禮也，是謂僭君。冕弁兵車，藏於私家，非禮也，是謂脅君。大夫具官，祭器不假，聲樂皆具，非禮也，是爲亂國。故仕於公曰臣，仕於家曰僕。三年之喪，與新有婚者，期不使也。以衰裳入朝，與家僕雜居齊齒，非禮也，是謂臣與君共國。天子有田，以處其子孫；諸侯有國，以處其子孫；大夫有采，以處其子孫，是謂制度。天子適諸侯，必舍其宗廟，而不以禮籍入，[③]是謂天子壞法亂紀。諸侯非問疾弔喪，而入諸臣之家，是謂君臣爲謔。夫禮者，君之柄，所以別嫌明微，儐鬼神，考制度，列仁義，立政教，安君

① "閉"，覆寬永本《家語》作"閑"。
② "於"，覆寬永本、明覆宋本《家語》作"其"。
③ "以"，原脱，據覆寬永本《家語》補。

臣上下也。故政不正則君位危，君位危則大臣倍、小臣竊。刑肅而俗弊則法無常，法無常則禮無别，禮無别則士不仕、民不歸，是謂疵國。是故夫政者，君之所以藏身也，必本之天，效以降命。命降於社之謂教地，[①]降於祖廟之謂仁義，降於山川之謂興作，降於五祀之謂制度，此聖人所以藏身之固也。

"聖人參於天地，並於鬼神，以治政也。處其所存，禮之序也；玩其所樂，民之治也。天生時，地生財。人其父生，而師教之。四者君以政用之，所以立於無過之地。君者，人所明，非明人者也；人所養，非養人者也；人所事，非事人者也。夫君者，明人則有過，故養人則不足，事人則失位，故百姓明君以自治，養君以自安，事君以自顯，是以禮達而分定。人皆愛其死，而患其生，是故用人之智去其詐，用人之勇去其怒，用人之仁去其貪。國有患，君死社稷爲之義，大夫死宗廟爲之變。凡聖人能以天下爲一家，以中國爲一人，非意之，必知其情，從於其義，明於其利，達於其患，然後能爲之。[②] 何謂人情？喜、怒、哀、懼、愛、惡、欲，七者弗學而能。何謂人義？父慈、子孝、兄良、弟悌、夫義、婦聽、長惠、幼順、君仁、臣忠，十者謂之人義。講信修睦，謂之人利；爭奪相殺，謂之人患。聖人之所以治人七情，修十義，講信修睦，尚辭讓，去爭奪，舍禮何以治之？飲食男女，人之大欲存焉；死亡貧苦，人之大惡存焉。欲、惡者，人之大端。人藏其心，不可測度。美惡皆在其心，不見其色，欲一以窮之，舍禮何以哉？故人者，天地之德，陰陽之交，鬼神之會，五行之秀。天秉陽，垂日星，地秉

① "教"，覆寬永本《家語》作"效"。
② "能"，覆寬永本、明覆宋本《家語》無此字。

陰，竅於山川，①播五行於四時，和四氣而後月生，是以三五而盈，三五而缺，五行之動，其相竭也。② 五行四氣十二月，還相爲本。五聲六律十二管，還相爲宫。五味六和十二食，還相爲質。五色六章十二衣，還相爲主。故人者，天地之心，而五行之端，食味别聲被色而生者也。

"聖人作則，必以天地爲本，以陰陽爲端，以四時爲柄，以日星爲紀，月以爲量，鬼神以爲徒，五行以爲質，禮義以爲器，人情以爲田，四靈以爲畜。以天地爲本，故物可舉。以陰陽爲端，故情可睹。以四時爲柄，故事可勸。以日星爲紀，故業可别。月以爲量，故功可藝。鬼神以爲徒，故事有守。五行以爲質，故事可復也。禮義以爲器，故事行有考。人情以爲田，故人以爲奥也。③ 四靈以爲畜，故飲食有由也。④ 何謂四靈？麟、鳳、龜、龍，謂之四靈。故龍以爲畜，而魚鮪不淰；鳳以爲畜，而鳥不狘；麟以爲畜，而獸不獝；龜以爲畜，而人情不失。先王秉蓍龜，列祭祀，瘞繒，宣祝嘏，設制度，祝嘏辭説，故國有禮，官有御，職有序。先王患禮之不達於下，故饗帝於郊，所以定天位也；祀社於國，所以列地利也；禘祖廟，所以本仁也；旅山川，所以儐鬼神也；祭五祀，所以本事也。故宗祝在廟，⑤三公在朝，三老在學。王前巫而後史，卜蓍瞽侑，皆在左右。王中心無爲也，以守至正。是以禮行於郊，而百神

① "竅"，覆寬永本、明覆宋本《家語》作"載"。
② "其"，覆寬永本、明覆宋本《家語》作"共"。
③ "故人以爲奥也"，覆寬永本、明覆宋本《家語》無此六字。
④ "故飲食有由也"，覆寬永本、明覆宋本《家語》無此六字。
⑤ "祝"，覆寬永本《家語》作"祀"。

受職；禮行於社，而百貨可極；禮行於祖廟，而孝慈服焉；禮行於五祀，而正法則焉。故郊社、宗廟、山川、五祀，義之修而禮之藏。

“夫禮必本於太一，分而爲天地，轉而爲陰陽，變而爲四時，列而爲鬼神。其降曰命。其官於天也，協於分藝。其居於人也曰養。所以講信修睦，而固人肌膚之會，筋骸之束者。所以養生送死，事鬼神之大端。所以達天道，順人情之大竇。唯聖人爲知禮之不可以已也。故破國喪家亡人，必先去其禮。禮之於人，猶酒之有糵也。君子以厚，小人以薄。聖人修義之柄，禮之序，以治人情。人情者，聖王之田也。修禮以耕之，陳義以種之，講學以耨之，本仁以聚之，播樂以安之。故禮者義之實也，協諸義而協則禮。雖先王未有，可以義起焉。義者，藝之分，仁之節。協於藝，講於仁，得之者強，失之者喪。仁者，義之本，①順之體，得之者尊。故治國不以禮，猶無耜而耕；爲禮而不本於義，猶耕而弗種；爲義而不講於學，猶種而弗耨；講之以學，而不合以仁，猶耨而不穫；合之以仁，而不安之以樂，猶穫而弗食；安之以樂，而不達於順，猶食而不肥。四體既正，膚革充盈，人之肥也。父子篤，兄弟睦，夫婦和，家之肥也。大臣法，小臣廉，官職相序，君臣相正，國之肥也。天子以德爲車，以樂爲御，諸侯以禮相與，大夫以法相序，士以信相考，百姓以睦相守，天下之肥也。是謂大順。順者，所以養生送死，事鬼神之常也。故事大積焉而不苑，並行而不謬，細行而不失，深而通，茂而不間，連而不相及，動而不相害，此順之至也。明於順，然後乃能守危。夫禮之不同，

① “仁”，覆寬永本《家語》作“人”。

不豐不殺，[①]所以持情而合危也。山者不使居川，渚者不使居原。用水火金木、飲食必時。冬合男女，春頒爵位，必當年德，皆所順也。用民必順，故無水旱昆蟲之災，民無凶饑妖孽之疾。天不愛其道，地不愛其寶，人不愛其情。是以天降甘露，地出醴泉，山出器車，河出馬圖，鳳凰、麒麟在郊椒，龜、龍在宮沼。其餘鳥獸及卵胎，皆可俯而窺。則是無故，先王能循禮以達義，體信以達順，此順之實也。"

昔者仲尼與於蜡賓，事畢，[②]出游於觀之上，喟然而嘆。仲尼之嘆，蓋歎魯也。言偃在側，曰："君子何嘆？"孔子曰："大道之行也，與三代之英，丘未之逮也，而有志焉。大道之行也，天下爲公，選賢與能，講信修睦。故人不獨親其親，不獨子其子，使老有所終，壯有所用，幼有所長，矜寡孤獨廢疾者皆有所養。男有分，女有歸。貨惡其棄於地也，不必藏於己；力惡其不出於身也，不必爲己。是故謀閉而不興，盜竊亂賊而不作，故外户而不閉。是謂大同。今大道既隱，天下爲家，各親其親，各子其子，貨力爲己。大人世及以爲禮，城郭溝池以爲固。禮義以爲紀，以正君臣，以篤父子，以睦兄弟，以和夫婦，以設制度，以立田里，以賢勇知，以功爲己。故謀用是作，而兵由此起。十字當在"貨力爲己"下，"大人世及"上。禹、湯、文、武、成王、周公，由此其選也。此六君子者，未有不謹於禮者也。以著其義，以考其信，著有過，刑仁講讓，示民有常。如有不由此者，在埶者去，衆以爲殃。是謂小

① 上下"不"字，覆寬永本《家語》皆無，則此處當標點作"夫禮之不同，豐殺所以持情而合危也"。

② "畢"，原脱，據宋本《纂圖互注禮記》補。

康。”言偃復問曰：“如此乎禮之急也？”孔子曰：“夫禮，先王以承天之道，以治人之情，故失之者死，得之者生。是故夫禮必本於天，殽於地，列於鬼神，達於喪祭、射御、冠昏、朝聘。故聖人以禮示之，故天下國家可得而正也。”

孔子曰：“嗚呼哀哉！我觀周道，幽厲傷之，吾舍魯何適矣？魯之郊禘，非禮也，周公其衰矣。杞之郊也，禹也；宋之郊也，契也。是天子之事守也。故天子祭天地，諸臣祭社稷，祝嘏莫敢易其常古，是謂大假。祝嘏辭說，藏於宗祝巫史，非禮也，是謂幽國。醆斝及尸君，非禮也，是謂僭君。冕弁兵革，藏於私家，非禮也，是謂脅君。大夫具官，祭器不假，聲樂皆具，非禮也，是謂亂國。故仕於公曰臣，仕於家曰僕。三年之喪，與新有昏者，期不使。以衰裳入朝，與家僕雜居齊齒，非禮也，是謂君與臣同國。故天子有田以處其子孫，諸侯有國以處其子孫，①大夫有采以處其子孫，是謂制度。故天子適諸臣，必舍其宗廟，而不以禮籍入，是謂天子壞法亂紀。諸侯非問疾、弔喪而入諸臣之家，②是謂君臣爲謔。是故禮者君之大柄也，所以别嫌明微，儐鬼神，考制度，别仁義，所以治政安君也。故政不正則君位危，君位危則大臣倍、小臣竊，刑肅而俗敝則法無常，法無常而禮無列，禮無列則士不事也，刑肅而俗敝則民弗歸也，是謂疵國。故政者君之所以藏身也，是故夫政必本於天，殽以降命。命降于社之謂殽地，降於祖廟之謂仁義，降於山川之謂

① “侯”，原作“臣”，據宋本《纂圖互注禮記》改。
② “侯”，原作“臣”，據宋本《纂圖互注禮記》改。

興作，降於五祀之謂制度，此聖人所以藏身之固也。

“故聖人參於天地，並於鬼神，以治政也。處其所存，禮之序也。玩其所樂，民之治也。故天生時，而地生財。人其父生，而師教之。四者君以正用之，故君者立於無過之地也。故君者，所明也，非明人者也；君者，所養也，非養人者也；君者，所事也，非事人者也。故君明人則有過，養人則不足，事人則失位，故百姓則君以自治也，養君以自安也，事君以自顯也。故禮達而分定。故人皆愛其死，而患其生。故用人之知去其詐，用人之勇去其怒，用人之仁去其貪。故國有患，君死社稷謂之義，大夫死宗廟謂之變。故聖人耐以天下爲一家，以中國爲一人者，非意之也，必知其情，辟於其義，明於其利，達於其患，然後能爲之。何謂人情？喜、怒、哀、懼、愛、惡、欲，七者弗學而能。何謂人義？父慈、子孝、兄良、弟弟、夫義、婦聽、長惠、幼順、君仁、臣忠，十者謂之人義。講信修睦，謂之人利；爭奪相殺，謂之人患。故聖人之所以治人七情，修十義，講信修睦，尚辭讓，去爭奪，舍禮何以治之？飲食男女，人之大欲存焉；死亡貧苦，人之大惡存焉。故欲、惡者，人之大端也。① 人藏其心，不可測度也。美惡皆在其心，不見其色也。欲一以窮之，舍禮何以哉？故人者其天地之德，陰陽之交，鬼神之會，五行之秀氣也。故天秉陽，垂日星，地秉陰，竅於山川，播五行於四時，和而後月生也。是以三五而盈，三五而闕，五行之動，迭相竭也。五行四時十二月，還相爲本也。五聲

① “人”，宋本《纂圖互注禮記》作“心”。

六律十二管,還相爲宫也。五味六和十二食,還相爲質也。五色六章十二衣,還相爲質也。故人者,天地之心也,五行之端也,食味别聲被色而生者也。

"故聖人作則,必以天地爲本,以陰陽爲端,以四時爲柄,以日星爲紀,月以爲量,鬼神以爲徒,五行以爲質,禮義以爲器,人情以爲田,四靈以爲畜。以天地爲本,故物可舉也。以陰陽爲端,故情可睹也。以四時爲柄,故事可勸也。以日星爲紀,故事可列也。月以爲量,故功有藝也。鬼神以爲徒,故事可守也。五行以爲質,故事可復也。禮義以爲器,故事行有考也。人情以爲田,故人以爲奥也。四靈以爲畜,故飲食有由也。何謂四靈?麟、鳳、龜、龍,謂之四靈。故龍以爲畜,故魚鮪不淰;鳳以爲畜,故鳥不獝;麟以爲畜,故獸不狘;龜以爲畜,故人情不失。故先王秉蓍龜,列祭祀,瘞繒,宣祝嘏辭説,設制度,故國有禮,官有御,事有職,禮有序。故先王患禮之不達於下也,故祭帝於郊,所以定天位也;祀社於國,所以列地利也;祖廟,所以本仁也;山川,所以儐鬼神也;五祀,所以本事也。故宗祝在廟,三公在朝,三老在學。王前巫而後史,卜筮瞽侑,皆在左右,王中心無爲也,以守至正。故禮行於郊,而百神受職焉;禮行於社,而百貨可極焉;禮行於祖廟,而孝慈服焉;禮行於五祀,而正法則焉。故自郊社、祖廟、山川、五祀,義之修而禮之藏也。

"是故夫禮必本於大一,分而爲天地,轉而爲陰陽,變而爲四時,列而爲鬼神。其降曰命,其官於天也。夫禮必本於天,動而之地,列而之事,變而從時,協於分藝。其居人也曰養。其行之以貨力、辭讓、飲食、冠昏、喪祭、射御、朝聘。故禮義也者，人之大端也。所以講信修睦，而固人肌膚之會，筋骸之束也。所以養生送死，事鬼神之大端也。所以達天道，順人情之大竇也。故唯聖人爲知禮之不可以已也。故壞國、喪家、亡人，必先去其禮。故禮之於人也，猶酒之有蘖也，君子以厚，小人以薄。故聖王修義之柄、禮之序，以治人情。故人情者，聖王之田也，修禮以耕之，陳義以種之，講學以耨之，本仁以聚之，播樂以安之。故禮也者，義之實也。協諸義而協，則禮雖先王未之有，①可以義起也。義者，藝之分，仁之節也。協於藝，講於仁，得之者強。仁者，義之本也，順之體也，得之者尊。故治國不以禮，猶無耜而耕也；爲禮不本於義，猶耕而弗種也；爲義而弗講之以學，猶種而弗耨也；講之以學，而不合之以仁，猶耨而弗穫也；合之以仁，而不安之以樂，猶穫而弗食也；安之以樂，而不達於順，猶食而弗肥也。四體既正，膚革充盈，人之肥也。父子篤，兄弟睦，夫婦和，家之肥也。大臣法，小臣廉，官職相序，君臣相正，國之肥也。天子以德爲車，②以樂爲御，諸侯以禮相與，大夫以法相序，士以信相考，百姓以睦相守，天下之肥也。是謂大順。大順者，所以養生送死，事鬼神之常也。故事大積焉而不苑，並行而不繆，細行而不失，深而通，茂而有閒，連而不相及也，動而不相害也，此順之至也。故明於順，然後能守危也。故禮之不同也，不豐也，不殺也，所以持情而合危也。故聖王所以

---

① “之”，原脱，據宋本《纂圖互注禮記》補。
② “車”，宋本《纂圖互注禮記》作“惠”。

順，山者不使居川，不使渚者居中原，而弗敝也。用水火金木、飲食必時。合男女，頒爵位，必當年德。用民必順。故無水旱昆蟲之災，民無凶饑妖孽之疾。故天不愛其道，地不愛其寶，人不愛其情。故天降膏露，地出醴泉，山出器車，河出馬圖，鳳凰、麒麟皆在郊棷，龜、龍在宫沼。其餘鳥獸之卵胎，皆可俯而窺也。則是無故，先王能修禮以達義，體信以達順，故此順之實也。"《禮記·禮運》

孔子家語疏證卷七終

丁兆松校字

陳曾望覆校

卷八

冠頌第三十三①

郕隱公既即位，將冠，使大夫因孟懿子問禮于孔子。子曰："其禮如世子之冠。冠于阼者，以著代也。醮于客位，加其有成。三加彌尊，導喻其志。冠而字之，敬其名也。雖天子之元子，猶士也，其禮無變，天下無生而貴者故也。行冠事必于祖廟，以冠享之禮以將之，以金石之樂以節之，所以自卑而尊先祖，示不敢擅。"懿子曰："天子未冠即位，長亦冠乎？"孔子曰："古者王世子雖幼，其即位則尊爲人君，人君治成人之事者，何冠之有？"懿子曰："然則諸侯之冠，異天子與？"孔子曰："君薨而世子主喪，是亦冠也已。人君無所殊也。"懿子曰："今郕君之冠，非禮也？"孔子曰："諸侯之有冠禮也，夏之末造也，有自來矣，今無譏焉。天子冠者，武王崩，成王年十有三而嗣立，周公居冢宰，攝政以治天下，明年夏六月，既葬，冠成王而朝于祖，以見諸侯，亦爲君也。② 周公命祝雍作頌

① "三十三"，原作"三十二"，據篇目實際順序更正。嘉慶本不誤。又，本篇《目録》原標題爲"冠頌解"。

② "亦爲"，覆寬永本《家語》作"示有"，明覆宋本《家語》作"亦有"。

曰：'祝王達而未多。'[①]祝雍辭曰：'使王近于民，遠于年，嗇于時，惠于財，親賢而任能。'其頌曰：'令月吉日，王始加元服，去王幼志，服衮職，欽若昊命，六合是式，率爾祖考，永永無極。'此周公之制也。"懿子曰："諸侯之冠，其所以爲賓主，何也？"孔子曰："公冠則以卿爲賓，無介，公自爲主，迎賓，揖升自阼，立于席北。其醴也則如士，饗之以三獻之禮。既醴，降自阼階。諸侯非公而自爲主者，其所以異，皆降自西階。玄端與皮弁，異朝服，素畢，公冠四加，玄冕祭。其酬幣于賓，則束帛乘馬。王太子庶子之冠擬焉。皆天子自爲主，其禮與士無變，饗食賓也，皆同。"懿子曰："始冠，緇布之冠，[②]何也？"孔子曰："不忘本也。[③] 太古冠布，齋則緇之，其緌也，吾未之聞。今則冠而弊之可也。"懿子曰："三王之冠，其異何也？"孔子曰："周弁，殷冔，夏收，一也。三王共皮弁、素緌。[④]委貌，周道也。章甫，殷道也。毋追，夏后氏之道也。"

適子冠于阼，以著代也。醮于客位，加有成也。三加彌尊，論其志也。冠而字之，敬其名也。《儀禮·士冠記》，《禮記·郊特牲》同。

故冠于阼，以著代也。醮于客位，三加彌尊，加有成也。已冠而字之，成人之道也。《禮記·冠義》

天子之元子，猶士也，[⑤]天下無生而貴者也。《儀記·士冠記》，《禮記·郊特牲》同

---

① "多"，覆寬永本、明覆宋本《家語》作"幼"。

② "緇"上，覆寬永本、明覆宋本《家語》有"必加"二字。

③ "不"上，覆寬永本、明覆宋本《家語》有"示"字。"本"，覆寬永本、明覆宋本《家語》作"古"。

④ "共"，原作"其"，據嘉慶本《疏證》與覆寬永本、明覆宋本《家語》改。

⑤ "猶"，宋本《纂圖互注禮記》無此字。

君冠,必以祼享之禮行之,以金石之樂節之,以先君之祧處之。《春秋傳》

重冠,故行之于廟。行之于廟者,所以尊重事,尊重事而不敢擅重事,不敢擅重事,所以自卑而尊先祖也。《禮記·冠義》

無大夫冠禮,而有其昏禮。古者五十而後爵,何大夫冠禮之有?公侯之有冠禮也,夏之末造也。《儀禮·士冠記》,《禮記·郊特牲》同

成王冠,周公使祝雍祝王,曰:"達而勿多也。"祝雍曰:"使王近于民,達于年,嗇于時,惠于財,親賢使能。"《大戴禮·公冠》篇

成王將冠,周公使祝雍祝,王曰:"達而勿多也。"祝雍曰:"使王近于民,遠于佞,嗇于時,惠于財,任賢使能。"于此始成之時,祝辭四加而後退。《説苑·修文》篇

公冠,自爲主,迎賓,揖升自阼,立于席。既醴,降自阼。其餘自爲主者,其降也自西階,以異。其餘皆公同也。公玄端與皮弁,[1]皆韠,朝服素韠。公冠四加,玄冕。饗之以三獻之禮,無介,無樂,皆玄端。其酬幣朱錦采,四馬,其慶也,天子儗焉。太子與庶子,其冠皆自爲主,其禮與士同。饗賓也皆同。《大戴禮·公冠》篇

公冠,自以爲主,卿爲賓,饗之以三獻之禮。公始加玄端與皮弁,皆必朝服,玄冕四加。諸侯、太子、庶子冠,公爲主,其禮與士同。冠于祖廟曰:"令月上日,[2]加子

① "與",袁刻本《大戴禮記》作"以"。
② "上",元大德本《説苑》作"吉"。

元服，去爾幼志，[1]順爾成德。"冠禮，十九見正而冠，古之通禮也。《説苑·修文》篇

始冠，[2]緇布之冠也。大古冠布，齊則緇之。其緌也，孔子曰："吾未之聞也。冠而敝之可也。"《儀禮·士冠記》，《禮記·郊特牲》同

委貌，周道也。章甫，殷道也。毋追，夏后氏之道也。周弁，殷冔，夏收。三王共皮弁素積。《儀禮·士冠記》，《禮記·郊特牲》同

廟制第三十四

衛將軍文子將立三軍之廟于其家，使子羔訪于孔子。子曰："公廟設于私家，非古禮之所及，吾弗知。"子羔曰："敢問尊卑上下，立廟之制，可得而聞乎？"孔子曰："天下有王，分地建國，設祖宗，乃爲親疏、貴賤、多少之數。是故天子立七廟，三昭三穆，與太祖之廟七。太祖近廟，皆月祭之。遠廟爲祧，有二祧焉，享嘗乃止。諸侯立五廟，二昭二穆，與太祖之廟而五，曰祖考廟，享嘗乃止。大夫立三廟，一昭一穆，與太祖之廟而三，[3]曰皇考廟，享嘗乃止。士立一廟，曰考廟，王考無廟，合而享嘗乃止。庶人無廟，四時祭于寢。此自有虞以至于周之所不變也。凡四代帝王之所謂郊者，皆以配天，其所謂禘者，皆五年大祭之所及也。應爲太祖者，則其廟不毁。不及太祖，雖在禘郊，其廟則毁矣。古者祖有功而宗有德，謂

① "志"，原作"主"，據大德本《説苑》改。
② "冠"下，宋本《纂圖互注禮記》有"之"字。
③ "祖之"，原脱，據覆寬永本《家語》補。

之祖宗者，其廟皆不毁。”

天子七廟，三昭三穆，與太祖之廟而七。諸侯五廟，二昭二穆，與太祖之廟而五。大夫三廟，一昭一穆，與太祖之廟而三。士一廟。庶人祭於寢。《禮記·王制》

天下有王，分地建國，置都立邑，設廟祧壇墠而祭之，乃爲親疏、多少之數。是故王立七廟，一壇一墠，曰考廟，曰王考廟，曰皇考廟，曰顯考廟，曰祖考廟，皆月祭。遠廟爲祧，有二祧，享嘗乃止。去祧爲壇，去壇爲墠。壇、墠，有禱焉祭之，無禱乃止。去墠曰鬼。諸侯立五廟，一壇一墠，曰考廟，曰王考廟，曰皇考廟，皆月祭之。顯考廟，祖考廟，享嘗乃止。去祖爲壇，去壇爲墠。壇、墠，有禱焉祭之，無禱乃止。去墠爲鬼。大夫立三廟，一壇，①曰考廟，曰王考廟，曰皇考廟，享嘗乃止。顯考、祖考無廟，有禱焉，爲壇祭之。去壇爲鬼。適士二廟，一壇，曰考廟，曰王考廟，享嘗乃止。顯考無廟，鄭注："顯"當作"皇"。有禱焉，爲壇祭之。去壇爲鬼。官師一廟，曰考廟。王考無廟而祭之，去王考爲鬼。庶士、庶人無廟，死曰鬼。《禮記·祭法》

子羔問曰："祭典云：'昔有虞氏祖顓頊而宗堯，夏后氏亦祖顓頊而宗禹，殷人祖契而宗湯，周人祖文王而宗武王。'此四祖四宗，或乃異代，或其考祖之有功德，其廟可也。若有虞宗堯，夏祖顓頊，皆異代之有功德者也，亦可以存其廟乎？"孔子曰："善，如汝所問也。如殷周之祖宗，其廟可以不毁。其

---

① "一"，宋本《纂圖互注禮記》作"二"。

他祖宗者，功德不殊，雖在殊代，亦可以無疑矣。《詩》云：'蔽芾甘棠，勿翦勿伐，召伯所憩。'周人之于召公也，愛其人，猶敬其所舍之樹，況祖宗其功德而可以不尊奉其廟焉？"

有虞氏禘黄帝而祖顓頊，郊堯而宗舜。夏后氏禘黄帝而祖顓頊，郊鯀而宗禹。商人禘舜而祖契，郊冥而宗湯。周人禘嚳而郊稷，祖文王而宗武王。《國語》

有虞氏禘黄帝而郊嚳，祖顓頊而宗堯。夏后氏亦禘黄帝而郊鯀，祖顓頊而宗禹。殷人禘嚳而郊冥，祖契而宗湯。周人禘嚳而郊稷，祖文王而宗武王。《禮記・祭法》

辯樂解第三十五

孔子學琴于師襄子。襄子曰："吾雖以擊磬爲官，然能于琴。今子于琴已習，可以益矣。"孔子曰："丘未得其數也。"有間，曰："已習其數，可以益矣。"孔子曰："丘未得其志也。"有間，曰："已習其志，可以益矣。"孔子曰："丘未得其爲人也。"有間，孔子有所繆然思焉，有所睪然高望而遠眺，曰："丘殆得其爲人矣。近黮而黑，頎然長，曠如望羊，奄有四方，非文王其孰能爲此？"師襄子避席葉拱而對曰：王注：葉拱，兩手薄其心也。"君子，聖人也。其傳曰《文王操》。"

孔子學琴于師襄子而不進。師襄子曰："夫子可以進矣。"孔子曰："丘已得其曲矣，未得其數也。"有間，曰："夫子可以進矣。"曰："丘已得其數矣，未得其意也。"有間，復曰："夫子可以進矣。"曰："丘已得其人矣，未得其類也。"有間，曰："邈然遠望，洋洋也。翼翼乎，必作此樂也。默然異，[①]幾然而長，[②]以王天下，以朝諸侯者，惟其文王乎？”師襄子避席再拜曰：“善，師以爲《文王之操》也。”故孔子持文王之聲，知文王之爲人。師襄子曰：“敢問何以知《文王之操》也？”孔子曰：“然。夫仁者好偉，和者好粉，智者好彈，有殷勤之意者好麗。丘是以知《文王之操》也。”《傳》曰：“聞其末而達其本者，聖也。”《韓詩外傳五》

孔子學鼓琴師襄子，十日不進。師襄子曰：“可以益矣。”孔子曰：“丘已習其曲矣，未得其數也。”有間，曰：“已習其數，可以益矣。”孔子曰：“丘未得其志也。”有間，曰：“已習其志，可以益矣。”孔子曰：“丘未得其爲人也。”有間曰，[③]有所穆然深思焉，有所怡然高望而遠志焉，曰：“丘得其爲人。黯然而黑，幾然而長，眼如望羊，如王四國，非文王其誰能爲此也？”師襄子避席再拜，曰：“師蓋云《文王操》也。”《史記·孔子世家》

子路鼓琴，孔子聞之，謂冉有曰：“甚矣，由之不才也。夫先王之制音也，奏中聲以爲節，流入于南，不歸于北。夫南者，生育之鄉；北者，殺伐之域。故君子之音温柔居中，以養生育之氣，憂愁之感不加于心也，暴厲之動不在于體也。夫然者，乃所謂治安之風也。小人之音則不然，亢麗微末，以象殺伐之氣，中和之感不載于心，温和之動不存于體。夫然者，乃所以爲亂亡之風。昔者舜彈五弦之琴，造《南風》之詩，其

---

① “異”，沈刻本《韓詩外傳》作“思”。
② “幾”，沈刻本《韓詩外傳》作“戚”。“長”，沈刻本《韓詩外傳》作“悵”。
③ “曰”，衍字，當删。

詩曰:‘南風之熏兮,可以解吾民之愠兮。南風之時兮,可以阜吾民之財兮。’唯修此化,故其興也勃焉,德如泉流,至于今王公大人述而弗忘。殷紂好爲北鄙之聲,其廢也忽焉,至于今大人舉以爲誡。夫舜起布衣,積德含和而終以帝。紂爲天子,荒淫暴亂而終以亡。非各修之致乎?由,今也匹夫之徒,曾無意于先王之制,而習亡國之聲,豈能保其六七尺之體哉?”冉有以告子路,子路懼而自悔,静思不食,以至骨立。夫子曰:“過而能改,其進矣乎!”

子路鼓瑟,有北鄙之聲,孔子聞之曰:“信矣,由之不才也。”冉有侍,孔子曰:“求,來,爾奚不謂由?夫先王之制音也,奏中聲,爲中節,流入于南,不歸于北。南者,生育之鄉;北者,殺伐之域。故君子執中以爲本,務生以爲基,故其音温和而居中,以象生育之氣,憂哀悲痛之感不加乎心,暴厲淫荒之動不在乎體。夫然者,乃治存之風,安樂之爲也。彼小人則不然,執末以論本,務剛以爲基,故其音湫厲而微末,以象殺伐之氣,和節中正之感不加乎心,温儼恭莊之動不存乎體。夫殺者,乃亂亡之風,奔北之爲也。昔舜造南風之聲,其興也勃焉,至今王公述而不釋;紂爲北鄙之聲,其廢也忽焉,至今王公以爲笑。彼舜以匹夫,積正合仁,履中行善,而卒以興;紂以天子,好慢淫荒,剛厲暴賊,而卒以滅。今由也,匹夫之徒,布衣之醜也,既無意乎先王之制,而又有亡國之聲,豈能保七尺之身哉?”冉有以告子路,子路曰:“由之罪也。小人不能耳陷而入于斯。宜矣夫子之言也。”遂自悔,不食七日而骨立焉,孔子曰:“由知改過矣。”《説苑·修文》篇

昔者舜作五弦之琴,以歌《南風》。鄭注:其辭未聞。

夔始制樂，以賞諸侯。《禮記·樂記》

舜彈五弦之琴，歌《南風》之詩《索隱》：此詩之辭出《尸子》及《家語》。[1] 而天下治。紂爲《朝歌》北鄙之音，身死國亡。舜之道何弘也？紂之道何隘也？夫《南風》之詩者，生長之音也，舜樂好之，樂與天地同意，得萬國之歡心，故天下治也。夫《朝歌》者，不時也。北者，敗也。鄙者，陋也。紂樂好之，與萬國殊心，諸侯不附，百姓不親，天下畔之，故身死國亡。《史記·樂書》

舜作五弦之琴，以歌《南風》："南風之薰兮，可以解吾民之愠。'是舜歌也。《尸子》，《文選·琴賦》注引

周賓牟賈侍坐于孔子，孔子與之言及樂，曰："夫《武》之備，誡之以久，何也？"對曰："病疾不得其衆。""咏嘆之，淫液之，何也？"對曰："恐不逮事。""發揚蹈厲之已蚤，何也？"對曰："及時事。""《武》坐致右而軒左，何也？"對曰："非《武》坐。""聲淫及商，何也？"對曰："非《武》音也。"孔子曰："若非《武》音，則何音也？"對曰："有司失其傳也。"孔子曰："唯。丘聞諸萇弘，亦若吾子之言是也。若非有司失其傳，則武王之志荒矣。"賓牟賈起，免席而請曰："夫《武》之備，誡之以久，則既聞命矣。敢問遲矣而又久立于綴，何也？"子曰："居，吾語爾。夫樂者，象成者也。總干而山立，武王之事也。發揚蹈厲，太公之志也。《武》亂皆坐，周召之治也。且夫《武》始成而北出，再成而滅商，三成而南反，四成而南國是疆，五成而分陜，周公左，召公右，六成而復綴，以崇其天子焉。衆夾振

① 此處《索隱》語，黄刻本《史記》無。

焉而四伐，所以盛威于中國。分陜而進，所以事蚤濟。久立于綴，所以待諸侯之至也。今汝獨未聞牧野之語乎？武王克殷而反商之政，未及下車，則封黄帝之後于薊，封帝堯之後于祝，封帝舜之後于陳。下車又封夏后氏之後于杞，封殷之後于宋，封王子比干之墓，釋箕子之囚。使人行商之舊，以復其位。庶民弛政，庶士倍禄。既濟河西，馬散之華山之陽而弗復乘，牛散之桃林之野而弗復服，車甲則釁之而藏之諸府庫，以示弗復用。倒載干戈，而包之以虎皮，將率之士使爲諸侯，命之曰鞬櫜。然後天下知武王之不復用兵也。散軍而修郊射，左射以《貍首》，右射以《騶虞》，而貫革之射息也。裨冕搢笏，而虎賁之士脱劍。郊祀后稷，而民知尊父焉。配明堂，而民知孝焉。朝覲，然後諸侯知所以臣。耕籍，然後民知所以敬親。六者，天下之大教也。食三老、五更于太學，天子袒而割牲，執醬而饋，執爵而酳，冕而總干，所以教諸侯之弟也。如此則周道四達，禮樂交通。夫《武》之遲久，不亦宜乎？”

賓牟賈侍坐于孔子，孔子與之言及樂，曰：“夫《武》之備，戒之已久，何也？”對曰：“病不得其衆也。”“咏嘆之，淫液之，何也？”對曰：“恐不逮事也。”“發揚蹈厲之已蚤，何也？”對曰：“及時事也。”“《武》坐致右憲左，何也？”對曰：“非《武》坐也。”“聲淫及商，何也？”對曰：“非《武》音也。”子曰：“若非《武》音，則何音也？”對曰：“有司失其傳也。若非有司失其傳，則武王之志荒矣。”子曰：“唯。丘之聞諸萇弘，亦若吾子之言是也。”賓牟賈起，免席而請曰：“夫《武》之備，戒之已久，則既聞命矣，敢問遲之遲而又久，何也？”子曰：“居，吾語汝。夫樂者，象成者也。總干而山立，武王之事也。發揚蹈厲，太公之志也。

《武》亂皆坐,周、召之治也。且夫《武》始而北出,再成而滅商,三成而南,四成而南國是疆,五成而分,周公左,召公右,六成復綴,以崇天子。夾振之而駟伐,盛威于中國也。分夾而進,事蚤濟也。久立于綴,以待諸侯之至也。且女獨未聞牧野之語乎?武王克殷反商,未及下車,而封黄帝之後于薊,封帝堯之後于祝,封帝舜之後于陳。下車而封夏后氏之後于杞,投殷之後于宋,封王子比干之墓,釋箕子之囚,使之行商容而復其位。庶民弛政,庶士倍禄。濟河而西,馬散之華山之陽而弗復乘,牛散之桃林之野而弗復服,車甲衅而藏之府庫而弗復用,①倒載干戈,包之以虎皮,將帥之士使爲諸侯,名之曰建櫜。鄭注:建,讀爲鍵。然後天下知武王之不復用兵也。散軍而郊射,左射《貍首》,右射《騶虞》,而貫革之射息也。裨冕搢笏,而虎賁之士説劍也。祀乎明堂,而民知孝。朝覲,然後諸侯知所以臣。耕藉,然後諸侯知所以敬。五者,天下之大教也。食三老、五更于大學,天子袒而割牲,執醬而饋,執爵而酳,冕而總干,所以教諸侯之弟也。若此則周道四達,禮樂交通。則夫《武》之遲久,不亦宜乎?”《禮記·樂記》

問玉第三十六

子貢問于孔子曰:“敢問君子貴玉而賤珉,何也?爲玉之寡而珉多與?”孔子曰:“非爲玉之寡故貴之,珉之多故賤之。

---

① “衅”,原作“畔”,據嘉慶本《疏證》、宋本《纂圖互注禮記》改。

夫昔者君子比德于玉，溫潤而澤，仁也。縝密以栗，智也。廉而不劌，義也。垂之如墜，禮也。叩之，其聲清越而長，其終則詘然樂矣。瑕不掩瑜，瑜不掩瑕，忠也。孚尹旁達，信也。氣如白虹，天也。精神見于山川，地也。圭璋特達，德也。天下莫不貴者，道也。《詩》云：'言念君子，溫其如玉。'故君子貴之也。"

子貢問于孔子曰："敢問君子貴玉而賤碈者，何也？鄭注：碈，似玉石。① 爲玉之寡，而碈之多與？"孔子曰："非爲碈之多故賤之也，玉之寡故貴之也。夫昔者君子比德于玉焉，溫潤而澤，仁也。縝密以栗，知也。廉而不劌，義也。垂之如墜，禮也。叩之，其聲清越以長，其終詘然，樂也。瑕不揜瑜，瑜不揜瑕，忠也。孚尹旁達，鄭注：孚，讀爲浮。尹，讀如筠。謂玉采色也。② 信也。氣如白虹，天也。精神見于山川，地也。圭璋特達，德也。天下莫不貴者，道也。《詩》云：'言念君子，溫其如玉。'故君子貴之也。《禮記·聘義》

子貢問于孔子曰："君子之所以貴玉而賤珉者，何也？爲夫玉之少而珉之多邪？"孔子曰："惡！賜，是何言也？夫君子豈多而賤之，少而貴之哉？夫玉者，君子比德焉。溫潤而澤，仁也。縝密而理，③知也。堅剛而不屈，義也。廉而不劌，行也。折而不橈，勇也。瑕適竝

---

① 此處鄭注宋本《纂圖互注禮記》作："碈石似玉，或作玟也。"

② 此處鄭注爲摘引，宋本《纂圖互注禮記》原文如下："孚，讀爲浮。尹，讀如竹箭之筠。浮筠，謂玉采色也。"

③ "縝密"，光緒本《荀子集解》作"栗"。

見,楊注:適,玉之美澤,調適之處也。情也。[1] 扣之,其聲清揚而遠聞,其止輟然,辭也。楊注:扣,與叩同。故雖有珉之雕雕,不若玉之章章。《詩》曰:'言念君子,温其如玉。'此之謂也。"《荀子·法行》篇

孔子曰:"入其國,其教可知也。其爲人也,温柔敦厚,《詩》教也。疏通知遠,《書》教也。廣博易良,《樂》教也。潔静精微,《易》教也。恭儉莊敬,《禮》教也。屬辭比事,《春秋》教也。故《詩》之失愚,《書》之失誣,《樂》之失奢,《易》之失賊,《禮》之失煩,《春秋》之失亂。其爲人也,温柔敦厚而不愚,則深于《詩》者矣。疏通知遠而不誣,則深于《書》者矣。廣博易良而不奢,則深于《樂》者矣。潔淨精微而不賊,則深于《易》者矣。恭儉莊敬而不煩,則深于《禮》者矣。屬辭比事而不亂,則深于《春秋》者矣。天令四時者,[2]春夏秋冬,風雨霜露,無非教也。地載神氣,吐納雷霆,流形庶物,無非教也。清明在躬,氣志如神,有物將至,其兆必先。是故天地之教,與聖人相參。其在《詩》曰:'嵩高惟岳,峻極于天。惟岳降神,生甫及申。惟申及甫,惟周之翰。四國于蕃,四方于宣。'此文武之德。'矢其文德,協此四國。'此文王之德也。凡三代之王,必先其令聞。《詩》云:'明明天子,令問不已。'三代之德也。"

孔子曰:"入其國,其教可知也。其爲人也,温柔敦厚,《詩》教也。疏通知遠,《書》教也。廣博易良,《樂》教

① "情也",原脱,據光緒本《荀子集解》補。
② "令",嘉慶本《疏證》與覆寬永本、明覆宋本《家語》作"有"。

也。潔淨精微,《易》教也。恭儉莊敬,《禮》教也。屬辭比事,《春秋》教也。故《詩》之失愚,《書》之失誣,《樂》之失奢,《易》之失賊,《禮》之失煩,《春秋》之失亂。其爲人也,温柔敦厚而不愚,則深于《詩》者也。疏通知遠而不誣,則深于《書》者也。廣博易良而不奢,則深于《樂》者也。潔淨精微而不賊,則深于《易》者也。恭儉莊敬而不煩,則深于《禮》者也。屬辭比事而不亂,①則深于《春秋》者也。《禮記·經解》

天有四時,春夏秋冬,風雨霜露,無非教也。清明在躬,氣志如神,嗜欲將至,有開必先。天降時雨,山川出雲。《詩》曰:"嵩高維岳,峻極于天。維岳降神,生甫及申。維申及甫,維周之翰。四國于蕃,四方于宣。"此文武之德也。三代之王也,必先其令名。《詩》曰:"明明天子,令聞不已。矢其文德,洽此四國。"此大王之德也。《韓詩外傳五》

天有四時,春秋冬夏,風雨霜露,無非教也。地載神氣,神氣風霆,風霆流形,庶物露生,無非教也。清明在躬,氣志如神,耆欲將至,有開必先。天降時雨,山川出雲。其在《詩》曰:"嵩高惟岳,峻極于天。維岳降神,生甫及申。惟申及甫,爲周之翰。② 四國于蕃,四方于宣。"此文武之德也。三代之王也,必先其令聞,《詩》云:"明明天子,令聞不已。"三代之德也。"弛其文德,《孔疏》:"弛",本文作"矢"。協此四國。"大王之德也。《禮記·孔

---

① "辭",原脱,據嘉慶本《疏證》、宋本《纂圖互注禮記》補。
② "惟",原作"爲",據宋本《纂圖互注禮記》改。

子閒居》

五行異氣而皆適調，六藝異科而皆同道。温惠柔良者，《詩》之風也。淳龐敦厚者，《書》之教也。清明條達者，《易》之義也。① 恭儉尊讓者，《禮》之爲也。寬裕簡易者，《樂》之化也。刺幾辨義者，《春秋》之靡也。故《易》之失鬼，《樂》之失淫，《詩》之失愚，《書》之失拘，《禮》之失忮，《春秋》之失訾。六者，聖人兼用而財制之。《淮南子·泰族訓》

子張問聖人之所以教，孔子曰："師乎！吾語汝，聖人明于禮樂，舉而措之而已。"子張又問，孔子曰："師，爾以爲必布几筵、揖讓、升降、酌獻、酬酢，然後謂之禮乎？爾以必行綴兆、執羽籥、作鐘鼓，然後謂之樂乎？言而可履，禮也；行而可樂，樂也。聖人力此二者，以恭己南面，是故天下太平，萬民順伏，百官承事，上下有禮也。夫禮之所以興，衆之所以治也；禮之所以廢，衆之所以亂也。目巧之室則有隩阼，席則有上下，車則有左右，行則有並隨，立則有列序，古之義也。室而無隩阼，則亂于堂室矣。席而無上下，則亂于席次矣。車而無左右，則亂于車上矣。行而無並隨，則亂于階塗矣。列而無次序，則亂于位著矣。昔者明王、聖人辨貴賤、長幼，正男女、内外，序親疏、遠近，而莫敢相逾越者，皆由此塗出也。"

子張問政，子曰："師乎！前，吾語女乎？君子明于禮樂，舉而錯之而已。"子張復問。子曰："師，爾以爲必鋪几筵、升降、酌獻、酬酢，然後謂之禮乎？爾以爲必行

① "義"，影寫宋本《淮南子》作"乂"。

綴兆、鄭注:綴,酇舞者之位也。兆,其外營域。興羽籥、作鐘鼓,然後謂之樂乎?言而履之,禮也;行而樂之,樂也。君子力此二者,以南面而立,夫是以天下大平也,諸侯朝,萬物服體,而百官莫敢不承事矣。禮之所興,衆之所治也;禮之所廢,衆之所亂也。目巧之室則有奧阼,席則有上下,車則有左右,行則有隨,立則有序,古之義也。室而無奧阼,則亂于堂室也。席而無上下,則亂于席上也。車而無左右,則亂于車也。行而無隨,則亂于塗也。立而無序,則亂于位也。昔聖帝、明王、諸侯辨貴賤、長幼、遠近、男女、外内,莫敢相逾越,皆由此塗出也。"《禮記·仲尼燕居》

屈節解第三十七

子路問于孔子曰:"由聞丈夫居世,富貴不能有益于物,處貧賤之地,而不能屈節以求伸,則不足以論乎人之域矣。"孔子曰:"君子之行己,期于必達于己。可以屈則屈,可以伸則伸。故屈節者,所以有待;求伸者,所以及時,是以雖受屈而不毁其節,志達而不犯于義。"

孔子在衛,聞齊國田常將欲爲亂而憚鮑、晏,因欲移其兵以伐魯。孔子會諸弟子而告之曰:"魯,父母之國,不可不救,不忍視其受敵。今吾欲屈節于田常以救魯,二三子誰爲使?"于是子路曰:"請往齊。"[1]孔子弗許。子張請往,又弗許。子

① "齊",覆寬永本《家語》作"焉"。

石請往,又弗許。三子退,謂子貢曰:"今夫子欲屈節以救父母之國,吾三人請使而不獲往,此則吾子用辨之時也。吾子盍請行焉?"子貢請使,夫子許之。

遂如齊,説田常曰:"今子欲收功于魯實難,不若移兵于吴則易。"田常不悦,子貢曰:"夫憂在内者攻強,憂在外者攻弱。吾聞子三封而三不成,是則大臣不聽令。戰勝以驕主,破國以尊臣,而子之功不與焉,則交日疏于主,而與大臣爭,如此則子之位危矣。"田常曰:"善。然兵甲已加魯矣,不可更,如何?"子貢曰:"緩師,吾請于吴,令救魯而伐齊,子因以兵迎之。"田常許諾。子貢遂南説吴王曰:"王者不滅國,霸者無強敵。千鈞之重,加銖兩而移。今以齊國而私千乘之魯,與吴爭強,甚爲王患之。且夫救魯以顯名,以撫泗上諸侯,誅暴齊以服晋,利莫大焉。名存亡魯,實困強齊,智者不疑。"吴王曰:"善。然吴嘗困越,越王今苦身養士,有報吴之心,子待我先越,[1]然後乃可。"子貢曰:"越之勁不過魯,吴之強不過齊,而王置齊而伐越,則齊必私魯矣。王方以存亡繼絶之名,棄齊而伐小越,非勇也。勇者不避難,仁者不窮約,智者不失時,義者不絶世。今存越示天下以仁,救魯伐齊,威加晋國,諸侯必相率而朝,霸業盛矣。且王必惡越,臣請見越君,令出兵以從,此則實害越,而名從諸侯以伐齊。"吴王悦,乃遣子貢之越。

越王郊迎,而自爲子貢御,曰:"此蠻夷之國,大夫何足儼然辱而臨之?"子貢曰:"今者吾説吴王以救魯伐齊,其志欲之,而心畏越,曰:'待我伐越而後可,則破越必矣。'且無報人

---

① "先",覆寬永本《家語》作"伐"。

之志，而令人疑之，拙矣；有報人之意，而使人知之，殆矣；事未發而先聞者，危矣。三者，舉事之大患也。”勾踐頓首曰："孤嘗不料力，而興吴難，受困會稽，痛于骨髓，日夜焦脣乾舌，徒欲與吴王接踵而死，孤之願也。今大夫幸告以利害。”子貢曰："吴王爲人猛暴，群臣不堪，國家疲弊，百姓怨上，大臣内變，申胥以諫死，大宰嚭用事，此則報吴之時也。王誠能發卒佐之，以邀射其志，而重寶以悦其心，卑辭以尊其禮，則其伐齊必矣。此聖人所謂屈以求其達者也。彼戰不勝，王之福。若勝，則必以兵臨晋。臣還北請見晋君共攻之，其弱吴必矣。鋭兵盡于齊，重甲困于晋，而王制其弊焉。”越王頓首，許諾。

子貢返五日，越使大夫文種頓首言于吴王曰："越悉境内之士三千人以事吴。”吴王告子貢曰："越王欲身從寡人，可乎？”子貢曰："悉人之率衆，又從其君，非義也。”吴王乃受越王卒，謝留勾踐。遂自發國内之兵以伐齊，敗之。子貢遂北見晋君，令承其弊，吴晋遂遇于黄池。越王襲吴之國，吴王歸與越戰，滅焉。孔子曰："夫其亂齊存魯，吾之始願。若能强晋以弊吴，使吴亡而越霸者，①賜説之也。美言傷信，慎言哉！”

田常欲作亂于齊，憚高、國、鮑、晏，故移其兵欲以伐魯。孔子聞之，謂門弟子曰："夫魯，墳墓所處，父母之國，國危如此，二三子何爲莫出？”子路請出，孔子止之。子張、子石請行，孔子弗許。子貢請行，孔子許之，遂行。

① "亡"，原作"王"，據覆寬永本、明覆宋本《家語》改。

至齊,説田常曰:“君之伐魯過矣。夫魯,難伐之國,其城薄以卑,其地狹以泄,其君愚而不仁,大臣僞而無用,其士民又惡甲兵之事,此不可與戰。君不如伐吴。夫吴,城高以厚,地廣以深,甲堅以新,士選以飽,重器精兵盡在其中,又使明大夫守之,此易伐也。”田常忿然作色曰:“子之所難,人之所易;子之所易,人之所難,而以教常,何也?”子貢曰:“臣聞之,憂在内者攻強,憂在外者攻弱。今君憂在内。吾聞君三封而三不成者,大臣有不聽者也。今君破魯以廣齊,戰勝以驕主,破國以尊臣,而君之功不與焉,則交日疏于主。是君上驕主心,下恣群臣,求以成大事,難矣。夫上驕則恣,臣驕則爭,是君上與主有郤,下與大臣交爭也。如此則君之立于齊危矣,故曰不如伐吴。伐吴不勝,民人外死,大臣内空,是君上無強臣之敵,下無民人之過,孤主制齊者唯君也。”田常曰:“善。雖然,吾兵業已加魯矣。去而之吴,大臣疑我,奈何?”子貢曰:“君按兵無伐。臣請往使吴王,令之救魯而伐齊,君因以兵迎之。”田常許之,使子貢南見吴王。

説曰:“臣聞之,王者不絶世,霸者無強敵,千鈞之重加銖兩而移。今以萬乘之齊而私千乘之魯,與吴爭強,竊爲王危之。且夫救魯,顯名也。伐齊,大利也。以撫泗上諸侯,誅暴齊以服強晋,利莫大焉。名存亡魯,實困強齊,智者不疑也。”吴王曰:“善。雖然,吾嘗與越戰,栖之會稽,越王苦身養士,有報我心,子待我伐越而聽子。”子貢曰:“越之勁不過魯,吴之強不過齊,王置齊而伐越,則齊已平魯矣。且王方以存亡繼絶爲名,夫伐小越而畏強齊，非勇也。夫勇者不避難，①仁者不窮約，智者不失時，王者不絶世，以立其義。今存越示諸侯以仁，救魯伐齊，威加晋國，諸侯必相率而朝吴，霸業成矣。且王必惡越，臣請東見越王，令出兵以從。此實空越，名從諸侯以伐也。"吴王大説，乃使子貢之越。

越王除道郊迎，身御至舍而問曰："此蠻夷之國，大夫何以儼然辱而臨之？"子貢曰："今者吾説吴王以救魯伐齊，其志欲之而畏越，曰：'待我伐越乃可。'如此，破越必矣。且夫無報人之志，而令人疑之，拙也；有報人之意，使人知之，殆也；事未發而先聞，危也。三者，舉事之大患。"句踐頓首再拜曰："孤嘗不料力，乃與吴戰，困于會稽，痛入于骨髓，日夜焦脣乾舌，徒欲與吴王接踵而死，孤之願也。"遂問子貢，子貢曰："吴王爲人猛暴，群臣不堪，國家敝于數戰，士卒弗忍，百姓怨上，大臣内變，子胥以諫死，太宰嚭用事，順君之過以安其私，是殘國之治也。今王誠發士卒佐之以徼其志，重寶以説其心，卑辭以尊其禮，其伐齊必也。彼戰不勝，王之福矣。戰勝，必以兵臨晋，臣請北見晋君，令共攻之，弱吴必矣。其鋭兵盡于齊，重甲困于晋，而王制其敝，此滅吴必矣。"越王大説，許諾，送子貢金百鎰、劍一、良矛二。子貢不受，遂行。報吴王曰："臣敬以大王之言告越王，越王大恐，曰：'孤不幸，少失先人。内不自量，抵罪于吴，軍敗身辱，栖于會稽，國爲虚莽。賴大王之賜，使得奉俎豆而修祭祀，死不敢忘，何謀之敢慮？'"

①"夫"，原作"大"，據嘉慶本《疏證》、黄刻本《史記》改。

後五日，越使大夫種頓首言于吴王曰："東海役臣孤句踐使者臣種，敢修下吏問于左右。今竊聞大王將興大義，誅強救弱，困暴齊而撫周室。請悉起境内士卒三千人，孤請自被堅執鋭，以先受矢石。因越賤臣種奉先人藏器、甲二十領、鈇屈盧之矛、步光之劍，以賀軍吏。"吴王大悦，以告子貢曰："越王欲身從寡人伐齊，可乎？"子貢曰："不可。夫空人之國，悉人之衆，又從其君，不義。君受其幣，許其師，而辭其君。"吴王許諾，乃謝越王。于是吴王乃遂發九郡兵伐齊。子貢因去之晋，謂晋君曰："臣聞之，慮不先定不可以應卒，兵不先辨不可以勝敵。今夫齊與吴將戰，彼戰而不勝，越亂之必矣。與齊戰而勝，必以其兵臨晋。"晋君大恐，曰："爲之奈何？"子貢曰："修兵休卒以待之。"晋君許諾。

子貢去而之魯。吴王果與齊人戰于艾陵，大破齊師，獲七將軍之兵而不歸。果以兵臨晋，與晋人相遇黄池之上。吴、晋爭強，晋人擊之，大敗吴師。越王聞之，涉江襲吴，去城七里而軍。吴王聞之，去晋而歸，與越戰于五湖。三戰不勝，城門不守。越遂圍王宫，殺夫差而戮其相。破吴三年，東向而霸。故子貢一出，存魯，亂齊，破吴，強晋而霸越；子貢一使，使勢相破，十年之中，五國各有變。子貢好廢舉，與時轉貨貲。喜揚人之美，不能匿人之過。常相魯、衛，家累千金，卒終於齊。《史記・仲尼弟子列傳》

孔子弟子有虙子賤者，仕于魯，爲單父宰，恐魯君聽讒言，使己不得行其政，于是辭行，故請君之近史二人，與之俱至官。虙子戒其邑吏,令二史書,方書輒掣其肘,書不善則從而怒之。二史患之,辭請歸魯。虙子曰:"子之書甚不善,子勉而歸矣。"二史歸,報于君曰:"虙子使臣書而掣肘,①書惡而又怒臣,邑吏皆笑之,此臣所以去之而來也。"魯君以問孔子。子曰:"虙子齊,君子也。其才任霸王之佐,屈節治單父,將以自試也。意者以此爲諫乎?"公寤,太息而嘆曰:"此寡人之不肖。寡人亂虙子之政,而責其善者,非矣。② 微二史,寡人無以知其過。微夫子,無以自寤③。"遽發所愛之使告虙子曰:"自今以往,單父非吾有也。從子之制,有便于民者,子決爲之,五年一言其要。"虙子敬奉詔,遂得行其政,于是單父治焉。躬敦厚,明親親,尚篤敬,施至仁,加懇誠,致忠信,百姓化之。齊人攻魯,道由單父,單父之老請曰:"麥已熟矣。今齊寇至,不及人人自收其麥,請放民出,皆穫傅郭之麥,可以益糧,且不資于寇。"三請而虙子不聽,俄而齊寇逮于麥。季孫聞之,怒,使人以讓虙子曰:"民寒耕熱耘,曾不得食,豈不哀哉?不知猶可,以告者而子不聽,非所以爲民也。"虙子蹴然曰:"今兹無麥,明年可樹。若使不耕者穫,是使民樂有寇。且得單父一歲之麥,于魯不加強,喪之不加弱。若使民有自取之心,其創必數世不息。"季孫聞之,赧然而愧曰:"地若可入,吾豈忍見虙子哉。"三年,孔子使巫馬期遠觀政焉。巫馬期陰免衣,衣弊裘,入單父界,見夜漁者得魚輒舍之。巫馬期問焉,曰:"凡漁者爲得,何以得魚即舍之?"漁者曰:"魚之大者名爲鱒,王注:"鱒",宜爲"鱣"。吾大夫愛之。其小者名爲

---

① "肘"上,覆寬永本《家語》有"臣"字。
② "非",覆寬永本《家語》作"數"。
③ "無"上,覆寬永本、明覆宋本《家語》有"寡人"二字。

鱺，吾大夫欲長之。是以得二者，輒舍之。”巫馬期以告孔子曰：“虙子之德至，使民闇行若有嚴刑于旁。敢問虙子何行而得于是？”①孔子曰：“吾嘗與之言曰：‘誠于此者刑乎彼。’虙子行此術于單父也。”

虙子賤治亶父，恐魯君之聽讒人，而令己不得行其術也。將辭而行，請近吏二人于魯君，與之俱。至于單父，邑吏皆朝，虙子賤令吏二人書。吏方將書，虙子賤從旁時掣摇其肘，吏書之不善，則虙子賤爲之怒。吏甚患之，辭而請歸。虙子賤曰：“子之書甚不善，子勉歸矣。”二吏歸，報于君，曰：“虙子不可爲書。”君曰：“何故？”吏對曰：“虙子使臣書，而時掣摇臣之肘，書惡而有甚怒，吏皆笑虙子。此臣所以辭而去也。”魯君太息而嘆曰：“虙子以此諫寡人之不肖也。寡人之亂子，而令虙子不得行其術，必數有之矣。微二人，寡人幾過。”遂發所愛而令之亶父，告虙子曰：“自今以來，亶父非寡人之有也，子之有也。有便于亶父者，子決爲之矣，五歲而言其要。”虙子敬諾，乃得行其術於亶父。三年，巫馬旗短褐衣弊裘，而往觀化于單父，見夜漁者，得則舍之。巫馬旗問焉，曰：“漁爲得也，今子得而舍之，何也？”對曰：“虙子不欲人之取小魚也，所舍者小魚也。”巫馬旗歸，告孔子曰：“虙子之德至矣，使人闇行若有嚴刑于旁。敢問虙子何以至于此？”孔子曰：“丘嘗與之言曰：‘誠乎此者刑乎彼。’虙子必行此術于亶父也。”夫虙子之得行此術也，魯君後得之也。魯君後得之者，虙子先有其備也。先有其備，豈遽

① “得”，原脱，據覆寬永本、明覆宋本《家語》補。

必哉？此魯君之賢也。《吕氏春秋·審應覽·具備》

魯君使虙子賤爲單父宰。子賤辭去，因請借善書者二人，使書憲書教品，魯君予之。至單父，使書，子賤從旁引其肘，書醜則怒之，欲好書則又引之。書者患之，請辭而去。歸以告魯君，魯君曰："子賤苦吾擾之，使不得施其善政也。"乃命有司無得擅徵發單父，單父之化大治。故孔子曰："君子哉子賤！魯無君子者，斯焉取斯？"美其德也。《新序·雜事二》

虙子治亶父，于是齊人攻魯，道亶父。始父老請曰："麥已熟矣，今迫齊寇，民人出自刈傅郭者，[1]歸可以益食，且不資寇。"三請，虙子弗聽，俄而麥畢資乎齊寇。季孫聞之，怒，使人讓虙子曰："豈不可哀哉？民乎，寒耕熱耘，曾不得食也。弗知猶可，聞或以告，而夫子弗聽。"虙子蹴然曰："今年無麥，明年可樹。令不耕者穫，是樂有寇也。且一歲之麥，于魯不加強，喪之不加弱。令民有自取之心，其創必數年不息。"季孫聞之，慚，曰："使穴可入，吾豈忍見虙子哉？"賈誼《新書》

季子治亶父三年，而巫馬期絻衣短褐，易容貌，往觀化焉。見得魚釋之，[2]巫馬期問之曰："凡子所爲魚者，欲得也。今得而釋之，何也？"漁者對曰："季子不欲人取小魚也。所得者小魚，是以釋之。"巫馬期歸，以報孔子曰："季子之德至矣，使人闇行若有嚴刑在其側者。季子何以至于此？"孔子曰："丘嘗問之以治，言曰[3]：'誠于此

---

① "刈"，正德本《新書》作"艾"。
② "得"，影寫宋本《淮南子》作"夜"。
③ "言"下，原衍"者"字，據影寫宋本《淮南子》删。

者刑于彼。’季子必行此術也。”《淮南子·道應訓》

孔子之舊曰原壤，其母死，夫子將助之以沐椁。子路曰："由也，昔者聞諸夫子曰：‘無友不如己者，過則勿憚改。’夫子憚矣，姑已若何？”孔子曰：“‘凡民有喪，匍匐救之’，況故舊乎？非友也。吾其往。”及爲椁，原壤登木曰：“久矣！予之不托于音也。”遂歌曰：“貍首之班然，執女手之卷然。”夫子爲之隱，佯不聞以過之。子路曰：“夫子屈節而極于此，失其與矣。豈未可以已乎？”孔子曰：“吾聞之，親者不失其爲親也，故者不失其爲故也。”

孔子之故人曰原壤，其母死，夫子助之沐椁。鄭注：沐，治也。原壤登木曰：“久矣！予之不托于音也。”鄭注：托，寄也，謂扣木以作音。歌曰：“貍首之班然，執女手之卷然。”夫子爲弗聞也者而過之，從者曰：“子未可以已乎？”夫子曰：“丘聞之，親者毋失其爲親也，故者毋失其爲故也。”《禮記·檀弓下》

孔子家語疏證卷八終

史開甲校字

張正鋆覆校

卷九

七十二弟子解第三十八

顏回，魯人，字子淵。年二十九而髮白，三十一早死。孔子曰："自吾有回，門人日益親。"回之德行著名，孔子稱其仁焉。

顏回者，魯人也，字子淵。少孔子三十歲。回年二十九，髮盡白，蚤死。《索隱》：校其年，則顏回死時孔子年六十一。孔子哭之慟，曰："自吾有回，門人益親。"《史記·仲尼弟子列傳》

閔損，魯人，字子騫。① 以德行著名，孔子稱其孝焉。

閔損，字子騫。少孔子十五歲。不仕大夫，不食汚君之禄。《史記·弟子傳》

冉耕，魯人，字伯牛。以德行著名。有惡疾，孔子曰："命也夫！"

冉耕，字伯牛。《聖門志》、《闕里廣志》：少孔子七歲。孔

① "騫"下，覆寬永本《家語》有"少孔子十五歲"六字。

子以爲有德行。《史記·弟子傳》

冉雍,字仲弓。伯牛之宗族,生于不肖之父。以德行著名。

冉雍,字仲弓。《索隱》:《家語》,少孔子二十九歲。今本無。孔子以仲弓爲有德行。《史記·弟子傳》

宰予,字子我,魯人。有口才,著名。①

宰予,字子我。利口辯辭。爲臨淄大夫,與田常作亂,以夷其族。《索隱》:《左氏》,闞止,字子我。田、闞爭寵,子我爲陳恒所殺。字與宰予相涉,因誤云然。孔子恥之。《史記·弟子傳》

端木賜,字子貢,衛人。② 有口才,著名。③

端木賜,衛人,字子貢。少孔子三十一歲。子貢利口巧辭,孔子常黜其辯。《史記·弟子傳》

---

① "著"上,覆寬永本《家語》有"以言語"三字。"名"下,覆寬永本《家語》有"仕齊爲臨菑大夫,與田常爲亂,夷其三族。孔子恥之曰:'不在利病,其在宰予。'"

② "人"下,覆寬永本《家語》有"少孔子三十一歲"七字。

③ "名"下,覆寬永本《家語》有"孔子每詘其辨。家富累千金,常結駟連騎,以造原憲。憲居蒿廬蓬户之中,與之言先王之義。原憲衣弊衣冠,并日蔬食,衎然有自得之志。子貢曰:'甚矣!子何如之病也。'原憲曰:'吾聞無財者爲之貧,學道不能行者爲之病。吾貧也,非病也。'子貢慚。終身恥其言之過。子貢好販,與時轉貨,歷相魯、衛而終齊。"

冉求，字子有。仲弓之族。[1] 有才藝，以政事著名。[2]

冉求，字子有。少孔子二十九歲。爲季氏宰。《史記·弟子傳》

仲由，弁人，字子路。[3] 有勇力、才藝，以政事著名。[4]

仲由，字子路，卞人也。少孔子九歲。子路性鄙，好勇力，志伉直，冠雄雞，佩豭豚，陵暴孔子。孔子設禮稍誘子路，子路後儒服委質，因門人請爲弟子。孔子曰："自吾得由，惡言不聞于耳。"《史記·弟子傳》

言偃，魯人，字子游。[5] 以文學著名。[6]

言偃，吴人。《索隱》：今吴郡有言偃冢。少孔子四十九歲。孔子以爲子游習于文學。《史記·弟子傳》

卜商，衛人。無以尚之。[7] 嘗返衛見讀史志者云："晋師伐秦，三豕渡河。"子夏曰："非也，己亥耳。"讀史志者問諸晋

① "族"上，覆寬永本《家語》有"宗"字。"族"下，覆寬永本《家語》有"少孔子二十九歲"七字。

② "名"下，覆寬永本《家語》有："仕爲季氏宰，進則理其官職，退則受教聖師。爲性多謙退，故孔子曰：'求也退，故進之。'"

③ "路"下，覆寬永本《家語》有"一字季路，少孔子九歲"九字。

④ "名"下，覆寬永本《家語》有："爲人果烈而剛直，性鄙而不達於變通。仕衛爲大夫，遇蒯聵與其子輒爭國，子路遂死輒難。孔子痛之曰：'自吾有由，而惡言不入於耳。'"

⑤ "游"下，覆寬永本《家語》有"少孔子三十五歲，特習於禮"十一字。

⑥ "名"下，覆寬永本《家語》有"仕爲武城宰，嘗從孔子適衛，與將軍之子蘭相善，使之受學於夫子"。

⑦ "無"上，覆寬永本《家語》有"字子夏。少孔子四十四歲，習於《詩》，能通其義，以文學著名。爲人性不弘，好論精微，時人"。

史,果曰“己亥”。于是衛以子夏爲聖。孔子卒後,教于西河之上,魏文侯師事之,而諮國政焉。

子夏之晋,過衛,有讀史記者曰:“晋師三豕渡河。”子夏曰:“非也,是己亥也。夫‘己’與‘三’相近,‘豕’與‘亥’相似。”至于晋而問之,則曰“晋師己亥涉河”也。《吕氏春秋·慎行論·察傳》

卜商,字子夏。少孔子四十四歲。孔子既没,子夏居西河教授,爲魏文侯師。《史記·弟子傳》

顓孫師,陳人,字子張。少孔子四十八歲。爲人有容貌資質,寬沖博接,從容自務,居不務立于仁義之行,門人友之而弗敬。

顓孫師,陳人,字子張。少孔子四十八歲。《史記·弟子傳》

曾參,南武城人,字子輿。少孔子四十六歲。志存孝道,故孔子因之以作《孝經》。齊嘗聘欲與爲卿而不就,曰:“吾父母老。食人之禄,則憂人之事。故吾不忍遠親而爲人役。”參後母遇之無恩,而供養不衰。及其妻以梨蒸不熟,因出之。人曰:“非七出也。”參曰:“梨蒸,小物耳。吾欲使熟而不用吾命,況大事乎?”遂出之,終身不取妻。其子元請焉,告其子曰:“高宗以後妻殺孝已,尹吉甫以後妻放伯奇。吾上不及高宗,中不比吉甫,庸知其得免于非乎?”

曾參,南武城人,字子輿。少孔子四十六歲。孔子以爲能通孝道,授之業,作《孝經》。死于魯。《史記·弟子傳》

《傳》曰:“曾子去妻,梨蒸不熟。問曰:‘婦有七出,不蒸亦預乎?’曰:‘吾聞之也,絶交令可友,棄妻令可嫁也。梨蒸不熟而已,何問其故乎?”《白虎通》

澹台滅明,武城人,字子羽。少孔子四十九歲,有君子之姿。孔子嘗以容貌望其才,其才不充孔子之望。然其爲人,公正無私,以取與去就,以諾爲名,仕魯爲大夫也。

澹台滅明,武城人,字子羽。少孔子三十九歲,狀貌甚惡。索隱:與《家語》相反。欲事孔子,孔子以爲材薄。既已受業,退而修行。南游至江,從弟子三百人,設取予去就,名施乎諸侯。《史記・弟子傳》

高柴,齊人,高氏之别族,字子羔。少孔子四十歲。長不過六尺,狀貌甚惡,篤孝而有法正。少居魯,見知名于孔子之門,①仕爲武城宰。

高柴,字子羔。少孔子三十歲。子羔長不盈五尺,受業孔子,孔子以爲愚。《史記・弟子傳》

虙不齊,字子賤,魯人。② 少孔子四十九歲。仕爲單父宰,有才智,仁愛百姓,不忍欺,孔子大之。

虙不齊,字子賤。少孔子四十九歲。《史記・弟子傳》

樊須,魯人,字子遲。少孔子四十六歲。弱仕于季氏。

① “名”,覆寬永本《家語》無此字。
② “魯人”二字,覆寬永本、明覆宋本《家語》在“字子賤”上。

樊須,字子遲。少孔子三十六歲。《史記・弟子傳》

有若,魯人,字子有。少孔子三十六歲。爲人強識,好古道也。

有若,少孔子三十三歲。① 孔子既没,弟子思慕,有若狀似孔子,弟子相與共立爲師,師之如夫子時也。他日,弟子進問曰:"昔夫子當行,使弟子持雨具,已而果雨。弟子問曰:'夫子何以知之?'夫子曰:'《詩》不云乎?"月離于畢,俾滂沱矣。"昨暮月不宿畢乎?'他日,月宿畢,竟不雨。商瞿年長無子,其母爲取室。孔子使之齊,瞿母請之。孔子曰:'無憂,瞿年四十後當有五丈夫子。'已而果然。敢問夫子何以知此?"有若默然無以應。弟子起曰:"有子避之,此非子之座也。"《史記・弟子傳》

公西赤,魯人,字子華。少孔子四十二歲。束帶立朝,閑賓主之儀。

公西赤,字子華。少孔子四十二歲。《史記・弟子傳》

原憲,宋人,字子思。少孔子三十六歲。清淨守節,貧而樂道。孔子爲魯司寇,原憲嘗爲孔子宰。孔子卒後,原憲退隱,居于衛。

原憲,字子思。孔子卒,原憲亡在草澤中。子貢相衛,而結駟連騎,排藜藿,入窮閻,過謝原憲。憲攝敝衣冠見子貢,子貢恥之,曰:"夫子豈病乎?"原憲曰:"吾聞

① 上"三"字,黄刻本《史記》無。

之，無財者謂之貧，學道而不能行者謂之病。若憲，貧也，非病也。"子貢慚，不懌而去，終身恥其言之過也。《史記·弟子傳》

公冶長，魯人，字子長。爲人能忍恥。孔子以女妻之。

公冶长，齐人，字子长。《索隐》：范寧云：字子芝。孔子曰："长可妻也。"《史記·弟子傳》

南宫縚，①字子容。以智自將，世清不廢，世濁不污。孔子以兄子妻之。

南宫括，字子容。《史記·弟子傳》

公析哀，齊人，字季沈。鄙天下多仕于大夫者，是故未嘗屈節人臣。孔子特嘆賞之。②

公皙哀，《索隱》：《家語》作公皙克。字季次。孔子曰："天下无行，多为家臣，仕于都，唯季次未嘗仕。"《史記·弟子傳》

曾點，曾參父，③字子晳。疾時禮教不行，欲修之，孔子善之。《論語》所謂"浴乎沂，風乎舞雩之下"。

曾蒧，字晳。《仲尼弟子傳》

顔由，顔回父，字季路。孔子始教學于闕里而受學，少孔

---

① "縚"下，覆寛永本、明覆宋本《家語》有"魯人"二字。
② "賞"，覆寛永本、明覆宋本《家語》作"貴"。
③ "曾"，原作"魯"，據覆寛永本、明覆宋本《家語》改。

子六歲。

顏無繇，字路。路者，顏回父，父子嘗各異時事孔子。《史記・弟子傳》

商瞿，魯人，字子木。少孔子二十九歲。特好《易》，孔子傳之志焉。

商瞿，魯人，字子木。少孔子二十九歲。孔子傳《易》于瞿。《史記・弟子傳》

漆雕開，蔡人，字子若。少孔子十一歲。習《尚書》，不樂仕。孔子曰："子之齒可以仕矣，時將過。"子若報其書曰："吾斯之未能信。"孔子悦焉。

漆雕開，字子開。《史記・弟子傳》

公良孺，陳人，字子正。賢而有勇，孔子周行，常以家車五乘從。

公良孺，字子正。《史記・弟子傳》

秦商，魯人，字丕兹。① 今本作"不兹"。少孔子四歲。其父堇父，與孔子父叔梁紇俱力聞。

秦商，字子丕。《史記・弟子傳》

顏刻，魯人，字子驕。少孔子五十歲。孔子適衛，子驕爲

① "丕兹"，覆寬永本、明覆宋本《家語》作"不慈"。

僕。衛靈公與夫人南子同車出，而令宦者雍梁參乘，[①]使孔子爲次乘，游過市。孔子恥之。顔刻曰："夫子何恥之？"孔子曰："《詩》云：'覯爾新婚，以慰我心。'"乃嘆曰："吾未見好德如好色者也。"

顔高，《索隱》：《家語》名產。今本作"刻"。[②] 字子驕。《史記·弟子傳》

司馬黎耕，宋人，字子牛。牛爲人性躁，好言語。見兄桓魋行惡，牛常憂之。[③]

司馬耕，字子牛。《史記·弟子傳》

巫馬期，陳人，字子期。少孔子三十歲。孔子將近行，命從者皆持蓋，已而果雨。巫馬期問曰："且無雲，既日出，而夫子命持雨具，敢問何以知之？"孔子曰："昨暮月宿畢，《詩》不云乎？'月離于畢，俾滂沱矣。'以此知之。"

巫馬施，字子旗。少孔子三十歲。《史記·弟子傳》

梁鱣，齊人，字叔魚。少孔子三十九歲。年三十未有子，欲出其妻。商瞿謂曰："子未也。昔吾年三十八無子，吾母欲爲吾更取室。夫子使吾之齊，母欲請留吾，夫子曰：'無憂也，瞿過四十，當有五丈夫子。'[④]今果然。吾恐子自晚生耳，未必妻之過。"從之，二年而有子。

---

① "梁"，覆寬永本《家語》作"渠"。
② "《索隱》：《家語》名產"，黄刻本《史記》無此六字。
③ "之"，原脱，據覆寬永本、明覆宋本《家語》補。
④ "子"，覆寬永本、明覆宋本《家語》無此字。

梁鱣,字叔魚。少孔子二十九歲。《史記·弟子傳》

琴牢,衛人,字子開,一字張。《史記》無。與宗魯友,聞宗魯死,欲往弔焉,孔子弗許,曰:“非義也。”

冉孺,魯人,字子魯。[1] 少孔子五十歲。

冉孺,字子魯。少孔子五十歲。《史記·弟子傳》

顔辛,魯人,字子柳。少孔子四十六歲。

顔幸,字子柳。少孔子四十六歲。《史記·弟子傳》

伯虔,字子晳。[2] 少孔子五十歲。

伯虔,字子析。少孔子五十歲。《史記·弟子傳》

公孫龍,衛人,字子石。少孔子五十三歲。

曹卹,少孔子五十歲。

曹卹,字子循。少孔子五十歲。《史記·弟子傳》

陳亢,陳人,字子亢,一字子禽。《史記》無。少孔子四十歲。

叔仲會,魯人,字子期。少孔子五十歲。與孔璇年相比,每孺子之執筆,記事于夫子,二人迭侍左右。孟武伯見孔子而問曰:“此二孺子之幼也,于學豈能識于壯哉?”孔子曰:“然,少成則若性也,習慣若自然也。”

---

① “魯”,覆寬永本、明覆宋本《家語》作“魚”。

② “晳”,覆寬永本《家語》作“揩”,明覆宋本《家語》作“楷”。

叔仲會，字子期。《史記・弟子傳》

秦祖，字子南。

秦祖，鄭《目録》：秦人。字子南。《史記・弟子傳》

奚蒧，字子晳。①

奚容蒧，②字子晳。《史記・弟子傳》

公祖茲，字子之。

公祖句茲，《正義》：句，音鉤。字子之。《史記・弟子傳》

廉潔，字子庸。③

廉絜，鄭《目録》：衛人。字子庸。④《史記・弟子傳》

公西輿，字子上。

公西輿如，字子上。《史記・弟子傳》

宰父黑，字子黑。

罕父黑，字子黑。⑤《史記・弟子傳》

---

① "晳"，覆寬永本、明覆宋本《家語》作"偝"。
② "蒧"，黄善夫本《史記》作"箴"。
③ "庸"，覆寬永本、明覆宋本《家語》作"曹"。
④ "子"，黄刻本《史記》無此字。
⑤ "黑"，嘉慶本《疏證》、黄善夫本《史記》作"索"。

公西蒧,[①]字子索。[②]

公西蒧,字子上。《史記・弟子傳》

壤駟赤,字子從。

壤駟赤,字子徒。《史記・弟子傳》

冉季,字子産。

冉季,鄭《目録》:魯人。字子産。《史記・弟子傳》

薛邦,字子徒。[③]

鄭國,《正義》:《家語》"薛邦"作"國"者,避諱。"薛","鄭"字誤耳。字子徒。《史記・弟子傳》

后處,[④]字里之。

后處,字子里。《史記・弟子傳》

縣亶,《史記》無。字子象。

左郢,字子行。

左人郢,鄭《目録》:魯人。字行。《史記・弟子傳》

狄黑,字晳之。[⑤]

---

① "蒧",覆寬永本、明覆宋本《家語》作"減"。
② "索",嘉慶本《疏證》與覆寬永本、明覆宋本《家語》作"尚"。
③ "徒",覆寬永本、明覆宋本《家語》作"從"。
④ "后",覆寬永本、明覆宋本《家語》作"石"。
⑤ "晳",覆寬永本、明覆宋本《家語》作"哲"。

狄黑，字晳。《史記・弟子傳》

商澤，字子秀。

商澤。《史記・弟子傳》

任子齊，[①]字子選。

任不齊，鄭《目録》：楚人。字選。[②]

榮祈，字子祺。

榮旂，字子祺。《史記・弟子傳》

顏噲，字子聲。

顏噲，鄭《目録》：魯人。字子聲。《史記・弟子傳》

原忼，[③]字子籍。[④]

原亢籍。《史記・弟子傳》

公肩定，[⑤]字子仲。

公堅定，鄭《目録》：魯人。字子中。《史記・弟子傳》

秦非，字子之。

---

① "子"，覆寬永本、明覆宋本《家語》作"不"。
② 據上下文和《史記》，"選"下當有"《史記・弟子傳》"五字。
③ "忼"，覆寬永本、明覆宋本《家語》作"桃"。
④ "籍"，覆寬永本《家語》作"藉"。
⑤ "定"，覆寬永本、明覆宋本《家語》無此字。

秦非，鄭《目録》：魯人。字子之。《史記·弟子傳》

漆雕從，字子文。

漆雕徒父。《史記·弟子傳》

燕伋，①字子思。

燕伋，字思。《史記·弟子傳》

公夏守，字子乘。

公夏首，鄭《目録》：魯人。字乘。《史記·弟子傳》

句井疆，字子疆。②

句井疆。《史記·弟子傳》

步叔乘，字子車。

步叔乘，鄭《目録》：齊人。字子車。《史記·弟子傳》

石子蜀，③字子明。

石作蜀，字子明。《史記·弟子傳》

邽選，字子斂。④

邦巽，鄭《目録》：魯人。字子斂。《史記·弟子傳》

① "伋"，覆寬永本、明覆宋本《家語》作"級"。
② "字子疆"，覆寬永本《家語》無此三字。
③ "子"，覆寬永本《家語》作"作"。
④ "斂"，覆寬永本、明覆宋本《家語》作"飲"。

施之常,字子常。[①]

施之常,字子恒。《史記·弟子傳》

申繢,今本作"績"。字子周。

申棠,[②]今本作"黨"。《正義》:魯人。字周。《史記·弟子傳》

樂欣,字子聲。

樂欬,鄭《目録》:魯人。字子聲。《史記·弟子傳》[③]

顔之僕,字子叔。

顔之僕,鄭《目録》:魯人。字叔。《史記·弟子傳》

孔弗,字子蔑。孔子兄之子。[④]

漆雕侈,字子斂。

漆雕哆,鄭《目録》:魯人。字子斂。《史記·弟子傳》[⑤]

縣成,字子横。

縣成,鄭《目録》:魯人。字子祺。《史記·弟子傳》

---

① "字子常",覆寬永本《家語》無此三字。

② "棠",黄刻本《史記》作"黨"。

③ "史記弟子傳",原脱,據嘉慶本補。

④ "之子",覆寬永本、明覆宋本《家語》作"弟"。整理者按,"孔子兄弟"四字,覆寬永本、明覆宋本《家語》均系注文。

⑤ "史記弟子傳",原脱,據嘉慶本補。

顔相，字子襄。①

顔祖，鄭《目録》②：魯人。字襄。《史記・弟子傳》

公伯僚，字子周。以下《家語》無。

鄡單，字子家。

秦冉，字開。

顔何，字子冉。③ 以上《史記・弟子傳》。

本姓解第三十九

孔子之先，宋之後也。微子啓，帝乙之元子，紂之庶兄，以圻内諸侯入爲王卿士。微，國名。子，爵。初，武王克殷，封紂之子武庚于朝歌，使奉湯祀。武王崩，而與管、蔡、霍三叔作難，周公相成王東征之，二年，罪人斯得，乃命微子代殷後，作《微子之命》申之，與國于宋，徙殷之子孫。唯微子先往仕周，故封之賢。其弟曰仲思，名衍，或名泄，嗣微之後，故號微仲，生宋公稽。冑子雖遷爵易位，而班級不及其故者，得以故官爲稱。故二微雖爲宋公，而猶以微之號自終。④ 至于稽，乃稱公焉。

微子開者，殷帝乙之首子，而紂之庶兄也。紂既立，不明，淫亂于政。微子數諫，紂不聽。遂亡。周武王伐紂克殷，封紂子武庚禄父，以續殷祀，使管叔、蔡叔傅相

① "襄"下，覆寬永本《家語》有"右件夫子七十二人弟子，皆升堂入室者"，共十六字。按，此處"件"字當系衍文。

② "鄭目録"，黄刻本《史記》作"正義"。

③ "子"，黄刻本《史記》無此字。

④ "自"，原作"目"，據覆寬永本、明覆宋本《家語》改。

之。武王崩,成王少,周公旦代行政。管、蔡疑之,乃與武庚作亂。周公既承成王命,誅武庚,殺管叔,放蔡叔,乃命微子開代殷後,奉其先祀,作《微子之命》以申之,國于宋。微子開立其弟衍,是爲微仲。微仲卒,子宋公稽立。《史記·宋微子世家》

宋公生丁公申,申生湣公共及襄公熙,熙生弗父何及厲公方祀,方祀以下,世爲宋卿。

宋公稽卒,子丁公申立。丁公申卒,子湣公共立。湣公共卒,弟煬公熙立。煬公即位,湣公子鮒祀弒煬公而自立,是爲厲公。《史記·宋微子世家》

弗父何生宋父周,周生世子勝,勝生正考父,正考父生孔父嘉。五世親盡,别爲公族,故後以孔爲氏焉。一曰孔父者,生時所賜號也,是以子孫遂以氏族。孔父生子木金父,金父生睪夷,睪夷生防叔,避華氏之禍而奔魯。防叔生伯夏,伯夏生叔梁紇,雖有九女而無子。其妾生孟皮。孟皮,一字伯尼,有足病。于是乃求婚于顔氏。顔氏有三女,其小曰徵在。顔父問三女曰:"陬大夫雖父祖爲士,然其先聖王之裔。今其人身長十尺,武力絶倫,吾甚貪之。雖年長性嚴,①不足爲疑,三子孰能爲之妻?"二女莫對,徵在進曰:"從父所制,將何問焉?"父曰:"即爾能矣。"遂以妻之。徵在既往,廟見,以夫之年大,懼不時有男,而私禱尼丘之山以祈焉。生孔子,故名丘,而字仲尼。

---

① "長",覆寬永本《家語》作"大"。

宋湣公生弗甫何，弗甫何生宋父，宋父生正考甫，正考甫生孔父嘉，爲宋司馬。華督殺之而絶其世。其子木金父降爲士，木金父生祈父，祈父生防叔，爲華氏所逼，奔魯爲防大夫，故曰防叔。防叔生伯夏，伯夏生叔梁紇，叔梁紇生仲尼。《世本》，《詩·商頌·那》正義引

魯襄公二十三年，[①]孔子生。《公羊傳》：襄公二十一年，十有一月庚子，孔子生。《穀梁傳》：冬，十月庚子，孔子生。生而首上圩頂，故因名曰丘云，字仲尼，姓孔氏。《史記·孔子世家》

孔子三歲而叔梁紇卒于防。[②] 至十九，娶于宋之亓官氏。一歲而生伯魚。魚之生也，魯昭公以鯉魚賜孔子。榮君之貺，故因以名曰鯉，而字伯魚。魚年五十，先孔子卒。齊太史子與適魯，見孔子。孔子與之言道，子與悦曰："吾鄙人也，聞子之名，不睹子之形久矣，而求知之寶貴也。[③] 乃今而後知泰山之爲高，淵海之爲大。惜乎夫子之不逢明王，道德不加于民，而將垂寶以貽後世。"遂退而謂南宫敬叔曰："今孔子先聖之嗣，自弗父何以來，世有德讓，天所祚也。成湯以武德王天下，其配在文，殷宗以下，未始有也。孔子生于衰周，先王典籍，錯亂無紀，而乃論百家之遺記，考正其義，祖述堯舜，憲章文武，删《詩》述《書》，定禮理樂，制作《春秋》，贊明《易》道，垂訓後嗣，以爲法式，其文德著矣。然凡所教誨，束修已

---

① "三"，黄刻本《史記》作"二"。

② "卒"下，覆寬永本、明覆宋本《家語》有"葬"字，則此處當標點作"孔子三歲而叔梁紇卒，葬于防"。

③ "求"，覆寬永本《家語》作"未"。

上,三千餘人,或者天將欲與素王之乎? 夫何其盛也!"敬叔曰:"殆如吾子之言。夫物莫能兩大,吾聞聖人之後,而非繼世之統,其必有興者焉。今夫子之道至矣,乃將施之無窮,雖欲辭天之祚,故未得耳。"子貢聞之,以二子之言告孔子。子曰:"豈若是乎? 亂而治之,滯而起之,自吾志也,天何與焉?"

終記解第四十

孔子晨作,[①]負手曳杖,逍遥于門而歌曰:"泰山其頹乎? 梁木其壞乎? 喆人其萎乎?"既歌而入,當户而坐。子貢聞之曰:"泰山其頹,則吾將安仰? 梁木其壞,吾將安仗? 哲人其萎,吾將安放? 夫子殆將病也。"遂趨而入。夫子嘆而言曰:"賜,汝來何遲? 予疇昔夢坐奠于兩楹之間。夏后氏殯于東階之上,則猶在阼。殷人殯于兩楹之間,即與賓主夾之。周人殯于西階之上,則猶賓之。而丘也殷人也。[②] 夫明王不興,則天下其孰能宗余? 余逮將死。"遂寢病,七日而終,時年七十三矣。

> 孔子蚤作,負手曳杖,消摇于門,歌曰:"泰山其頹乎? 梁木其壞乎? 哲人其萎乎?"既歌而入,當户而坐。子貢聞之曰:"泰山其頹,則吾將安仰? 梁木其壞,哲人其萎,則吾將安放? 夫子殆將病也。"遂趨而入。夫子曰:"賜,爾來何遲也? 夏后氏殯于東階之上,則猶在阼也。殷人殯于兩楹之間,則與賓主夾之也。周人殯于西

① "晨"上,覆寬永本、明覆宋本《家語》有"早"字。
② "殷"上,覆寬永本、明覆宋本《家語》有"即"字。

階之上，則猶賓之也。而丘也殷人也。予疇昔之夜夢坐奠于兩楹之間。夫明王不興，而天下其孰能宗予？① 予殆將死也。"蓋寢疾七日而没。《禮記・檀弓上》

哀公誄曰："旻天不弔，不憖遺一老，俾屏余一人以在位，煢煢余在疚。於乎哀哉！尼父無自律。"子貢曰："公其不没于魯乎？夫子有言曰：'禮失則昏，名失則愆。'失志爲昏，失所爲愆。生不能用，死而誄之，非禮也。稱一人，非名。君兩失之矣。"

哀公十六年，夏，四月己丑，孔丘卒。公誄之曰："旻天不弔，②不憖遺一老，俾屏余一人以在位，煢煢余在疚。嗚呼哀哉！尼父無自律。"子贛曰："君其不没于魯乎？夫子之言曰：'禮失則昏，名失則愆。'失志爲昏，失所爲愆。生不能用，死而誄之，非禮也。稱一人，非名也。君兩失之。"《春秋傳》

魯哀公誄孔丘曰："天不遺耆老，莫相予位焉。嗚呼哀哉！尼父！"《禮記・檀弓上》

既卒，門人疑所以服夫子者，子貢曰："昔夫子之喪顏回也，若喪其子而無服，喪子路亦然。今請喪夫子如喪父而無服。"于是弟子皆弔服而加麻，出有所之，則由絰。子夏曰："入宜絰可居，出則不絰。"子游曰："吾聞諸夫子，喪朋友，居則絰，出則否。喪所尊，雖絰而出可也。"

---

① "予"，原作"子"，據宋本《纂圖互注禮記》改。
② "旻"，原缺末笔，避清道光帝諱。下同。

孔子之喪,門人疑所服,子貢曰:"昔者夫子之喪顔淵,若喪子而無服,喪子路亦然。請喪夫子若喪父而無服。"《禮記·檀弓上》

孔子之喪,二三子皆絰而出。群居則絰,鄭注:群,謂七十二弟子相爲朋友服。出則否。同上

孔子之喪,公西掌殯葬焉。唅以疏米三貝,襲衣十有一稱,加朝服一。冠章甫之冠,珮象環,徑五寸,而綦組綬。桐棺四寸,柏棺五寸。飾廟,置翣。設披,周也。設崇,殷也。綢練設旐,夏也。兼用三王禮,所以尊師且備古也。

孔子之喪,公西赤爲志焉。鄭注:志,謂章識。飾棺牆,置翣。鄭注:牆,柳衣也。翣,以布衣木。設披,鄭注:柩行夾引棺者。周也。設崇,鄭注:崇牙、旌旗,飾也。殷也。綢練設旐,鄭注:以練綢旌之杠。旌之旒,緇布,廣充幅,長尋,曰旐。夏也。《禮記·檀弓上》

孔子佩象環,五寸,而綦組綬。《禮記·玉藻》

葬于魯城北泗水上,藏入地,不及泉而封,爲偃斧之形,高四尺,樹松柏爲志焉。弟子皆家于墓,行心喪之禮。既葬,有自燕來觀者,舍于子夏氏。子貢謂之曰:"吾亦人之葬聖人,非聖人之葬人,子奚觀焉?昔夫子言曰:'吾見封若夏屋者,見若斧矣。從若斧者也,馬鬣封之謂也。'今徒一日三斬板而以封,尚行夫子之志而已。何觀乎哉?"

孔子之喪,有自燕來觀者,舍于子夏氏。子夏曰:"聖人之葬人與?人之葬聖人也。子何觀焉?昔者夫子言之曰:'吾見封之若堂者矣,鄭注:堂,形四方而高。見若

坊者矣，鄭注：坊，形旁殺平上而長。見若覆夏屋者矣，鄭注：覆，謂茨瓦。夏屋，今之門廡，其形旁廣而卑也。見若斧者矣。鄭注：斧，形旁殺刃上而長。從若斧者焉，馬鬣封之謂也。'今一日而三斬板而已封，上行夫子之志乎哉！"《禮記·檀弓上》

二三子三年喪畢，或留或去，惟子貢廬于墓六年。自後群弟子及魯人處于墓如家者百有餘家，因名其居曰孔里焉。

孔子葬魯城北泗上，弟子皆服三年心喪。畢，相訣而去，則哭，各復盡哀。或復留。唯子貢廬于冢上，凡六年，然後去。弟子及魯人往從冢而家者百有餘室，因命曰孔里。《史記·孔子世家》

正論解第四十一

孔子在齊，齊侯出田，招虞人以旌，不進，公使執之，對曰："昔先君之田也，旌以招大夫，弓以招士，皮冠以招虞人。臣不見皮冠，故不敢進。"乃舍之。孔子聞之，曰："善哉！守道不如守官，君子韙之。"

昭公二十年，十二月，齊侯田于沛，招虞人以弓，不進。公使執之，辭曰："昔我先君之田也，旃以招大夫，弓以招士，皮冠以招虞人。臣不見皮冠，故不敢進。"乃舍之。仲尼曰："守道不如守官，君子韙之。"《春秋傳》

齊國書伐魯，季康子使冉求率左師禦之，樊遲爲右，師不逾溝。樊遲曰："非不能也，不信子。請三刻而逾之。"如之，衆從之，師入齊軍，遁。冉有用戈，故能入焉。孔子聞之曰："義也。"既戰，季孫謂冉有曰："子之于戰，學之乎？性達之乎？"對曰："學之。"季孫曰："從事孔子，惡乎學？"冉有曰："即學之孔子也。夫孔子者，大聖，無不該，文武並用兼通。求也適聞其戰法，猶未之詳也。"季孫悦，樊遲以告孔子。孔子曰："季孫于是乎可謂悦人之有能矣。"

哀公十一年，春，齊爲鄎故，國書、高無丕帥師伐我，及清。孟孺子洩帥右師，顔羽御，邴洩爲右。冉求帥左師，管周父御，樊遲爲右。季孫曰："須也弱。"有子曰："就用命焉。"師及齊師戰于郊，齊師自稷曲，師不逾溝。樊遲曰："非不能也，不信子也。請三刻而逾之。"如之，衆從之，師入齊軍，獲甲首八十，齊人不能師。宵，諜曰："齊人遁。"冉有用矛于齊師，[1]故能入其軍。孔子曰："義也。"《春秋傳》

南宫説、仲孫何忌既除喪，而昭公在外，未之命也。定公即位，乃命之，辭曰："先臣有遺命焉，曰：'夫禮，人之幹也。非禮則無以立。'屬家老使命二臣，必事孔子而學禮，以定其位。"公許之。二子學于孔子。孔子曰："能補過者，君子也。《詩》云：'君子是則是效。'孟僖子可則效矣。懲己所病，以誨其嗣。《大雅》所謂'詒厥孫謀，以燕翼子'，是類也夫。"

昭公七年，三月，公如楚，鄭伯勞于師之梁。孟僖子爲介，不能相儀。及楚，不能答郊勞。九月，公至自楚。孟僖子病不能相禮，乃講學之。及其將死也，杜注：二十四

① "矛"，原作"予"，據蔣刻本《春秋經傳集解》改。

年。召其大夫曰:“禮,人之幹也。無禮,無以立。吾聞將有達者曰孔丘,聖人之後也,而滅于宋,其祖弗父何,以有宋而授厲公。及正考父,佐戴、武、宣,三命兹益共,故其鼎銘云:‘一命而僂,再命而傴,三命而俯,循牆而走,亦莫余敢侮。饘于是,鬻于是,以糊余口。’其共也如是。臧孫紇有言曰:‘聖人有明德者,若不當世,其後必有達人。’今其將在孔丘乎?我若獲没,必屬説與何忌于夫子,使事之而學禮焉,以定其位。”故孟懿子與南宫敬叔師事仲尼。仲尼曰:“能補過者,君子也。《詩》曰:‘君子是則是效。’孟僖子可則效已矣。”《春秋傳》

衛孫文子得罪于獻公,居戚。公卒未葬,文子擊鐘焉。延陵季子適晋,過戚,聞之曰:“異哉!夫子之在此,猶燕子巢于幕也。懼猶未也,又何樂焉?君又在殯,可乎?”文子于是終身不聽琴瑟。孔子聞之曰:“季子能以義正人,文子能克己復義,[1]可謂善改過矣。”[2]

襄公二十九年,吴公子札來聘。其出聘也,通嗣君也。適衛,説蘧瑗、史狗、史鰌、公子荆、公叔發、公子朝,曰:“衛多君子,未有患也。”自衛如晋,將宿于戚,聞鐘聲焉,曰:“異哉!吾聞之也:‘辯而不德,必加於戮。’夫子獲罪于君以在此,懼猶未也,[3]而又何樂?夫子之在此也,猶燕之巢于幕上,君又在殯,而可以樂乎?”遂去之。文子聞之,終身不聽琴瑟。《春秋傳》

---

① “復”,覆寬永本、明覆宋本《家語》作“服”。
② “過”,覆寬永本、明覆宋本《家語》無。
③ “未也”,蔣刻本《春秋經傳集解》作“不足”。

孔子覽《晋志》，晋趙穿殺靈公，趙盾亡，未及山而還，史書："趙盾弑君。"盾曰："不然。"史曰："子爲正卿，亡不出境，返不討賊，非子而誰？"盾曰："嗚呼！'我之懷矣，自詒伊戚'，其我之謂乎？"孔子嘆曰："董狐，古之良史也，書法不隱。趙宣子，古之良大夫也，爲法受惡。惜也，越境乃免。"

宣公二年，秋，九月乙丑，趙穿攻靈公于桃園，宣子未出山而復。大史書曰："趙盾弑其君。"以示于朝。宣子曰："不然。"對曰："子爲正卿，亡不出境，返不討賊，非子而誰？"宣子曰："嗚呼！'我之懷矣，自詒伊戚'，其我之謂矣。"孔子曰："董孤，古之良史也，書法不隱。趙宣子，古之良大夫也，爲法受惡。惜也，越境乃免。"《春秋傳》

鄭伐陳，入之，使子産獻捷于晋，晋人問陳之罪焉。子産對曰："陳忘周之大德，介恃楚衆，憑陵敝邑，是以有往年之告。未獲命，則又有東門之役。當陳隧者，井堙木刊，敝邑大懼。天誘其衷，啓敝邑心，知其罪，授首于我，①用敢獻功。"晋人曰："何故侵小？"對曰："先王之命，惟罪所在，各致其辟，且昔天子一圻，列國一同，自是以衰，周之制也。今大國多數圻矣，若無侵小，何以至焉？"晋人曰："其辭順。"孔子聞之，謂子貢曰："《志》有之：'言以足志，文以足言。'不言，誰知其志？言之無文，行之不遠。晋爲伯，鄭入陳，非文辭不爲功。小子慎哉！"

鄭子産獻捷于晋，戎服將事。晋人問陳之罪，對曰：

---

① "授"，明覆宋本《家語》作"校"。

“昔虞閼父爲周陶正，以服事我先王。我先王賴其利器用也，與其神明之後也，庸以元女大姬配胡公，而封諸陳，以備三恪。則我周之自出至于今是賴。桓公之亂，蔡人欲立其出。我先君莊公奉五父而立之，蔡人殺之。我又與蔡人奉戴厲公，至于莊、宣，皆我之自立。夏氏之亂，成公播蕩，又我之自入，君所知也。今陳忘周之大德，蔑我大惠，棄我姻親，介恃楚衆，以憑陵我敝邑，不可億逞。我是以有往年之告。未獲成命，則有我東門之役。當陳隧者，井堙木刊，敝邑大懼不競，而恥大姬。天誘其衷，啓敝邑心，陳知其罪，授首于我，用敢獻功。”晋人曰：“何故侵小？”對曰：“先王之命，唯罪所在，各致其辟。且昔天子之地一圻，列國一同，自是以衰。今大國多數圻矣，若無侵小，何以至焉？”晋人曰：“何故戎服？”對曰：“我先君武、莊，爲平、桓卿士。城濮之役，文公布命，曰：‘各復舊職。’命我文公戎服輔王，以授楚捷，不敢廢王命故也。”士莊伯不能詰，復于趙文子。文子曰：“其辭順，犯順不祥。”乃受之。仲尼曰：“《志》有之：‘言以足志，文以足言。’不言，誰知其志？言之無文，行而不遠。晋爲伯，鄭入陳，非文辭不爲功。慎辭也！”《春秋傳》

楚靈王汏侈，右尹子革侍坐，左史倚相趨而過，王曰：“是良史也，子善視之。是能讀《三墳》、《五典》、《八索》、《九丘》。”對曰：“夫良史者，記君之過，揚君之善，而此子以潤辭爲官，不可爲良史。”又曰：“臣乃嘗問焉，昔周穆王欲肆其心，將過行天下，使皆有車轍並馬迹焉。祭公謀父作《祈昭》，王

注:“昭”,宜爲“招”。以止王心,王是以獲殆于文宫。[①] 臣問其詩焉而弗知,若問遠焉,其焉能知?”王曰:“子能乎?”對曰:“能。其詩曰:‘祈昭之愔愔乎,式昭德音。思我王度,式如玉,式如金。刑民之力,而無有醉飽之心。’”靈王揖而入,饋不食,寢不寐,數日,則固不能自勝其情,以及于難。孔子讀其《志》,曰:“古者有《志》:‘克己復禮爲仁。’信善哉!楚靈王若能如是,豈期辱于乾谿?子革之非左史,所以風也。稱詩以諫,順哉!”

楚子狩于州來,次于潁尾,使蕩侯、潘子、司馬督、囂尹午、陵尹喜帥師圍徐以懼吴。楚子次于乾谿,以爲之援。右尹子革夕,杜注:子革,鄭然丹。[②] 左史倚相趨過,王曰:“是良史也,子善視之。是能讀《三墳》、《五典》、《八索》、《九丘》。”[③]對曰:“臣嘗問焉。昔穆王欲肆其心,周行天下,將皆必有車轍馬迹焉。祭公謀父作《祈招》之詩,以止王心,王是以獲没于祗宫。臣問其詩而不知也,若問遠焉,其焉能知之?”王曰:“子能乎?”對曰:“能。其詩曰:‘祈招之愔愔,式昭德音。思我王度,式如玉,式如金。形民之力,而無醉飽之心。’”王揖而入,饋不食,寢不寐,數日,不能自克,以及于難。仲尼曰:“古也有《志》:‘克己復禮,仁也。’信善哉!楚靈王若能如是,豈其辱于乾谿?”《春秋傳》

① “殆”、“文”,覆寬永本《家語》分别作“没”、“祗”。

② “冄”,嘉慶本《家語疏證》作“丹”。按,蔣刻本《春秋經傳集解》杜注原文作:“子革,鄭丹。夕,莫見。”此处疑有衍、訛。

③ “索”,原作“震”,據蔣刻本《春秋經傳集解》改。

叔孫穆子，避難奔齊，宿于庚宗之邑，庚宗寡婦通焉而生牛。穆子返魯，以牛爲内豎，相家，牛讒叔孫二人殺之。叔孫有病，牛不通其饋，不食而死。牛遂輔叔孫庶子昭而立之。昭子既立，朝其家衆曰："豎牛禍叔孫氏，使亂大從，殺適立庶，又被其邑，以求舍罪，罪莫大焉，必速殺之。"遂殺豎牛。孔子曰："叔孫昭子之不勞，不可能也。周任有言曰：'爲政者不賞私勞，不罰私怨。'《詩》云：'有覺德行，四國順之。'昭子有焉。"

初，穆子去叔孫氏，杜注：成十六年。及庚宗，遇婦人，使私爲食而宿焉。適齊，娶于國氏，生孟丙、仲壬。夢天壓己，弗勝，顧而見人，號之曰："牛，助余。"乃勝之。旦而皆召其徒，無之。既立，所宿庚宗之婦人，獻以雉，問其姓，對曰："余子長矣，能奉雉而從我矣。"召而見之，則所夢也。未問其名，號之曰："牛。"曰："唯。"遂使爲豎，有寵。公孫明知叔孫于齊，未逆國姜，子明取之，故怒。其子杜注：孟丙、仲壬。長而後使逆之。田于丘蕕，遂遇疾焉。豎牛欲亂其室而有之，叔孫爲孟鐘，曰："爾未際，饗大夫以樂之。"①既具，使豎牛請日。入，弗謁。出，命之日。及賓至，聞鐘聲，牛曰："孟有北婦人之客。"杜注：客謂公孫明。怒。賓出，使拘而殺諸外。杜注：殺孟丙。仲與公御萊書觀于公，公與之環，使牛入示之，不示。出，命佩之。牛謂叔孫："見仲而何？"叔孫曰："何爲？"曰："不見，既自見矣。公與之環而佩之矣。"遂逐之，奔齊。疾急，豎牛曰："夫子疾病，不欲見人。"使置饋于个而退。

① "樂"，蔣刻本《春秋經傳集解》作"落"。

弗進，則置虚，命徹。十二月癸丑，叔孫不食，乙卯，卒。牛立昭子而相之。仲至自齊，南遺使國人助豎牛以攻諸大庫之庭，司空射之，中目而死。豎牛取東鄙三十邑，以與南遺。昭子即位，朝其家衆，曰："豎牛禍叔孫氏，使亂大從，殺適立庶，又披其邑，將以赦罪，罪莫大焉，必速殺之。"豎牛懼，奔齊。孟、仲之子殺諸塞關之外，投其首于寧風之棘上。仲尼曰："叔孫昭子之不勞，不可能也。周任有言曰：'爲政者不賞私勞，不罰私怨。'《詩》云：'有覺德行，四國順之。'"《春秋傳》

晋邢侯與雍子爭田，叔魚攝理，罪在雍子。雍子納其女于叔魚，叔魚弊獄邢侯。邢侯怒，殺叔魚與雍子于朝。韓宣子問罪于叔向，叔向曰："三奸同坐，施生戮死可也。雍子自知其罪，而賂以置直，鮒也鬻獄，邢侯專殺，其罪一也。己惡而掠美爲昏，貪以敗官爲默，殺人不忌爲賊。《夏書》曰：'昏、默、賊，殺。'咎陶之刑也。請從之。"乃施邢侯，而尸雍子、叔魚于市。孔子曰："叔向，古之遺直也。治國制刑，不隱于親，三數叔魚之罪，不爲末減，曰義，①可謂直矣。平丘之會，數其賄也，以寬衛國，晋不爲暴。歸魯叔孫，稱其詐也，以寬魯國，晋不爲虐。邢侯之獄，言其貪也，以正刑書，晋不爲頗。三言而除三惡，加三利，殺親益榮，由義也夫。"

邢侯與雍子爭鄐田，久而無成。士景伯如楚，叔魚攝理，韓宣子命斷舊獄，罪在雍子。雍子納其女于叔魚，

---

① "減"，覆寛永本、明覆宋本《家語》作"或"，並引王注曰："或，《左傳》作'咸'也。"

叔魚蔽罪邢侯。邢侯怒,殺叔魚與雍子于朝。宣子問其罪于叔向,叔向曰:“三人同罪,施生戮死可也。雍子自知其罪而賂以買直,鮒也鬻獄,刑侯專殺,其罪一也。己惡而掠美爲昏,貪以敗官爲墨,殺人不忌爲賊。《夏書》曰:‘昏、墨、賊,殺。’皋陶之刑也。請從之。”乃施邢侯,而尸雍子與叔魚于市。仲尼曰:“叔向,古之遺直也。治國制刑,不隱于親,三數叔魚之惡,不爲末減,曰義也夫,可謂直矣。平丘之會,數其賄也,以寬衛國,晋不爲暴。歸魯季孫,稱其詐也,以寬魯國,晋不爲虐。邢侯之獄,言其貪也,以正刑書,晋不爲頗。三言而除三惡,加三利,殺親益榮,猶義也夫!”《春秋傳》

鄭有鄉校,鄉校之士,非論執政。鬷明欲毀鄉校,子産曰:“何以毀爲也?夫人朝夕退而游焉,以議執政之善否。其所善者,吾則行之。其所否者,吾則改之。若之何其毀也?我聞忠言以損怨,不聞立威以防怨。防怨猶防水也,大決所犯,傷人必多,吾弗克救也。不如小決使導之,不如吾所聞而藥之。”孔子聞是言也,曰:“吾以是觀之,人謂子産不仁,吾不信也。”

鄭人游于鄉校,以論執政。然明謂子産曰:“毁鄉校如何?”子産曰:“何爲?夫人朝夕退而游焉,以議執政之善否。其所善者,吾則行之。其所惡者,吾則改之。是吾師也,若之何毁之?我聞忠善以損怨,不聞作威以防怨。豈不遽止,然猶防川,大決所犯,傷人必多,吾不克救也。不如小決使道,不如吾聞而藥之也。”然明曰:“蔑也今而後知吾子之信可事也。小人實不才,若果行此,

其鄭國實賴之，豈唯二三臣？”仲尼聞是語也，曰：“以是觀之，人謂子産不仁，吾不信也。”《春秋傳》

晋平公會諸侯于平丘，齊侯及盟，鄭子産爭貢賦之所承，曰：“昔日天子班貢，輕重以列。列尊貢重，周之制也。卑而貢重者甸服。鄭伯，男也，而使從公侯之貢，懼弗給也，敢以爲請。”自日中爭之，以至于昏，晋人許之。孔子曰：“子産于是行也，足以爲國基也。《詩》云：‘樂只君子，邦家之基。’子産，君子之于樂者。”且曰：“合諸侯而藝貢事，禮也。”

昭公十三年，八月甲戌，同盟于平丘，齊服也。及盟，子産爭承，曰：“昔天子班貢，輕重以列。列尊貢重，周之制也。卑而貢重者，甸服也。鄭伯，男也，而使從公侯之貢，懼弗給也，敢以爲請。”自日中以爭，至于昏，晋人許之。仲尼謂：“子産于是行也，足以爲國基矣。《詩》云：‘樂只君子，邦家之基。’子産，君子之求樂者也。”且曰：“合諸侯，藝貢事，禮也。”《春秋傳》

鄭子産有疾，謂子太叔曰：“我死，子必爲政。唯有德者能以寬服民，其次莫如猛。夫火烈，民望而畏之，故鮮死焉；水濡弱，民狎而玩之，則多死焉，故寬難。”子産卒，子太叔爲政，不忍猛而寬，鄭國多掠盜。太叔悔之曰：“吾早從夫子，必不及此。”孔子聞之曰：“善哉！政寬則民慢，慢則糾之于猛。猛則民殘，民殘則施之以寬。寬以濟猛，猛以濟寬。寬猛相濟，政是以和。《詩》曰：‘民亦勞止，汔可小康。惠此中國，以綏四方。’施之以寬也。‘毋縱詭隨，以謹無良。式遏寇虐，慘不畏明’，糾之以猛也。‘柔遠能邇，以定我王’，平之以和也。

又曰:‘不競不絿,不剛不柔。布政優優,百禄是遒。’和之至也。”子産之卒也,孔子聞之,出涕曰:“古之遺愛。”

鄭子産有疾,謂子太叔曰:“我死,子必爲政。唯有德者能以寬服民,其次莫如猛。夫火烈,民望而畏之,故鮮死焉;水懦弱,民狎而玩之,則多死焉,故寬難。”疾數月而卒。大叔爲政,不忍猛而寬,鄭國多盜,取人于萑苻之澤。太叔悔之,曰:“吾早從夫子,不及此。”興徒兵以攻萑苻之盜,盡殺之,盜少止。仲尼曰:“善哉!政寬則民慢,慢則糾之以猛。猛則民殘,殘則施之以寬。寬以濟猛,猛以濟寬,政是以和。《詩》曰:‘民亦勞止,汔可小康。惠此中國,以綏四方。’施之以寬也。‘毋縱詭隨,以謹無良。式遏寇虐,慘不畏明’,糾之以猛也。‘柔遠能邇,以定我王’,平之以和也。又曰:‘不競不絿,不剛不柔。布政優優,百禄是遒。’和之至也。”及子産卒,仲尼聞之,出涕曰:“古之遺愛也。”《春秋傳》

孔子適齊,過泰山之側,有婦人哭于野者而哀,夫子式而聽之,曰:“此哀一似重有憂者。”使子貢往問之,而曰:“昔舅死于虎,吾夫又死焉,今吾子又死焉。”子貢曰:“何不去乎?”婦人曰:“無苛政。”子貢以告孔子,子曰:“小子識之,苛政猛于暴虎。”

孔子過泰山側,有婦人哭于墓者而哀,夫子式而聽之,使子路問之,曰:“子之哭也,壹似重有憂者。”而曰:“然,昔者吾舅死于虎,吾夫又死焉,今吾子又死焉。”夫子曰:“何爲不去也?”曰:“無苛政。”夫子曰:“小子識之,苛政猛于虎也。”《禮記·檀弓下》

晉魏獻子爲政，分祁氏及羊舌氏之田，以賞諸大夫及其子戊，皆以賢舉也。又謂賈辛曰："今汝有力于王室，吾是以舉汝。行乎敬之哉！毋墮乃力。"孔子聞之曰："魏子之舉也，近不失親，遠不失舉，可謂義矣。"又聞其命賈辛，以爲忠，"《詩》云：'永言配命，自求多福。'忠也。魏子之舉也義，其命也忠，其長有後于晉國乎？"

昭公二十八年，秋，晉韓宣子卒，魏獻子爲政。分祁氏之田以爲七縣，分羊舌氏之田以爲三縣。司馬彌牟爲鄔大夫，賈辛爲祁大夫，司馬烏爲平陵大夫，魏戊爲梗楊大夫，杜注：戊，魏舒庶子。知徐吾爲塗水大夫，韓固爲馬首大夫，孟丙爲孟大夫，樂霄爲銅鞮大夫，趙朝爲平陽大夫，僚安爲楊氏大夫。以賢舉也。賈辛將適其縣，見于魏子，魏子曰："辛，來，今汝有力于王室，吾是以舉汝。行乎敬之哉！毋墮乃力。"仲尼聞魏子之舉也，以爲義，曰："近不失親，遠不失舉，可謂義矣。"又聞其命賈辛也，以爲忠："《詩》曰：'永言配命，自求多福。'忠也。魏子之舉也義，其命也忠，其長有後于晉國乎？"《春秋傳》

趙簡子賦晉國一鼓鐘，以鑄刑鼎，著范宣子所爲刑書。孔子曰："晉其亡乎？失其度矣。夫晉國將守唐叔之所受法度，以經緯其民者也。卿大夫以序守之，民是以能遵其道，而守其業。貴賤不愆，所謂度也。文公是以作執秩之官，爲被廬之法，以爲盟主。今棄此度也，而爲刑鼎，民在鼎矣，何以尊貴？何業之守也？貴賤無序，何以爲國？且夫宣子之刑，夷之蒐也，晉國亂制，若之何其爲法乎？"

昭公二十九年，冬，晉趙鞅、荀寅帥師城汝濱，遂賦晉國一鼓鐵，以鑄刑鼎，著范宣子所爲刑書焉。仲尼曰："晉其亡乎？失其度矣。夫晉國將守唐叔之所受法度，以經緯其民。卿大夫以序守之，民是以能尊其貴，貴是以能守其業。貴賤不愆，所謂度也。文公是以作執秩之官，爲被廬之法，以爲盟主。今棄是度也，而爲刑鼎，民在鼎矣，[①]何以尊貴？貴何業之守？貴賤無序，何以爲國？且夫宣子之刑，夷之蒐也，晉國之亂制也，若之何以爲法？《春秋傳》

楚昭王有疾，卜曰："河神爲祟。"[②]王弗祭。大夫請祭諸郊，王曰："三代命祀，祭不越望。江、漢、沮、漳，楚之望也。禍福之至，不是過乎？不穀雖不德，河非所獲罪也。"遂不祭。孔子曰："楚昭王知大道矣。其不失國也宜哉！《夏書》曰：'維彼陶唐，率彼天常，在此冀方。今失厥道，亂其紀綱，乃滅而亡。'又曰：'允出兹在兹。'由己率常可矣。"

昭王有疾，卜曰："河爲祟。"[③]王弗祭。大夫請祭諸郊，王曰："三代命祀，祭不越望。江、漢、沮、漳，楚之望也。禍福之至，不是過也。不穀雖不德，河非所獲罪也。"遂弗祭。孔子曰："楚昭王知大道矣。其不失國也宜哉！《夏書》曰：'惟彼陶唐，帥彼天常，有此冀方。今失其行，亂其紀綱，乃滅而亡。'又曰：'允出兹在兹。'由己率常可矣。"《春秋傳》

---

① "民在鼎"，原脱，據蔣刻本《春秋經傳集解》補。
② "祟"，原作"崇"，據嘉慶本《疏證》、明覆宋本《家語》改。
③ "祟"，原作"崇"，據嘉慶本《疏證》、蔣刻本《春秋經傳集解》改。

楚昭王有疾,卜之曰:"河爲祟。"[①]大夫請用三牲焉。王曰:"止。古者先王割地制土,祭不過望。江、漢、沮、漳,楚之望也。禍福之至,不是過也。不穀雖不德,河非所獲罪也。"遂不祭焉。仲尼聞之曰:"昭王可謂知天道矣。其不失國,宜哉!"《説苑·君道》篇

楚莊王寢疾,卜之,曰:"河爲祟。"[②]大夫曰:"請用牲。"莊王曰:"止。古者聖人之祭不過望。[③] 濉、漳、江、漢,楚之望也。寡人雖不德,河非所獲罪也。"遂不祭,三日而疾有瘳。孔子聞之曰:"楚莊王之霸,其有方矣。制節守職,反身不貳,其霸不亦宜乎?《詩》曰:'嗟嗟保介。'莊王之謂也。"《韓詩外傳三》

衛孔文子使太叔疾出其妻,而以其女妻之。疾誘其初妻之娣,爲之立宫,與文子女如二妻之禮。文子怒,將攻之。孔子舍蘧伯玉之家,文子就而訪焉。孔子曰:"簠簋之事,則嘗聞學之矣。兵甲之事,未之聞也。"退而命駕而行,曰:"鳥則擇木,木豈能擇鳥乎?"文子遽自止之曰:"圉也豈敢度其私哉? 亦防衛國之難也。"將止,會季康子問冉求之戰,冉求既對之,又曰:"夫子播之百姓,質諸鬼神而無憾,用之則有名。"康子言于哀公,以幣迎孔子曰:"人之于冉求信之矣,將大用之。"

初,疾娶于宋子朝,其娣嬖。子朝出,孔文子使疾出其妻而妻之。疾使侍人誘其初妻之娣,置于犁,而爲之

① "祟",原作"崇",據嘉慶本《疏證》、大德本《説苑》改。
② "祟",原作"崇",據嘉慶本《疏證》、沈刻本《韓詩外傳》改。
③ "人之",沈刻本《韓詩外傳》作"王制"。"人",嘉慶本《疏證》作"王"。

一宫，如二妻。文子怒，欲攻之，仲尼止之，遂奪其妻。孔文子之將攻太叔也，訪于仲尼，仲尼曰："胡簋之事，則嘗學之矣。甲兵之事，未之聞也。"退，命駕而行，曰："鳥則擇木，木豈能擇鳥？"文子遽止之，曰："圉豈敢度其私，訪衛國之難也。"將止，魯人以幣召之，乃歸。《春秋傳》

冉有爲季氏將師，與齊戰于郎，克之。季康子曰："子之于軍旅，性之乎？學之乎？"冉有曰："學之于孔子。"季康子曰："孔子何如人哉？"對曰："用之有名，播之百姓，質之鬼神而無憾。求之至于此道，雖累千社，夫子不利也。"康子曰："我欲召之，可乎？"①對曰："欲召之，則毋以小人固之，則可矣。"而衛孔文子將攻太叔，問策于仲尼，仲尼辭不知，退而命載而行，曰："鳥能擇木，木豈能擇鳥乎？"文子固止。會季康子逐公華、公賓、公林，以幣迎孔子，孔子歸魯。《史記·孔子世家》

哀公使人以幣如衛迎夫子，而卒不能賞用也。故夫子作《丘陵》之歌，曰："登彼丘陵，峛崺其阪。仁道在邇，求之若遠。遂迷不復，自嬰屯蹇。喟然迴慮，題彼泰山。鬱確其高，梁甫迴連。枳棘充路，陟之無緣。將伐無柯，患兹蔓延。惟以永嘆，涕霣潺湲。"《孔叢子·記問》②

齊陳恒弒其君簡公，孔子聞之，三日沐浴而適朝，告于哀公曰："陳恒弒其君，請伐之。"公弗許。三請，公曰："魯爲齊弱久矣，子之伐也，將若之何？"對曰："陳恒弒其君，民之不與

① "可"，原脱，據嘉慶本《疏證》、黄刻本《史記》補。
② "問"，原脱，據嘉慶本補。

者半,以魯之衆,加齊之半,可克也。"公曰:"子告季氏。"孔子辭,退而告人曰:"以吾從大夫之後,吾不敢不告也。"

哀公十四年,六月甲午,齊陳恒弑其君壬于舒州。孔丘三日齊,而請伐齊三,公曰:"魯爲齊弱久矣,子之伐之,將若之何?"對曰:"陳恒弑其君,民之不與者半,以魯之衆,加齊之半,可克也。"公曰:"子告季孫。"孔子辭,退而告人曰:"吾以從大夫之後也,故不敢不言。"《春秋傳》

子張問曰:"《書》云:'高宗三年不言,言乃雍。'有諸?"孔子曰:"胡爲其不然也?古者天子崩,則世子委政于冢宰三年。成湯既没,太甲聽于伊尹。武王既喪,成王聽于周公。其義一也。"

子張問曰:"《書》云:'高宗三年不言,言乃歡。'有諸?"仲尼曰:"胡爲其不然也?古者天子崩,王世子聽于冢宰三年。"《禮記·檀弓下》

衛孫桓子侵齊,遇敗焉。齊人乘之,執新築大夫。仲叔于奚以其衆救桓子,桓子乃免。衛人以邑賞仲叔于奚。于奚辭,請曲懸之樂、繁纓以朝。許之,書在三官。子路仕衛,見其故,以訪孔子。孔子曰:"惜也,不如多與之邑。惟器與名,不可以假人。君之所司,名以出信,信以守器,器以藏禮,禮以行義,義以生利,利以平民,政之大節也。若以假人,與人政也。政亡則國家從之,不可止也。"

成公二年,衛侯使孫良夫、石稷、寧相、向禽將,侵齊,與齊師遇。新築人仲叔于奚救孫桓子,桓子是以免。既,衛人賞之以邑。辭,請曲縣、繁纓以朝。許之。仲尼聞之曰："惜也，不如多與之邑。唯器與名，不可以假人。君之所司也，名以出信，信以守器，器以藏禮，禮以行義，義以生利，利以平民，政之大節也。若以假人，與人政也。政亡則國家從之，弗可止也已。"《春秋傳》

公父文伯之母，紡績不解，文伯諫焉。其母曰："古者王后親織玄紞，公侯之夫人加之紘綖，卿之内子爲大帶，命婦成祭服，列士之妻加之以朝服。自庶士以下，各衣其夫。社而婦事，[1]烝而獻功，男女紡績，愆則有辟，聖王之制也。今我寡也，爾又在下位，[2]朝夕恪勤，猶恐忘先人之業，況有怠惰，其何以避辟？"孔子聞之曰："弟子志之，季氏之婦，可謂不過矣。"

公父文伯退朝，朝其母，其母方績，文伯曰："以歜之家而主猶績，懼干季孫之怒也。其以歜爲不能事主乎？"其母嘆曰："魯其亡乎？使僮子備官而未之聞邪？居，吾語汝。昔聖王之處民也，擇瘠土而處之，勞其民而用之，故長王天下。夫民勞則思，思則善心生。逸則淫，淫則忘善，忘善則惡心生。沃土之民不材，淫也；瘠土之民莫不向義，勞也。是故天子大采朝日，與三公、九卿祖識地德；日中考政，與百官之政事，師尹惟旅、牧、相，宣序民事；少采夕月，與大史、司載糾虔天刑；日入監九御，使潔奉禘郊之粢盛，而後即安。諸侯朝修天子之業命，晝考其國職，夕省其典刑，夜儆百工，使無慆淫，而後即安。

---

① "社"，覆寛永本《家語》作"秋"。"婦"，覆寛永本《家語》作"成"，嘉慶本《疏證》、明覆宋本《家語》作"賦"。

② "下"，覆寛永本、明覆宋本《家語》無此字。

卿大夫朝考其職，晝講其庶政，夕序其業，夜庀其家事，而後即安。士朝而受業，晝而講貫，夕而習復，夜而計過無憾，而後即安。自庶人以下，明而動，晦而休，無日以怠。王后親織玄紞，公侯之夫人加之以紘綖，卿之内子爲大帶，命婦成祭服，列士之妻加之以朝服。自庶士以下，皆衣其夫，社而賦事，烝而獻功，男女效績，愆則有辟。古之制也。君子勞心，小人勞力，先王之訓也。自上以下，誰敢淫心舍力？今我寡也，爾又在下位，朝夕處事，猶恐忘先人之業，況有怠惰，其何以避辟？吾冀而朝夕修我曰：'必無廢先人。'爾今曰：'胡不自安？'以是承君之官，余懼穆伯之絶祀也。"仲尼聞之曰："弟子志之，季氏之婦不淫矣。"《國語》

樊遲問于孔子曰："鮑牽事齊君，執政不撓，可謂忠矣，而君刖之，其爲至闇乎？"孔子曰："古之士者，國有道則盡忠以輔之，國無道則退身以避之。今鮑莊子食于淫亂之朝，不量主之明暗，以受大刖，[①]是智之不如葵，葵猶能衛其足。"

成公十七年，齊慶克通于聲孟子，與婦人蒙衣乘輦而入于閎。鮑牽見之，杜注：鮑牽，叔牙曾孫。以告國武子，武子召慶克而謂之。慶克久不出，而告夫人曰："國子謫我。"夫人怒。國子相靈公以會，高、鮑處守。及還，將至，閉門而索客。孟子訴之曰："高、鮑將不納君，而立公子角，國子知之。"秋七月壬寅，刖鮑牽而逐高無咎。仲尼曰："鮑莊子之知不如葵，葵猶能衛其足。"《春秋傳》

---

① "刖"，覆寬永本《家語》作"刑"。

季康子欲以一井田出法賦焉，使訪孔子，子曰："丘弗識也。"冉有三發，卒曰："子爲國老，待子而行，若之何子之不言？"孔子不對，而私于冉有曰："求，汝來，汝弗聞乎？先王制土，藉田以力，而底其遠近；賦里以入，而量其有無；任力以夫，而議其老幼。于是鰥寡孤疾老者，軍旅之出，則徵之，無則已。其歲收田一井，出穫禾秉、缶米、芻稿，不是過。先王以爲之足。君子之行，必度于禮，施取其厚，事舉其中，斂從其薄。若是其已，丘亦足矣。不度于禮，而貪冒無厭，則雖賦田，將有不足。且子季孫若以行之而取法，①則有周公之典在。若欲犯法，則苟行之，又何訪焉？"

哀公十一年，冬，季孫欲以田賦，使冉有訪于仲尼，仲尼曰："丘不識也。"三發，卒曰："子爲國老，待子而行，若之何子之不言也？"仲尼不對，而私于冉有曰："君子之行也，度于禮，施取其厚，事舉其中，斂從其薄。如是，則以丘亦足矣。若不度于禮，而貪冒無厭，則雖以田賦，將又不足。且子季孫若欲行而法，則周公之典在。若欲苟而行，又何訪焉？"弗聽。十二年，春，王正月，用田賦。《春秋傳》

季康子欲以田賦，使冉有訪諸仲尼，仲尼不對，私于冉有曰："求，來，汝不聞乎？先王制土，藉田以力，而砥其遠邇；賦里以入，而量其有無；任力以夫，而議其老幼。于是乎有鰥寡孤疾，有軍旅出則徵之，無則已。其歲收田一井，出稯禾、秉芻、缶米，韋注：稯，六百四十斛。秉，一百

① "季"，覆寬永本、明覆宋本《家語》無此字。

六十斗。缶,庾也,[1]十六斗。不是過也。先王以爲足。若子季孫欲其法也,則有周公之藉矣。若欲犯法,則苟而賦,又何訪焉?"《國語》

子游問于孔子曰:"夫子之極言子産之惠也,可得聞乎?"孔子曰:"惠在愛民而已矣。"子游曰:"愛民謂之德教,何翅施惠哉?"孔子曰:"夫子産者,猶衆人之母也,能食之,弗能教也。"子游曰:"其事可言乎?"孔子曰:"子産以所乘之輿濟冬涉者,是愛而無教也。"[2]

子曰:"師,爾過,而商也不及。子産猶衆人之母也,能食之,不能教也。"《禮記·仲尼燕居》

景差相鄭,鄭人有冬涉水者,出而脛寒,後景差過之,下陪乘而載之,覆以上衽。晋叔向聞之曰:"景子爲人國相,豈不固哉?吾聞良吏居之三月而溝渠脩,十月而津梁成,六畜且不濡足,而況人乎?"《説苑·政理》篇

哀公問于孔子曰:"二三大夫皆勸寡人,使隆敬于高年,何也?"孔子對曰:"君之及此言,將天下實賴之,豈惟魯哉?"公曰:"何也?其義可得聞乎?"孔子曰:"昔者有虞氏貴德而尚齒,夏后氏貴爵而尚齒,殷人貴富而尚齒,周人貴親而尚齒。虞、夏、商、周,天下之盛王也,未有遺年者焉。高年者貴于天下久矣,次于事親。是故朝廷同爵而尚齒,七十杖于朝,君問則席,八十則不俟朝,[3]君問則就之,而悌達乎朝廷矣;

① "庾",原作"庚",據嘉慶本《疏證》、明本《國語》改。
② "而",原脱,據覆寬永本《家語》補。
③ "俟",覆寬永本、明覆宋本《家語》作"仕"。

其行也肩而不竝，不錯則隨，斑白者不以其任于道路，而悌達乎道路矣；居鄉以齒，而老窮不匱，強不犯弱，衆不暴寡，而悌達乎州巷矣；古之道，五十不爲甸役，頒禽隆之長者，而悌達乎蒐狩矣；軍旅什伍，同爵則尚齒，而悌達乎軍旅矣。夫聖王之教，孝悌發諸朝廷，行于道路，至于州巷，放于蒐狩，循于軍旅，則衆感以義，死而弗敢犯。”公曰：“善哉！寡人雖聞之，弗能成。”

昔者有虞氏貴德而尚齒，夏后氏貴爵而尚齒，殷人貴富而尚齒，周人貴親而尚齒。虞、夏、殷、周，天下之盛王也，①未有遺年者。年之貴乎天下久矣，次乎事親也。是故朝廷同爵則尚齒，七十杖于朝，君問則席，八十不俟朝，君問則就之，而弟達乎朝廷矣；行，肩而不併，不錯則隨，見老者則車徒避，斑白者不以其任行乎道路，而弟達乎道路矣；居鄉以齒，而老窮不遺，強不犯弱，衆不暴寡，而弟達乎州巷矣；古之道，五十不爲甸徒，頒禽隆諸長者，而弟達乎獀狩矣；軍旅什伍，同爵則尚齒，而弟達乎軍旅矣。孝弟發諸朝廷，行乎道路，至于州巷，放乎獀狩，修乎軍旅，衆以義死之，而弗敢犯也。《禮記·祭義》

哀公問于孔子曰：“寡人聞東益宅不祥，②信有之乎？”孔子曰：“不祥有五，而東益不與焉。夫損人自益，身之不祥；棄老而取幼，家之不祥；釋賢而用不肖，③國之不祥；老者不教，

---

① “虞”，原脱，據四庫本《禮記義疏》補。“盛”上，原衍一“之”字，據四庫本《禮記義疏》删。

② “宅”，覆寬永本、明覆宋本《家語》無此字。

③ “用”，覆寬永本、明覆宋本《家語》作“任”。

幼者不學，俗之不祥；聖人伏匿，愚者擅權，天下不祥。不祥有五，東益不與焉。”

哀公問于孔子曰：“寡人聞之，東益宅不祥，信有之乎？”孔子曰：“不祥有五，而東益不與焉。夫損人而益己，身之不祥也；棄老取幼，家之不祥也；釋賢用不肖，國之不祥也；老者不教，幼者不學，俗之不祥也；聖人伏匿，天下之不祥也。故不祥有五，而東益不與焉。《詩》曰：‘各敬爾儀，天命不又。’未聞東益之與爲命也。”《新序·雜事五》

魯哀公欲西益宅，史爭之，以爲西益宅不祥，哀公作色而怒，左右數諫不聽。乃以問其傅宰折睢，《太平御覽》作“曼折矐”。曰：“吾欲益宅，而史以爲不祥。子以爲何如？”宰折睢曰：“天下有三不祥，西益宅不與焉。”哀公大悦而喜。頃，復問曰：“何謂三不祥？”對曰：“不行禮義，一不祥也。嗜慾無止，二不祥也。不聽強諫，三不祥也。”哀公默然深念，憤然自反，遂不西益宅。《淮南子·人間訓》

孔子適季孫，季孫之宰謁曰：“君使人假于馬，[1]將與之乎？”季孫未言。孔子曰：“吾聞之，君取于臣謂之取，與于臣謂之賜；臣取于君謂之假，與于君謂之獻。”季孫色然悟曰：“吾誠未達此義。”遂命其宰曰：“自今已往，君有取之，一切不得復言假也。”

孔子侍于季孫，季孫之宰通曰：“君使人假馬，其與

① “人”、“馬”，覆寬永本、明覆宋本《家語》分別作“求”、“田”。

之乎?”孔子曰:“吾聞君取于臣,謂之取,不曰假。”季孫悟,告宰通曰:“今以往,君有取謂之取,無曰假。”孔子曰:“正假馬之言,而君臣之義定矣。”《論語》曰:“必也正名乎?”《詩》曰:“君子無易由言。”名正也。①《韓詩外傳五》

孔子侍坐于季孫,季孫之宰通曰:“君使人假馬,其與之乎?”孔子曰:“吾聞取于臣謂之取,不曰假。”季孫悟,告宰通曰:“自今以來,君有取謂之取,無曰假。”故孔子正假馬之名,而君臣之義定矣。《論語》曰:“必也正名乎?”《詩》曰:“無易由言,無曰苟矣。”可不慎乎?《新序·雜事五》

孔子家語疏證卷九終

史開甲校字

張正鋆覆校

① “名正也”,沈刻本《韓詩外傳》無此三字。

卷十

曲禮子貢問第四十二

子貢問於孔子曰："晋文公實召天子，而使諸侯朝焉。夫子作《春秋》云：'天王狩於河陽。'何也？"孔子曰："以臣召君，不可以訓，亦書其率諸侯事天子而已。"

僖公二十八年，冬，會於温。討不服也。是會也，晋侯召王以諸侯見，且使王狩。仲尼曰："以臣召君，不可以訓。"故書曰："天王狩於河陽。"言非其地也，且明德也。壬申，公朝於王所。《春秋傳》

孔子在宋，見桓魋自爲石椁，三年而不成，工匠皆病。夫子愀然曰："若是其靡也，死不如速朽之愈。"冉子僕，曰："禮，凶事不豫。此何謂也？"夫子曰："既死而議謚，謚定而卜葬，既葬而立廟，皆臣子之事，非所豫屬也，況自爲之哉？"南宫敬叔以富得罪於定公，奔衛，①衛侯請復之，載其寶以朝。夫子聞之曰："若是其貨也，喪不若速貧之愈。"子游侍，曰："敢問何謂如此？"孔子曰："富而不好禮，殃也。敬叔以富喪矣，而

---

① "衛"，原脱，據覆寬永本、明覆宋本《家語》補。

又弗改，吾懼其將有後患也。”敬叔聞之，驟如孔氏，而後循禮施散焉。

昔者夫子居於宋，見桓司馬自爲石椁，三年而不成。夫子曰：“若是其靡也，死不如速朽之愈也。”死之欲速朽，爲桓司馬言之也。南宫敬叔反，必載寶而朝。夫子曰：“若是其貨也，喪不如速貧之愈也。”喪之欲速貧，爲敬叔言之也。《禮記·檀弓上》

孔子在齊，齊大旱，春飢。景公問於孔子曰：“如之何？”孔子曰：“凶年則乘駑馬，力役不興，馳道不修，[①]祭祀不懸，祀以下牲。此賢君自貶以救民之禮也。”

孔子曰：“凶年則乘駑馬，祀以下牲。”《禮記·雜記下》

歲凶，年穀不登，君膳不祭肺，馬不食穀，馳道不除，祭事不縣，大夫不食粱，士飲酒不樂。《禮記·曲禮下》

孔子適季氏，康子晝居内寢。孔子問其所疾，康子出見之。言終，孔子退，子貢問曰：“季孫不疾而問諸疾，禮與？”孔子曰：“夫禮，君子不有大故，則不宿於外；非致齊也，非疾也，則不晝處於内。是故夜居外，雖弔之，可也；晝居於内，雖問其疾，可也。”

夫晝居於内，鄭注：内，正寢之中。問其疾可也；夜居於外，弔之可也。是故君子非有大故，鄭注：謂喪憂也。不宿於外；非致齊也，非疾也，不晝夜居於内。《禮記·檀弓上》

---

① “修”下，覆寬永本、明覆宋本《家語》有“祈以幣玉”四字。

楚伐吴，工尹商陽與陳棄疾追吴師，及之，棄疾曰："王事也，子手弓而可。"商陽手弓。棄疾曰："子射諸。"射之，斃一人，韔其弓。又及，棄疾謂之。又及，棄疾復謂之。斃二人。每斃一人，輒掩其目。止其御曰："吾朝不坐，燕不與，殺三人亦足以反命矣。"孔子聞之曰："殺人之中，又有禮焉。"子路怫然進曰："人臣之節，當君大事，唯力所及，死而後已。夫子何善此？"子曰："然，如汝言也。吾取其有不忍殺人之心而已。"

工尹商陽鄭注：工尹，楚官名。與陳弃疾鄭注：楚公子弃疾也。追吴師，及之。陳弃疾謂工尹商陽曰："王事也，子手弓而可。"手弓。"子射諸。"射之，斃一人，韔弓。又及，謂之，又斃二人。每斃一人，揜其目。止其御曰："朝不坐，燕不與，殺三人，亦足以反命矣。"孔子曰："殺人之中，又有禮焉。"《禮記·檀弓下》

孔子在衛，司徒敬子卒，[①]夫子弔焉。主人不哀，夫子哭不盡聲而退。蘧伯玉請曰："衛鄙俗不習喪禮，煩吾子辱相焉。"孔子許之，掘中霤而浴，毁竈而綴足襲於牀。及葬，毁宗而躐行也，出於大門，男子西面，婦人東面。既封而歸。殷道也，孔子行之。子游問曰："君子行禮，不求變俗，夫子變之矣。"孔子曰："非此之謂也，喪事則從其質而已矣。"

掘中霤而浴，毁竈以綴足。及葬，毁宗躐行，出於大門。殷道也，學者行之。《禮記·檀弓上》

司徒敬子之喪，夫子相，男子西鄉，婦人東鄉。《禮記·檀弓下》

① "子"，覆寬永本《家語》作"之"。

宣公八年，六月辛巳，有事於太廟，而東門襄仲卒，壬午猶繹，子游見其故，以問孔子曰："禮與？"孔子曰："非也，[①]卿卒不繹。"

仲遂卒於垂，壬午猶繹，萬入去籥。仲尼曰："非禮也，卿卒不繹。"《禮記·檀弓下》

季桓子喪，[②]康子練而無衰，子游問於孔子曰："既服練服，可以除衰乎？"孔子曰："無衰衣，不以見賓，何以除焉？"

郲人以同母異父之昆弟死，將爲之服，因顏克而問禮於孔子。子曰："繼父同居者，則異父昆弟，從爲之服。不同居，繼父且猶不服，況其子乎？"

《傳》曰：夫死，妻穉，子幼，子無大功之親，與之適人，而所適者亦無大功之親，所適者以其貨財爲之築宫廟，歲時使之祀焉，妻不敢與焉。若是則繼父之道也。同居則服齊衰期，異居則服齊衰三月。必嘗同居，然後爲異居。未嘗同居，則不爲異居。《儀禮·喪服》

繼父不同居也者，必嘗同居。皆無主後，同財而祭其祖禰爲同居。有主後者爲異居。《禮記·喪服小記》

公叔木鄭注："木"，當爲"朱"。《春秋》作"戍"。有同母異父之昆弟死，問於子游，子游曰："其大功乎？"狄儀有同母異父之昆弟死，[③]問於子夏，子夏曰："我未之前聞也，魯人則爲之齊衰。"狄儀行齊衰。今之齊衰，狄儀之問

---

① "也"上，覆寬永本《家語》有"禮"字。
② "季"，原作"李"，據覆寬永本、明覆宋本《家語》改。
③ "死"，原脱，據宋本《纂圖互注禮記》補。

也。《禮記·檀弓上》

齊師侵魯,公叔務人遇人入保,負杖而息。務人泣曰:“使之雖病,任之雖重,君子弗能謀,士弗能死,不可也。我既言之,[①]敢不勉乎?”與其鄰嬖童汪錡乘,往奔敵,死焉。皆殯。魯人欲勿殤童汪錡,問於孔子,子曰:“能執干戈以衛社稷,可無殤乎!”

哀公十一年,春,齊爲郎故,國書、高無丕帥師伐我,及清。孟孺子洩帥右師,顏羽御,邴洩爲右。冉求帥左師,管周父御,[②]樊遲爲右,次於雩門之外。杜注:南城門也。五日,右師從之,公叔務人見保者,而泣曰:“事充政重,上不能謀,士不能死,何以治民?吾既言之矣,敢不勉乎?”師及齊師戰於郊,公爲與其嬖僮汪錡乘,皆死。皆殯。孔子曰:“能執干戈以衛社稷,可無殤也。”《春秋傳》

戰於郎,公叔禺人遇負杖入保者息,曰:“使之雖病也,任之雖重也,君子不能爲謀也,士弗能死也,不可。我則既言矣。”與其鄰重鄭注:“重”,當爲“童”。汪踦往,皆死焉。魯人欲勿殤重汪踦,問於仲尼,仲尼曰:“能執干戈以衛社稷,雖欲勿殤也,不亦可乎?”《禮記·檀弓下》

魯昭公夫人吴孟子卒,不訃於諸侯。[③] 孔子既致仕,而往弔焉。適於季氏,季氏不絰,孔子投絰而不拜。子游問曰:

---

① “既”上,覆寬永本、明覆宋本《家語》有“則”字。
② “父”,蔣刻本《春秋經傳集解》作“人”。
③ “訃”,覆寬永本、明覆宋本《家語》作“赴”。

“禮與?”孔子曰:“主人未成服,則弔者不絰焉,禮也。”

哀公十二年,夏,五月,昭夫人孟子卒。昭公娶於吴,故不書姓。死不訃,①故不稱夫人。不反哭,故不言葬小君。孔子與弔,適季氏,季氏不絻,放絰而拜。《春秋傳》

公父穆伯之喪,敬姜晝哭。文伯之喪,晝夜哭。孔子曰:“季氏之婦,可謂知禮矣。愛而無私,上下有章。”

公父文伯之母朝哭穆伯,而莫哭文伯。仲尼聞之曰:“季氏之婦,可謂知禮矣。愛而無私,上下有章。”《國語》

穆伯之喪,敬姜晝哭。文伯之喪,晝夜哭。孔子曰:“知禮矣。”《禮記·檀弓下》

南宫縚之妻,孔子兄之女,喪其姑,而誨之髽,曰:“爾毋從從爾,爾毋扈扈爾。”蓋榛以爲笄,長尺而總八寸。

南宫縚之妻之姑之喪,夫子誨之髽,曰:“爾毋從從爾,鄭注:從從,謂太高。爾毋扈扈爾,鄭注:扈扈,謂太廣。蓋榛以爲笄,長尺而總八寸。”《禮記·檀弓上》

子張有父之喪,公明儀相焉,問啓顙於孔子,孔子曰:“拜而後啓顙,頹乎其順。啓顙而後拜,頎乎其至也。三年之喪,吾從其至也。”

孔子曰:“拜而後稽顙,頹乎其順也。鄭注:先拜賓,順

---

① “訃”,蔣刻本《春秋經傳集解》作“赴”。

於事也。稽顙而後拜，頎乎其至也。鄭注：先觸地無容，哀之至。三年之喪，吾從其至者。"《禮記·檀弓上》

孔子在衛，衛之人有送葬者，而夫子觀之曰："善哉爲葬乎！足以爲法也。小子識之。"子貢問曰："夫子何善爾？"曰："其往也如慕，其返也如疑。"子貢曰："豈若速返而虞哉？"子曰："此情之至者也。小子識之，我未之能也。"

孔子在衛，有送葬者，而夫子觀之，曰："善哉爲喪乎！足以爲法矣。小子識之。"子貢曰："夫子何善爾也？"曰："其往也如慕，其返也如疑。"子貢曰："豈若速反而虞乎？"子曰："小子識之，我未之能行也。"《禮記·檀弓上》

卞人有母死而孺子之泣者，孔子曰："哀則哀矣，而難繼也。夫禮爲可傳也，爲可繼也，故哭踊有節，而變除有期。"

弁人有其母死而孺子泣者，孔子曰："哀則哀矣，而難爲繼也。夫禮爲可傳也，爲可繼也，故哭踊有節。"《禮記·檀弓上》

孟獻子禫，懸而不樂，可御而不處内。① 子游問於孔子曰："若是則過禮也？"孔子曰："獻子可謂加於人一等矣。"

孟獻子禫，縣而不樂，比御而不入。夫子曰："獻子加於人一等矣。"《禮記·檀弓上》

① "不"，原脱，據覆寬永本《家語》補。

魯人有朝祥而暮歌者，子路笑之。孔子曰：“由，爾責於人終無已。夫三年之喪，亦以久矣。”子路出，孔子曰：“又多乎哉？逾月則其善。”

魯人有朝祥而莫歌者，子路笑之。夫子曰：“由，爾責於人終無已。夫三年之喪，亦已久矣夫。”子路出，夫子曰：“又多乎哉？逾月則其善也。”《禮記·檀弓上》

子路問於孔子曰：“傷哉貧也！生而無以供養，死則無以爲禮也。”孔子曰：“啜菽飲水，盡其歡心，斯謂之孝乎？斂手足形，旋葬而無椁，稱其財，爲之禮，貧何傷乎？”

子路曰：“傷哉貧也！生無以爲養，死無以爲禮也。”孔子曰：“啜菽飲水，盡其歡，斯之謂孝。斂手足形，還葬而無椁，稱其財，斯之謂禮。”《禮記·檀弓下》

吴延陵季子聘於上國，適齊，於其返也，其長子死於嬴博之間。孔子聞之曰：“延陵季子，吴之習於禮者。”往而觀其葬焉。其斂以時服而已。其壙掩坎，深不全於泉。其葬無盟器之贈。既葬，其封廣輪揜坎，其高可時隱也。[1] 既封，則季子乃左祖，右還其封，且號者三，曰：“骨肉歸於土，命也。若魂氣則無所不之。”[2] 而遂行。孔子曰：“延陵季子之禮，其合矣。”

延陵季子適齊，於其反也，其長子死，葬於嬴博之間。孔子曰：“延陵季子，吴之習於禮者也。”往而觀其葬

---

① “時”，覆寬永本《家語》作“肘”。

② “之”下，覆寬永本《家語》復有“無所不之”四字。明覆宋本《家語》小異，作“則無所不之”。

伯魚之喪母也，期而猶哭，夫子聞之曰："誰也?"門人曰："鯉也。"孔子曰："嘻！其甚也，非禮也。"伯魚聞之，遂除之。

伯魚之母死，期而猶哭，《義疏》：據禮，伯魚爲母，父在降服期，十一月小祥，十三月大祥，十五月禫。祥而外無哭者。[①] 夫子聞之曰："誰與哭者?"門人曰："鯉也。"夫子曰："嘻！其甚也。"伯魚聞之，遂除之。《禮記·檀弓上》

衛公使其大夫求婚於季氏，桓子問禮於孔子。子曰："同姓爲宗，有合族之義，故繫之以姓而弗別，綴之以食而弗殊，雖百世婚姻不得通，周道然也。"桓子曰："魯衛之先，雖寡兄弟，今已絶遠矣，可乎?"孔子曰："固非禮也。夫上治祖禰以尊尊之，下治子孫以親親之，旁治昆弟所以教睦也，此先王不易之教也。"

其庶姓别於上，而戚單於下，昏姻可以通乎？繫之以姓而弗别，綴之以食而弗殊，雖百世而昏姻不通者，周道然也。《禮記·大傳》

上治祖禰，尊尊也。下治子孫，親親也。旁治昆弟，合族以食，序以昭繆，别之以禮義，人道竭矣。同上

有若問於孔子曰："國君之於同姓，[②]如之何?"孔子曰："皆有宗道焉。故雖國君之尊，欲百世不廢其親，[③]所以崇愛也。雖以族人之親，而不敢戚君，所以謙也。"

---

① "祥"上，四庫本《禮記義疏》有"禮"字。
② "同"，原作"百"，據覆寬永本《家語》改。
③ "世"，原作"姓"，據覆寬永本《家語》改。

君有合族之道，族人不得以其戚戚君位也。《禮記·大傳》

曲禮子夏問第四十三

子夏問於孔子曰："居父母之仇如之何？"孔子曰："寢苫枕干，不仕，弗與共天下也。遇於朝市，不返兵而鬥。"[①]曰："請問居昆弟之仇如之何？"[②]孔子曰："仕弗與同國，銜君命而使，雖遇之不鬥。"曰："請問從昆弟之仇如之何？"曰："不爲魁，主人能報之，則執兵而陪其後。"

子夏問於孔子曰："居父母之仇如之何？"夫子曰："寢苫枕干，不仕，弗與共天下也。遇諸市朝，不反兵而鬥。"曰："請問居昆弟之仇如之何？"曰："仕弗與共國，銜君命而使，雖遇之不鬥。"曰："請問居從父昆弟之仇如之何？"曰："不爲魁，主人能，則執兵而陪其後。"《禮記·檀弓上》

子夏問："三年之喪，既卒哭，金革之事無避，禮與？初有司爲之乎？"孔子曰："夏后氏之喪，三年既殯而致事，殷人既葬而致事，周人既卒哭而致事。《記》曰：'君子不奪人之親，亦不可奪故也。'"子夏曰："金革之事無避，非與？"孔子曰："吾聞諸老聃曰：'魯公伯禽有爲爲之也。'今以三年之喪從利者，[③]吾弗知也。"

---

① "而"，原脱，據覆寬永本《家語》補。
② "請"上，原衍"而"字，據覆寬永本《家語》删。
③ "今"，原作"公"，據覆寬永本《家語》改。

子夏問曰："三年之喪，卒哭，金革之事無辟也者，禮與？初有司與？"孔子曰："夏后氏三年之喪，既殯而致事，鄭注：還其職位於君。殷人既葬而致事。《記》曰：'君子不奪人之親，亦不可奪親。'此之謂乎？"子夏問曰："金革之事無辟也者，非與？"孔子曰："吾聞諸老聃曰：'昔者魯公伯禽有爲爲之。'今以三年之喪從其利者，吾弗知也。"《禮記·曾子問》

子貢問於孔子曰[1]："《記》云：'周公相成王，教之以世子之禮。'有諸？"孔子曰："昔者成王嗣立，幼，未能涖阼，周公攝政而治，抗世子之法於伯禽，欲王之知父子、君臣之道，所以善成王也。夫知爲人子者，然後可以爲人父；知爲人臣者，然後可以爲人君；知事人者，然後可以使人，是故抗世子法於伯禽，使成王知父子、君臣、長幼之義焉。凡君之於世子，親則父也，尊則君也。有父之親，有君之尊，然後兼天下而有之，不可不慎也。行一物而三善皆得，唯世子齒於學之謂也。世子齒於學，則國人觀之，曰：'此將君我，而與我齒讓，何也？'曰：'有父在，則禮然。'然而衆知父子之道矣。其二曰：'子將君我，[2]而與我齒讓，何也？'曰：'有君在，則禮然。'然而衆知君臣之義矣。其三曰：'子將君我，而與我齒讓，何也？'曰：'長長也，則禮然。'然而衆知長幼之節矣。故父在斯爲子，君在斯爲臣，居子與臣之位，所以尊君而親親也。在學，學之爲父子焉，學之爲君臣焉，學之爲長幼焉。父子、君臣、長幼之

① "貢"，覆寬永本、明覆宋本《家語》作"夏"。
② "子將君我"，覆寬永本、明覆宋本《家語》作"此將君我"。

道得,[①]而後國治。語曰:‘樂正司業,父師司成。一有元良,萬國以貞。世子之謂也。’聞之曰:‘爲人臣者,殺其身而有益於君則爲之。’況于其身以善其君乎?周公優爲也。”

仲尼曰:“昔者周公攝政,踐阼而治,抗世子法於伯禽,所以善成王也。聞之曰:‘爲人臣者,殺其身有益於君則爲之。’況于其身以善其君乎?鄭注:于,讀爲迂。周公優爲之。”是故知爲人子,然後可以爲人父;知爲人臣,然後可以爲人君;知事人,然後能使人。成王幼,不能蒞阼,以爲世子,則無爲也。是故抗世子法於伯禽,欲令成王之知父子、君臣、長幼之義也。君之於世子也,親則父也,尊則君也。有父之親,有君之尊,然後兼天下而有之,是故養世子不可不慎也。行一物而三善皆得者,惟世子而已,其齒於學之謂也。故世子齒於學,國人觀之,曰:“將君我而與我齒讓,何也?”曰:“有父在,則禮然。”然而衆知父子之道矣。其二曰:“將君我而與我齒讓,何也?”曰:“有君在,則禮然。”然而衆著於君臣之義也。其三曰:“將君我而與我齒讓,何也?”曰:“長長也。”然而衆知長幼之節矣。故父在斯爲子,君在斯謂之臣,居子與臣之節,所以尊君、親親也。故學之爲父子焉,學之爲君臣焉,學之爲長幼焉。父子、君臣、長幼之道得,而國治。語曰:“樂正司業,父師司成。一有元良,萬國以貞。”世子之謂也。《禮記·文王世子》

子夏問於孔子曰:“居君之母與妻之喪,如之何?”孔子

① “長幼”,原脱,據覆寬永本、明覆宋本《家語》補。

曰:“居處、言語、飲食衎爾,於喪所,則稱其服而已。”“敢問伯母之喪,如之何?”孔子曰:“伯母、叔母疏衰期,而踊不絶地。姑姊妹之大功,踊絶於地。若知此者,由文矣哉。”

子夏問諸夫子曰:“居君之母與妻之喪。”《義疏》:下當有“如之何子曰”五字。“居處、言語、飲食衎爾。”《禮記·檀弓上》

孔子曰:“伯母、叔母疏衰,踊不絶地。姑姊妹之大功,踊絶於地。如知此者,由文矣哉!由文矣哉!”《禮記·雜記下》

子夏問於夫子曰:“凡喪,小功已上,虞祔練祥之祭,皆沐浴。於三年之喪,子則盡其情矣。”孔子曰:“豈徒祭而已哉?三年之喪,身有瘍則浴,首有瘡則沐,病則飲酒食肉。毁瘠而病,君子不爲也。毁則死者,君子謂之無子。則祭之沐浴,爲齊潔也,非爲飾也。”

凡喪,小功以上,非虞祔練祥,無沐浴。《禮記·雜記下》

孔子曰:“身有瘍則浴,首有瘡則沐,①病則飲酒食肉。毁瘠爲病,君子弗爲也。毁而死,君子謂之無子。”同上

子夏問於孔子曰:“客至,無所舍,而夫子曰:‘生,於我乎館。’客死,無所殯矣,夫子曰:‘於我乎殯。’敢問禮與?仁者之心與?”孔子曰:“吾聞諸老聃曰:‘館人,使若有之。’惡有有

---

① “瘡”,原作“瘠”,據嘉慶本改。

之而不得殯乎？夫仁者，制禮者也，故禮者不可不省也。禮不同不異，不豐不殺，稱其義以爲之宜，故曰：'我戰則尅，祭則受福。'蓋得其道矣。"

賓客至，無所館，夫子曰："生，於我乎館。死，於我乎殯。"《禮記·檀弓上》

孔子食於季氏。食祭，主人不辭，不食亦不飲而餐。子夏問曰："禮也？"孔子曰："非禮也，從主人也。吾食於少施氏而飽，少施氏食我以禮。吾食祭，作而辭曰：'疏食不足祭也。'吾餐，作而辭曰：'疏食不敢以傷吾子之性。'主人不以禮，客不敢盡禮。主人盡禮，則客不敢不盡禮也。"

孔子食於季氏，不辭，不食肉而飧。《禮記·玉藻》

孔子曰："吾食於少施氏而飽，少施氏食我以禮。吾祭，作而辭曰：'疏食不足祭也。'吾飧，作而辭曰：'疏食也，不敢以傷吾子。'"《禮記·雜記下》

子夏問曰："官於大夫，既升於公，而反爲之服，禮與？"孔子曰："管仲遇盜，取二人焉，上之爲公臣，曰：'所以游僻者，可人也。'公許。管仲卒，桓公使爲之服。官於大夫者爲之服，自管仲始也。[1] 有君命焉。"

孔子曰："管仲遇盜，取二人焉，上以爲公臣，曰：'其所與游辟也，可人也。'管仲死，桓公使爲之服。宦於大夫者之爲之服也，自管仲始也。有君命焉爾也。"《禮記·雜記下》

---

① "仲"，原脱，據嘉慶本《疏證》與覆寬永本、明覆宋本《家語》補。

一哀而出涕。予惡夫涕之無從也,小子行之。"《禮記·檀弓上》

齊晏桓子卒,晏嬰粗衰斬,①苴絰帶,杖以菅屨,食鬻,居倚廬,②寢苫枕草,其老曰:"非大夫之禮也。"③晏子曰:"唯卿爲大夫。"④曾子以問孔子,孔子曰:"晏平仲可謂能遠害矣。不以己之是駮人之非,愻辭以避咎,義也夫。"⑤

襄公十七年,晏嬰粗縗斬,苴絰帶,杖,菅屨,食鬻,居倚廬,寢苫枕草,其老曰:"非大夫之禮也。"曰:"唯卿爲大夫。"《春秋傳》

晏子居晏桓子之喪,粗衰斬,苴絰帶,杖,菅屨,食粥,居倚廬,寢苫枕草,其家老曰:"非大夫喪父之禮也。"晏子曰:"唯卿爲大夫。"曾子以問孔子,⑥孔子曰:"晏子可謂能遠害矣。不以己之是駮人之非,遜辭以避咎,義也夫。"《晏子春秋·内篇·雜上》

子路問於孔子曰:"魯大夫練而杖,禮也?"孔子曰:"吾不知也。"子路出,謂子貢曰:"吾以爲夫子無所不知,夫子亦徒有所不知也。"子貢曰:"子所問何哉?"子路曰:"由問:'魯大夫練而杖,禮與?'夫子曰:'吾不知也。'"子貢曰:"止,吾將爲

① "晏嬰",覆寬永本《家語》作"平仲"。
② "倚",覆寬永本、明覆宋本《家語》作"傍"。
③ "之"上,覆寬永本、明覆宋本《家語》有"喪父"二字。
④ "爲",覆寬永本、明覆宋本《家語》無此字。
⑤ "齊晏桓子"至"義也夫"一節,覆寬永本、明覆宋本《家語》在同篇"叔孫武叔之母死"至"君子不舉人以質士"一節下。
⑥ "問",活字本《晏子春秋》作"聞"。

子問之。"遂趨而進曰:"練而杖,禮與?"孔子曰:"非禮也。"子貢出,謂子路曰:"子謂夫子而弗知之乎? 夫子徒無所不知也,子問非也。禮,居是邦,則不非其大夫。"

子路問於孔子曰:"魯大夫練而牀,禮邪?"孔子曰:"吾不知也。"子路出,謂子貢曰:"吾以夫子爲無所不知,夫子徒有所不知。"子貢曰:"女何問哉?"子路曰:"由問:'魯大夫練而牀,禮邪?'夫子曰:'吾不知也。'"子貢曰:"吾將爲女問之。"子貢問曰:"練而牀,禮邪?"孔子曰。"非禮也。"子貢出,謂子路曰:"女謂夫子爲有所不知乎? 夫子徒無所不知,女問非也。禮,居是邑,不非其大夫。"《荀子·子道》篇

叔孫武叔之母死,既小斂,舉尸者出户,武叔從之出户,乃袒,投其冠而括髮。子路嘆之,孔子曰:"是禮也。"子路問曰:"將小斂則變服,今乃出户,而夫子以爲知禮,何也?"孔子曰:"由,汝問非也。君子不舉人以質士。"

叔孫武叔之母死,既小斂,舉者出户,出户袒,且投其冠括髮。子游曰:"知禮。"《禮記·檀弓上》

季平子卒,將以君之璵璠斂,贈以珠玉。孔子初爲中都宰,聞之,歷級而救焉,曰:"送而以寶玉,是猶曝尸於中原也。其示民以奸利之端,而有害於死者,安用之? 且孝子不順情以危親,忠臣不兆奸以陷君。"乃止。

定公五年,六月,季平子行東野,還,未至丙申,卒於房。陽虎將以璵璠斂,仲梁懷弗與,曰:"改步改玉。"《春秋傳》

魯季孫有喪，孔子往弔之。入門而左，從客也。主人以璵璠收，孔子徑庭而趨，歷級而上，曰："以寶玉收，譬之猶暴骸中原也。"徑庭歷級，非禮也。雖然，以救過也。《吕氏春秋·孟冬紀·安死》

孔子之弟子琴張，與宗魯友。衛齊豹見宗魯於公子孟縶，以爲參乘焉。① 及齊豹將殺孟縶，告宗魯，使行，宗魯曰："吾由子而事之，今聞難而逃，是僭子也。子行事乎？吾將死以周事子，而歸死於公孟，可也。"齊氏用戈擊公孟，宗魯以背蔽之，斷肱中，公孟、宗魯皆死。琴張聞宗魯死，將往弔之，孔子曰："齊豹之盜，孟縶之賊也。汝何弔焉？君子不食姦，不受亂，不爲利病於回，不以回事人，不蓋非義，不犯非禮。汝何弔焉？"琴張乃止。

初，齊豹見宗魯於公孟，爲驂乘焉。將作亂，而謂之曰："公孟之不善，子所知也。勿與乘，吾將殺之。"對曰："吾由子事公孟，子假吾名焉，故不吾遠也。雖其不善，吾亦知之，抑以利故，不能去，是吾過也。今聞難而逃，是僭子也。子行事乎？吾將死之，以周事子，而歸死於公孟，其可也。"公孟有事於蓋獲之門外，齊子氏帷於門外，而伏甲焉。使祝鼃寘戈於車薪以當門，使一乘從公孟以出，使華齊御公孟，宗魯驂乘。及閎中，齊氏用戈擊公孟，宗魯以背蔽之，斷肱，以中公孟之肩，皆殺之。琴張聞宗魯死，將往弔之，仲尼曰："齊豹之盜，而孟縶之賊，女何弔焉？君子不食姦，不受亂，不爲利疚於回，不

---

① "以"上，覆寬永本、明覆宋本《家語》有"孟縶"二字。

以回待人，不蓋不義，不犯非禮。”《春秋傳》

郕人子蒲卒，[1]哭之呼滅。子游曰：“若是哭也，其野哉！孔子惡野哭者。”哭者聞之，遂改之。

子蒲卒，哭者呼滅。鄭注：滅，蓋子蒲名。子皋曰：“若是野哉！”哭者改之。[2]《禮記·檀弓上》

孔子惡野哭者。同上

公父文伯卒，其妻妾皆行哭失聲，敬姜戒之曰：“吾聞好外者士死之，好内者女死之。今吾子早殀，吾惡其以好内聞也。二三婦人之欲供先祀者，請無瘠色，無揮淚，無拊膺，[3]無哀容，無加服，有降服。從禮而静，是昭吾子也。”孔子聞之曰：“女智無若婦，男智莫若夫。公父氏之婦智矣，剖情損禮，[4]欲以明其子爲令德也。”

公父文伯卒，其母戒其妾曰：“吾聞之，好内，女死之；好外，士死之。今吾子夭死，吾惡其以好内聞也。二三婦之辱共先祀者，請無瘠色，無洵涕，無掏膺，無憂容，有降服，無加服。從禮而静，是昭吾子也。”仲尼聞之曰：“女知莫如婦，男知莫如夫。公父氏之婦知也夫，欲明其子之令德也。”《國語》

文伯之喪，敬姜據其牀而不哭，曰：“昔者吾有斯子也，吾以將爲賢人也，吾未嘗以就公室。今及其死也，朋

① “蒲”，覆寬永本、明覆宋本《家語》作“革”。
② “者”，原脱，據宋本《纂圖互注禮記》補。
③ “無”，原脱，據嘉慶本《疏證》與覆寬永本、明覆宋本《家語》補。
④ “損”，原作“捐”，據覆寬永本《家語》改。

友諸臣未有出涕者，而内人皆行哭失聲。斯子也，必多曠於禮矣夫。"《禮記・檀弓下》①

公甫文伯官於魯，病死，婦人爲之自殺於房中者二人。② 補注："人"字乃"八"字之訛。其母聞之，不肯哭也。相室曰："焉有子死而不哭者乎？"其母曰："孔子，賢人也，逐於魯，是人不隨。今死而婦人爲死者十六人，若是者其於長者薄，而於婦人厚。"《戰國策》、《史記・虞卿傳》、《新序・善謀》篇并同。

魯公甫文伯死，其母不哭也。季孫聞之，曰："公甫文伯之母，貞女也，子死不哭，必有方矣。"使人問焉，對曰："昔是子也，吾使之事仲尼，仲尼去魯，送之不出魯郊，贈之不與家珍。病，不見士之視者。死，不見士之流淚者。死之日，宫女衰絰而從者十人。此不足於士，而有餘於婦人也。吾是以不哭也。"《詩》曰："乃如之人兮，德音無良。"《韓詩外傳一》

子路與子羔仕於衛，衛有蒯聵之難。孔子在魯，聞之曰："柴也其來，由也死矣。"既而衛使至，曰："子路死焉。"夫子哭之於中庭。③ 有人弔者，而夫子拜之。已哭，進使者而問故，使者曰："醢之矣。"遂令左右皆覆醢，曰："吾何忍食此。"

孔子聞衛亂，曰："柴也其來，由也死矣。"《春秋傳》

孔子哭子路於中庭。有人弔者，而夫子拜之。既哭，進使者而問故，使者曰："醢之矣。"遂命覆醢。《禮

---

① "檀弓下"，原作"檀弓上"，誤，據所屬《禮記》實際篇目改正。
② "人"，當作"八"。元本《戰國策》作"八"。
③ "中庭"，原作"庭中"，據覆寬永本《家語》改。

記・檀弓上》

季桓子死，魯大夫朝服而弔。子游問於孔子曰："禮乎？"夫子不答。他日，又問，子曰："始死，[①]羔裘玄冠者，易之而已，汝何疑焉？"

夫子曰："始死，羔裘玄冠者，易之而已。"羔裘玄冠，夫子不以弔。《禮記・檀弓上》

孔子有母之喪，既練，陽虎弔焉，私於孔子曰："今季氏將大饗境内之士，子聞諸？"孔子答曰："丘弗聞也。若聞之，雖在衰絰，亦欲與往。"陽虎曰："子謂不然乎？季氏饗士，不及子也。"陽虎出，曾點問曰："答之何謂也？"孔子曰："己則衰服，猶應其言，示所以不非也。"

顔回死，魯定公弔焉。使人訪於孔子，孔子對曰："凡在封内，皆臣子也。禮，君弔其臣，升自東階，向尸而哭。其恩賜之施，不有笇也。"

君若有賜焉，則視斂。既布衣，君至，主人出迎於外門外。見馬首，不哭，還，入門右，北面，及衆，主人袒。[②]巫止於廟門外，祝代。[③] 小臣二人執戈先，二人後。君釋采，敖注：采，讀爲菜。入門，主人辟。君升自阼階，西

---

① "始死"，原作"如死則矣"，據明覆宋本《家語》及宋本《纂圖互注禮記》改。按，"始死"二字，明覆宋本《家語》不誤，然亦衍"則已"二字，且"始死則矣，羔裘玄冠者，易之而已，汝何疑焉"一句，錯簡在同篇"凡爲盟器者，知喪道也，夫子"句下。

② "北"上，原衍"北"字，據徐刻本《儀禮》删。"及衆，主人袒"，原脱，據徐刻本《儀禮》補。

③ "代"下，徐刻本《儀禮》有"之"字。

鄉,祝負墉,南面。主人中庭,君哭,主人哭,拜稽顙,成踊。《儀禮·士喪禮》

原思言於曾子曰:"夏后氏之送葬也,用盟器,示民無知也。殷人用祭器,示民有知也。周人兼而用之,示民疑也。"曾子曰:"其不然矣。夫以盟器,鬼器也;祭器,人器也。古之人胡爲而死其親乎?"子游問於孔子,子曰:"之死而致死乎?不仁,不可爲也。之死而致生乎?不智,不可爲也。凡爲盟器者,知喪道也,備物而不可用也。是故竹不成用,而瓦不成膝,琴瑟張而不平,笙竽備而不和,有鐘磬而無簨簴。其曰盟器,神明之也。哀哉!死者而用生者之器,不殆於用殉也。"①

仲憲言於曾子曰:"夏后氏用明器,示民無知也。鄭注:所謂致死之。殷人用祭器,示民有知也。鄭注:所謂致生之。周人兼用之,示民疑也。"曾子曰:"其不然乎!其不然乎!夫明器,鬼器也;祭器,人器也。夫古之人胡爲而死其親乎?"《禮記·檀弓上》

孔子曰:"之死而致死之,不仁,而不可爲也。之死而致生之,不知,而不可爲也。是故竹不成用,瓦不成味,鄭注:"味",當作"沬",靧也。木不成斫,琴瑟張而不平,竽笙備而不和,有鐘磬而無簨虡。其曰明器,神明之也。"同上

孔子謂:"爲明器者,知喪道矣,備物而不可用也。

① 按,本篇《孔子家語》文"孔子有母之喪"至"不殆於用殉也",共三百一十五字,覆寬永本在《曲禮公西赤問第四十四》篇"孔子之母既葬"至"十日過禫而成笙歌"一節後。

哀哉！死者而用生者之器也，不殆於用殉乎哉！”《禮記・檀弓下》

子罕問於孔子曰：“始死之設重也，何謂？”[①]孔子曰：“重，主道也。殷主綴重焉，周人徹重焉。”請問喪朝，子曰：“喪之朝也，順死者之孝心，故至於祖考廟而後行。殷朝而殯於祖，[②]周朝而後遂葬。”

重，主道也。殷主綴重焉，周主重徹焉。《禮記・檀弓下》

喪之朝也，順死者之孝心也，其哀離其室也，故至於祖考之廟而後行。殷朝而殯於祖，周朝而遂葬。同上

孔子之守狗死，謂子貢曰：“路馬死，則藏之以帷，狗則藏之以蓋。汝往埋之。吾聞弊帷不棄，爲埋馬也；弊蓋不棄，爲埋狗也。今吾貧無蓋，於其封也與之席，無使其首陷於土焉。”

仲尼之畜狗死，使子貢埋之，曰：“吾聞之，敝帷不棄，爲埋馬也；敝蓋不棄，爲埋狗也。丘也貧，無蓋，於其封也，鄭注：“封”，當爲“窆”。亦予之席，毋使其首陷。”路馬死，埋之以帷。《禮記・檀弓下》

曲禮公西赤問第四十四[③]

公西赤問於孔子曰：“大夫以罪免，卒，其葬也如之何？”

---

① “謂”，嘉慶本《疏證》與覆寬永本、明覆宋本《家語》作“爲”。
② “而”下，嘉慶本《疏證》與覆寬永本、明覆宋本《家語》有“後”字。
③ “公”，原脱，據覆寬永本《家語》補。

孔子曰："大夫廢其事，終身不仕，死則葬之以士禮。老而致仕者，死則從其列。"

大夫廢其事，終身不仕，死，以士禮葬之。《禮記·王制》

公儀仲子嫡子死，而立其弟，檀弓問子服伯子曰："何居？我未之前聞也。"子服伯子曰："仲子亦猶行古人之道。昔者文王捨伯邑考而立武王，微子捨其孫腯，立其弟衍。"子游以問諸孔子，子曰："否，周制立孫。"

公儀仲子之喪，鄭注：公儀，蓋魯同姓。檀弓免焉。仲子舍其孫而立其子，檀弓曰："何居？鄭注：居，讀爲姬。齊魯問語助也。我未之前聞也。"趨而就子服伯子於門右，曰："仲子舍其孫而立其子，何也？"伯子曰："仲子亦猶行古之道也。昔者文王舍伯邑考而立武王，微子舍其孫腯而立衍也。夫仲子亦猶行古之道也。"子游問諸孔子，孔子曰："否，立孫。"《禮記·檀弓上》

孔子之母既葬，將立葬焉，[1]曰："古者不祔葬，爲不忍先死者之復見也。《詩》云：'死則同穴。'自周公以來，祔葬矣。故衛人之祔也離之，有以間焉。魯人之祔也合之，美夫！吾從魯。"遂合葬於防，曰："吾聞之，古墓而不墳。今丘也，東西南北之人，不可以弗識也。吾見封之若堂者矣，又見若坊者矣，又見履夏屋者矣，又見若斧形者矣。吾從斧者焉。"於是封之，崇四尺。孔子先反虞，門人後，雨甚至，墓崩，修之而

① "立"，疑當作"合"。覆寬永本《家語》作"合"。

歸。孔子問焉，曰："爾來何遲？"對曰："防墓崩。"孔子不應，三云，孔子泫然而流涕曰："吾聞之，古不修墓，及二十五月而大祥，五日而彈琴不成聲，十日過禫而成笙歌。"①

孔子少孤，不知其墓，殯於五父之衢。人之見之者，皆以爲葬也。其慎也，鄭注："慎"，當爲"引"。蓋殯也。問於郰曼父之母，②《義疏》：按《孔叢子》，此説生於李由之對，魏王子順斥其造謗誣圣，不足據也。然後得合葬於防。《禮記·檀弓上》

合葬非古也，自周公以來，未之有改也。同上

孔子曰："衛人之祔也離之，魯人之祔也合之，善夫！"《禮記·檀弓下》

孔子既得合葬於防，曰："吾聞之，古也墓而不墳。今丘也，東西南北之人也，不可以弗識也。於是封之，崇四尺。孔子先反，鄭注：當修虞事也。門人後，雨甚至，孔子問焉，曰："爾來何遲也？"曰："防墓崩。"《釋文》：防地之墓也。孔子不應，三，孔子泫然流涕曰："吾聞之，古不修墓。"《禮記·檀弓上》

孔子既祥，五日彈琴而不成聲，十日而成笙歌。同上

子游問於孔子曰："葬者塗車芻靈，自古有之。然今人或有偶，是無益于喪。"孔子曰："爲芻靈者善矣，爲偶者不仁，不殆於用人乎！"

涂車芻靈，自古有之，明器之道也。孔子謂爲芻靈者善，謂爲俑者不仁，不殆於用人乎哉！《禮記·檀弓下》

---

①"禫"，原作"禪"，據覆寬永本《家語》改。

②"郰"，原作"聊"，據宋本《纂圖互注禮記》改。

附録

孔子家語序①

王　肅

鄭氏學行五十載矣。自肅成童,始志于學,而學鄭氏學矣。然尋文責實,考其上下,義理不安,違錯者多,是以奪而易之。然世未明其款情,而謂其苟駁前師,以見異于前人,乃慨然而嘆曰:"予豈好難哉? 予不得已也。聖人之門,方壅不通。孔氏之路,枳棘充焉。豈得不開而闢之哉? 若無由之者,亦非予之罪也。"是以撰經禮申明其義,及朝論制度,皆據所見而言。孔子二十二世孫有孔猛者,家有其先人之書,昔相從學,頃還家,方取已來,與予所論,有若重規而叠矩。昔仲尼曰:"文王既没,文不在兹乎? 天之將喪斯文也,後死者不得與於斯文也。天之未喪斯文,匡人其如予何?"言天未喪斯文,故令己傳斯文於天下。今或者天未欲亂斯文,故令從予學,而予從猛得斯論,以明相與孔氏之無違也。斯皆聖人實事之論,而恐其將絶,故特爲解,以貽好事之君子。《語》云:"牢曰:'子云:吾不試,故藝。'"談者不知爲誰,多妄爲之

---

① 按,王肅《孔子家語序》録自覆寬永本《家語》。

説。《孔子家語》:"弟子有琴張,一名牢,字子開,亦字張,衛人也。宗魯死,將往弔,孔子止焉。"《春秋外傳》曰:"昔堯臨民以五。"説者曰:"堯五載一巡狩。"五載一巡狩,不得稱臨民以五也。《經》曰:"五載一巡狩。"此乃説舜之文,非説堯。孔子説論五帝,各道其異事,於舜云:"巡狩天下,五載一巡。"則堯之巡狩年數未明。周十二歲一巡,寧可言周臨民以十二乎?孔子曰:"堯以土德王天下,而色尚黄。"黄,土色。五,土之數。故曰:"臨民以五。"此其義也。

後　序①

《孔子家語》者,皆當時公卿、士大夫及七十二弟子之所諮訪、交相對問言語也。既而諸弟子各自記其所問焉,與《論語》、《孝經》並時,弟子取其正實而切事者,别出爲《論語》,其餘則都集録,名之曰《孔子家語》。凡所論辯流判較歸,實自夫子本旨也。屬文下辭往往頗有浮説,煩而不要者,亦由七十二子各共叙述首尾,②加之潤色,其材或有優劣,故使之然也。孔子既没而微言絶,七十二弟子終而大義乖。六國之世,儒道分散,游説之士各以巧意而爲枝葉,唯孟軻、荀卿守其所習。當秦昭王時,荀卿入秦,昭王從之問儒術,荀卿以孔子之語及諸國事、七十二弟子之言,凡百餘篇與之,③由此秦悉有焉。始皇之世,李斯焚書,而《孔子家語》與諸子同列,故

---

① 按,此《後序》録自覆寬永本《家語》,據文淵閣《四庫全書》本《孔子家語》所録《後序》(以下簡稱"四庫本《後序》")校。

② "由",四庫本《後序》作"猶"。

③ "之"下原衍"子"字,據四庫本《後序》删。

彧彧，未若斯之極也。故述作之士，莫不樂測大倫焉。臣祖故臨淮太守安國，建仕於孝武皇帝之世，以經學爲名，以儒雅爲官，贊明道義，見稱前朝。時魯恭王壞孔子故宅，得古文科斗《尚書》、《孝經》、《論語》，世人莫有能言者，安國爲之今文讀，而訓傳其義。又撰次《孔子家語》，①既畢，②會值巫蠱事起，③遂各廢不行于時。然其典雅正實，與世所傳者，不可同日而論也。光禄大夫向以爲其時所未施之故，④《尚書》則不記於《别録》，《論語》則不使名家也。臣竊惜之，且百家章句無不畢記，況《孔子家語》古文正實，⑤而疑之哉？又戴聖近世小儒，⑥以《曲禮》不足，而乃取《孔子家語》雜亂者，及子思、孟軻、荀卿之書，以裨益之，總名曰《禮記》。今尚見其已在《禮記》者，則便除《家語》之本篇，是爲滅其原而存其末也，不亦難乎？臣之愚，以爲宜如此爲例，皆記録别見。故敢昧冒以聞奏上。"天子許之，未即論定，而遇帝崩，向又病亡，遂不果立。

孔子家語後序⑦

吴郡　黄魯曾　撰

嗚呼至哉！孔子之文德而有是書也。孔子生於過曆，上

① "次"，四庫本《後序》無此字。
② "畢"下，原衍"訖"字，據四庫本《後序》删。
③ "蠱"，原作"蟲"，據四庫本《後序》改。
④ "爲其"，原誤倒，據四庫本《後序》乙正。
⑤ "語"字，原脱，據四庫本《後序》補。
⑥ "近"上，原衍"皆"字，據四庫本《後序》删。
⑦ 按，黄魯曾《孔子家語後序》録自明覆宋本《家語》。

不逮於文武而爲大行，中不親於成康而爲共和，而欲行其道，周流於齊、楚、蔡、衛之邦，所遇者皆晏嬰、子西之徒，未獲多契。於東魯本國，乃卑秩膴仕，兩不辭焉。但相以攝而輕，會以兵而潰，且有容璣之沮、懷寶之誚，不一也。終與門人小子相明道以傳後世，是以孔氏獨多述作。自魯《論》、齊《論》言之，又有《家語》，疑多鯉、伋所記，并門人先後雜附之者，要之，咸孔子之意也。故一典一事，莫非宗旨；一軌一物，莫非玄訓。信義美文包二變於獨覺，禮樂刑政斂四達於大鳴。何也？蓋孔子之道，傳者無幾，惟一貫發自聖思，卓爾闡於賢力。此數字可以忘言，略授可以絶口，粹昭而梗則廢，原得而支則舍。《三墳》、《五典》何必顯顯？《八索》、《九丘》何必優優？六經、二論何必諄諄？特以聖質罕聞而淵、参短列，睿心希觸而冉、閔續依，性天遐轍，高堅遠路。此所以必叢其辭，必繁其篇，譬之繫臂以妍珠，而珠存斯貴，帶腰以良玉，而玉在斯奇。此書雖若言之廣且曲，道則載焉。古人所謂載道之器，余敢以先歸諸。今考之《藝文志》，有二十一卷，王肅所注，何乃至宋人梓傳者，止十卷已？正其太半。如由混簡、錯帙，則又不可分拆。比之王廣謀《句解》者，又止三卷。近何氏孟春所注，則卷雖盈於前本，而文多不齊。余頗惜王肅所注之少播於世，力求宋刻者而校讎之，僅得十之七八，雖宋刻亦有訛謬者也。然此書乃孔氏久成之典，余距孔氏一千五百餘年，序之僭妄深矣，觀者勿以無取尤之。